A Sociedade da Abundância

Índice

Para Alan, Peter e Jamie

O economista, como todos os demais, deve ocupar-se dos grandes desígnios do homem.

— Alfred Marshall

Introdução à edição comemorativa do quadragésimo aniversário da primeira edição

Ao publicar uma nova edição de um livro ao fim de 40 anos, deparamo-nos com uma séria questão: Quanto é que se deve mudar a fim de refletir o pensamento posterior? Quanto deve ficar por dizer do estado de espírito e crenças anteriores? Eu optei, não excecionalmente, por um compromisso.

Muito do texto original ainda tem a minha aprovação. Nada, por exemplo, me dá mais prazer do que o capítulo sobre o conceito da sabedoria convencional. Esta expressão passou a ser utilizada na nossa linguagem; encontro-a diariamente a ser utilizada por indivíduos, alguns dos quais desaprovam a minha posição geral sobre economia e política, que não têm qualquer ideia sobre a sua origem. Talvez a devesse ter patenteado.

Mais seriamente, continuo a aderir a uma das principais conclusões do livro — que, infelizmente, a escrita e o ensino económico instilam atitudes e crenças que resistem à acomodação a um mundo em mudança. Em consequência, os primeiros capítulos que salientam a importância da história do pensamento económico e do seu efeito continuado correspondem ao que eu escreveria atualmente. Uma visão sombria da perspetiva humana emergiu dos escritos de David Ricardo, Thomas Robert Malthus e, até à sua inevitável revolução, de Karl Marx. Não há dúvida de que a situação melhorou nos países mais afortunados do mundo. Subsiste um certo pessimismo inerente. É principalmente a uma condição de melhoramento duradouro que *A Sociedade da Abundância* diz respeito.

Fundamental para a melhoria tem sido uma maior segurança na vida económica e no seu retorno pecuniário. Tal tem sido reforçado pela estrutura de gestão empresarial, pelo crescimento das profissões, emprego nas artes e entretenimento, segurança social, seguro médico, e muito mais. No entanto, gostaria agora de salientar mais fortemente, e especialmente no que diz respeito aos Estados Unidos, a desigualdade de rendimentos e que esta está a piorar — que os pobres continuam pobres e que o domínio dos rendimentos por parte dos que se encontram nos escalões de rendimento mais elevados está a aumentar de forma significativa. Tal como a eloquência política e o poder que defendem esse rendimento. Isto eu não previ.

Como tema principal do livro, insisti que a produção de bens e serviços é a medida do sucesso civilizado. Isto, continuo a salientar. O Produto Interno Bruto continua a ser a medida aceite não só de realização económica, mas também de maior realização social. Também recompensa maravilhosamente os afortunados, especialmente os executivos de empresas, que, no caso comum, estabelecem efetivamente o seu próprio salário. (Quando alguém procura dar uma nota mais humana ao seu discurso, salienta que a verdadeira recompensa social da produção não é o aumento do rendimento, mas os postos de trabalho proporcionados. Isto estabelece o orador como um homem(1) de compaixão).

No mundo real, como escrevi, o processo produtivo incorpora os meios pelos quais os desejos são criados, e estes são ainda mais sustentados pela moda, aspiração social e simples imitação. O que os outros fazem ou têm, deve-se fazer ou ter. A fonte mais importante e intrinsecamente mais evidente da procura dos consumidores é a publicidade e a habilidade de vender daqueles que fornecem o produto. Primeiro faz-se a mercadoria, depois faz-se o mercado. Isto está em profundo conflito com o pensamento económico convencional em que nada era tão fundamental como o conceito de soberania do consumidor — a atribuição da autoridade económica final àqueles a quem o sistema económico serve.

Nos anos após o aparecimento deste livro, aqueles que defendiam o ponto de vista estabelecido, a soberania do consumidor, não ficaram satisfeitos. Mostraram-se inflexíveis, mesmo zangados, na oposição. As obras de referência, ao serem revistas, tomaram nota da minha heresia, rejeitaram-na e disseram que uma vez a Ford tinha tentado comercializar um carro novo e radicalmente concebido, chamado Edsel. Os consumidores, sendo soberanos, não o comprariam. Eis a verdadeira soberania.

Com o tempo, a oposição abrandou; que o consumidor é, de facto, menos do que soberano é, julgo eu, agora

---

(1) Note-se a referência aos homens. Este é o padrão em todo o livro, demasiado difundido para uma reformulação rápida. Enquanto apoiante precoce do movimento feminino, isto seria agora que mudaria, se estivesse a começar este livro de novo.

aceite. A publicidade e as técnicas de venda dos produtores são forças reconhecidas. O Edsel parece ter desaparecido dos livros de referência.

Sobre dois assuntos este livro estava certo, e antes do seu tempo. Sobre outro assunto, o tempo e as mudanças económicas mostraram que estava errado. Começo pelo erro.

Nas primeiras edições de *A Sociedade da Abundância* havia uma forte advertência quanto à inflação. Era a principal ameaça que pairava sobre uma sociedade de bem-estar geral. Inflação ou desemprego. Este já não é tão claramente o caso. A principal causa da inflação era na altura a interação entre salários e preços. A administração e os sindicatos negociavam; os salários eram aumentados, em parte devido aos anteriores aumentos de preços; os preços eram então ainda mais elevados em compensação. Dos preços mais elevados surgiam novas exigências salariais. O processo continuava — a espiral salários-preços. A política monetária e fiscal só foi eficaz no seu controlo na medida em que reduziu as despesas dos investidores e consumidores, reduzindo a produção, aumentando o desemprego e limitando, assim, as exigências salariais e os consequentes aumentos de preços. Foi um remédio decididamente pior do que a doença.

Esta sequência desoladora é agora menos ameaçadora. A produção afastou-se da indústria tradicional, onde em tempos os sindicatos eram fortes. Os serviços, os ofícios e as artes, as indústrias do entretenimento e da comunicação tornaram-se áreas de emprego cada vez mais importantes. Assim como a alta tecnologia. Aqui os sindicatos são menos importantes ou irrelevantes. E na indústria mais antiga, são menos agressivos, talvez liderados com menos determinação. Consequentemente, a espiral salários-preços já não é uma força económica fortemente motivadora, e por isso há menos inflação mesmo quando o emprego é elevado. Durante algum tempo, como foi escrito, tivemos uma baixa taxa de desemprego e pouca inflação, uma circunstância muito celebrada. Isto eu não previ. Apaguei silenciosamente alguns parágrafos que já não se aplicam.

Os dois assuntos sobre os quais posso razoavelmente afirmar ter tido visão são a distribuição e má distribuição de dinheiro e esforço entre os padrões de vida público e privado e a importante questão do ambiente.

Há 40 anos sublinhei a diferença incontornável entre os níveis de vida público e privado. Tínhamos rádio e televisão caras e escolas pobres, casas limpas e ruas imundas, serviços públicos fracos combinados com uma profunda preocupação pelo que o governo gastava. As despesas públicas eram uma coisa má e onerosa; as despesas privadas da abundância eram uma força economicamente construtiva.

A minha argumentação ainda se mantém. O governo gasta dinheiro prontamente em armamento de necessidade questionável e no que se tem vindo a chamar incentivo às empresas. Fora isso, existe ainda uma pressão persistente e poderosa para a contenção dos gastos públicos. Consequentemente, estamos agora, mais do que nunca, abundantes no nosso consumo privado; a inadequação das nossas escolas, bibliotecas, instalações recreativas públicas, cuidados de saúde, até mesmo das forças da autoridade, é objeto de comentários diários. O sector privado da nossa economia ganhou enormemente em papel e recompensa e, com ele, em voz e força política. Nenhum apoio político semelhante é concedido ao sector público, com a exceção do armamento e dos incentivos às empresas. No desempenho civilizado tem ficado cada vez mais atrasado em relação ao sector privado, como é agora chamado.

Há 40 anos, não previ plenamente até que ponto é que a abundância iria ser entendida como uma questão de merecida recompensa pessoal e, portanto, totalmente ao alcance dos pobres, desde que eles se comprometessem com o esforço necessário para a alcançar. A solução resultante é que eles se encarreguem do seu próprio bem-estar; a ajuda governamental é uma intrusão prejudicial, o inimigo da energia e da iniciativa individuais. Deve ser combatida, o que, embora não seja mencionado, também poupa dinheiro e protege dos impostos os abastados. Dadas estas atitudes sociais, poderia ser melhor ser pobre num país pobre do que pobre num país abastado.

As opiniões sobre o ambiente também mudaram desde o meu primeiro escrito. Aqui as atitudes são, pelo menos, ligeiramente melhores. Quando terminei o manuscrito original, concluí que uma peça de prosa sobre este assunto era demasiado rica; todos os autores sensatos deveriam reagir de forma semelhante à sua extravagância ocasional. A passagem duvidosa, que tomo a liberdade de citar aqui na íntegra, foi a seguinte:

> A família que leva o seu carro, de cor malva e cereja, com ar condicionado, direção assistida e travões elétricos, para um passeio conduz por cidades mal pavimentadas, tornadas hediondas pelo lixo, edifícios mal iluminados, painéis publicitários e postes para fios que há muito deveriam ter sido colocados no subsolo. A família passa para uma zona rural

que se tornou, em grande parte, invisível pela arte comercial. (Os bens que estes últimos anunciam têm uma prioridade absoluta no nosso sistema de valores. Tais considerações estéticas como a visão da paisagem campestre ficam em segundo lugar. Em tais questões somos consistentes). Fazem um piquenique com comida requintadamente embalada proveniente de uma geladeira portátil junto a um riacho poluído e passam a noite num parque que é uma ameaça para a saúde e a moral públicas. Será este, de facto, o génio americano?

No final, acabei por deixar ficar esta passagem — ainda está aqui na presente edição. Nunca escapei por tão pouco a um erro. À exceção apenas da minha referência à sabedoria convencional, esta foi de longe a passagem mais citada do livro. Ocasionalmente, ainda aparece. Ajudou, o quanto nunca saberemos, o movimento de limpeza das autoestradas e talvez dos parques. Os meus escritos de *A Sociedade da Abundância* coincidiram mais ou menos com o meu serviço numa comissão nomeada pelo governador de Vermont (onde eu e a minha mulher somos residentes, a tempo parcial, mas dedicados) que pôs fim à maior parte da publicidade à beira das estradas. Tornou a beleza deste Estado mais plenamente acessível aos seus habitantes e também trouxe um fluxo crescente e gratificante de turistas sensíveis à paisagem. Uma maior preocupação com o ambiente, se bem que ainda demasiado fraca, tornou-se evidente desde a edição original.

Comecei este livro com uma bolsa da Fundação Guggenheim para fazer um estudo sobre a pobreza. Estas bolsas sofrem desvios com frequência; esta não foi exceção. O que emergiu não foi um tratado sobre os pobres, mas sim um tratado sobre os abundantes. Concluí com um capítulo sobre a pobreza e outro sobre aqueles que escaparam ao que eu chamo a Nova Classe. Tudo isto continua a ser relevante. Não há nenhum flagelo na vida americana tão grande como a pobreza persistente nas nossas grandes cidades e dos pobres que ninguém vê nas regiões rurais e montanhosas. E, é claro, no mundo em geral.

No entanto, na minha incursão sobre a abundância, não tratei o tema da privação e da morte entre os pobres do planeta, particularmente em África e na Ásia. Talvez por um sentimento de culpa, tenho, desde que escrevi este livro, dedicado uma parte considerável da minha vida a estes problemas. Não é, infelizmente, algo em que se tenha um sentido de solução gratificante. A privação em massa continua a ser a aberração mais chocante dos tempos modernos — os muitos que vivem vidas curtas e dominadas pela miséria, em terras de pobreza abjeta. Um volume companheiro deste, *A Sociedade da Pobreza*, teria tido uma mensagem ainda mais urgente.

1.

A sociedade da abundância

A riqueza tem as suas vantagens, e os argumentos em contrário, embora tenham sido frequentemente apresentados, nunca se revelaram muito convincentes. Mas, sem dúvida, a riqueza é o inimigo implacável da compreensão. O homem pobre tem sempre uma visão precisa do seu problema e do seu remédio: não tem o suficiente e precisa de mais. O homem rico pode presumir ou imaginar uma variedade muito maior de males e estará correspondentemente menos seguro dos seus remédios. Além disso, até que aprenda a viver com a sua riqueza, terá uma tendência bastante comprovada para a utilizar para os fins errados ou para se fazer de tolo.

Tal como acontece com os indivíduos, assim acontece com as nações. E a experiência das nações com o bem-estar é extremamente breve. Quase todas, ao longo de toda a história, já foram muito pobres. As exceções, quase insignificantes se considerarmos todo o período da existência humana, têm sido as últimas gerações no cantinho relativamente pequeno do mundo povoado pelos europeus. Aqui, e especialmente nos Estados Unidos, tem havido uma grande abundância e sem precedentes, o que até agora tem sido o futuro consensual.

As ideias através das quais as pessoas desta parte favorecida do mundo interpretam a sua existência, e que em certa medida guiam o seu comportamento, não foram forjadas num mundo de riqueza. Estas ideias eram o produto de um mundo em que a pobreza era aquilo que normalmente era expectável e qualquer outro estado era em grau inimaginável. Esta pobreza não era a elegante tortura do espírito que vem da contemplação dos bens mais abundantes de outro homem. Era a mortificação inequívoca da carne — causada pela fome, pela doença e pelo frio. Aqueles que pudessem ser libertados temporariamente de tal fardo não poderiam saber quando voltaria a atacar, pois na melhor das hipóteses a fome apenas dava lugar à privação. É improvável que a pobreza das massas humanas se tenha tornado muito mais suportável pelo facto de que muito poucos — aqueles sobre cujos movimentos quase toda a história gravou os seus registos — eram muito ricos.

Ninguém pretende argumentar que as ideias que interpretavam este mundo de escassez sombria serviriam de forma igualmente adequada para os Estados Unidos contemporâneos. A pobreza era o facto omnipresente desse mundo. Obviamente que não o é do nosso. Não seria de esperar que as preocupações de um mundo dominado pela pobreza fossem relevantes num mundo onde o indivíduo comum tem acesso às comodidades atuais — alimentação, entretenimento, transporte pessoal e canalização — dos quais nem mesmo os ricos se regozijavam há um século. Tão grande tem sido a mudança que muitos dos desejos do indivíduo já nem sequer lhe são evidentes. Tornam-se evidentes apenas na medida em que são sintetizados, elaborados e alimentados pelos publicitários e técnicos de vendas, e estas, por sua vez, tornaram-se das nossas mais importantes e talentosas profissões. Poucas pessoas no início do século XIX precisavam de um publicitário que lhes dissesse o que querer.

Seria errado sugerir que as ideias económicas que em tempos interpretaram o mundo da pobreza em massa não se adaptaram ao mundo da abundância. Tem havido muitos ajustamentos, incluindo alguns que ficaram por reconhecer ou foram mal compreendidos. Mas também tem havido uma resistência notável. E a alteração total nas circunstâncias subjacentes não tem sido enfrentada de forma direta. Como resultado, somos guiados, em parte, por ideias que são relevantes para outro mundo; e como resultado adicional, fazemos muitas coisas que são desnecessárias, algumas insensatas, e outras insanas. Algumas são uma ameaça à própria abundância.

II

O acima exposto diz respeito ao objetivo deste livro. A primeira tarefa é ver a forma como as nossas atitudes económicas estão enraizadas na pobreza, na desigualdade e no perigo económico do passado. Em seguida, examina-se a acomodação parcial e implícita à abundância. A tarefa seguinte é considerar os dispositivos e argumentos, alguns elaborados, alguns enganadores, outros até certo ponto perigosos, pelos quais, em questões vitais, conseguimos manter uma associação com as ideias mais antigas que surgiram de um mundo onde quase todos eram pobres. Ninguém deve supor que há algo de conveniente ou de aceitável na assunção da abundância como um facto económico. Pelo contrário, tal ameaça o prestígio e a posição de muitas pessoas importantes. E expõe muitos de nós ao horror ainda maior de um pensamento novo. Enfrentamos aqui o maior dos interesses adquiridos, os da mente.

Por fim, à medida que escapamos às preocupações obsoletas e artificiais associadas à assunção da pobreza, somos capazes de ver pela primeira vez as novas tarefas e oportunidades que se nos deparam. Isto não é tão reconfortante como parece. Uma das melhores formas de evitar tarefas necessárias e mesmo urgentes é aparentar estar ocupado com coisas que já estão feitas.

Tal é o objetivo. Mas primeiro há algum trabalho preparatório. Pois não nos agarrámos a suposições obsoletas e impalpáveis relativas à nossa sociedade apenas como resultado de obtusidade e ignorância. Por mais poderosas que estas influências possam ser, não são assim tão fortes. Pelo contrário, em questões de discussão social, existem influências ativas e generalizadas que nos ligam ao passado e que, por vezes, nos levam mesmo a tentar recuperar o irrecuperável. Devemos primeiro estar conscientes de que somos cativos destas forças, se mais tarde quisermos engendrar uma fuga. Essa é a tarefa do capítulo seguinte.

III

Ninguém vai pensar que este é um livro irado. Alguns poderão pensar que lhe falta essa modéstia cativante que está tanto na moda nos comentários sociais. O leitor depressa descobrirá que tenho muito pouco apreço pelas ideias centrais da economia. Mas tenho em boa conta os homens que deram origem a estas ideias. As deficiências da economia não eram erros na sua origem, mas sim presentes obsolescências não corrigidas. A obsolescência ocorreu porque o que é conveniente se tornou sacrossanto. Quem ataca tais ideias acaba por parecer um pouco autoconfiante e até agressivo. No entanto, confio que os julgamentos não serão demasiado apressados. O homem que faz a sua entrada empurrando uma porta fragilizada ganha uma reputação injustificada de violência. Há que atribuir uma parte ao mau estado da porta.

A originalidade é algo que é facilmente exagerado, especialmente por autores que contemplam o seu próprio trabalho. Há poucos pensamentos neste ensaio, ou assim o imagino, que não tenham ocorrido a outros economistas. A reação de muitos será saudar a elaboração de ideias às quais as evidências já os tenham feito chegar. Mas estes são também tempos em que até um indivíduo ligeiramente crítico é suscetível de parecer um leão, em contraste com o humor geral. Estes são tempos em que homens de todas as disciplinas sociais e de todas as fés políticas procuram o confortável e o aceite; em que o homem controverso é visto como uma influência perturbadora; em que a originalidade é tomada como uma marca de instabilidade; e em que, numa pequena modificação da parábola bíblica, o brando lidera o brando. Aqueles que estimam este mundo não vão gostar deste ensaio. Talvez devessem devolvê-lo à prateleira sem o ler, uma vez que há aqui pensamentos negativos, e certamente parecerão dissonantes num mundo de pensamento positivo.

IV

Nenhum estudante de matérias sociais pode, atualmente, escapar à sensação de quão precária é a existência daquilo com que lida. O homem ocidental escapou por ora à pobreza que foi durante tanto tempo o seu destino omnipresente. A luz extraordinária de um punhado de explosões nucleares assinalaria o seu regresso à total privação se, efetivamente, sobrevivesse de todo. Atrevo-me a pensar que as ideias aqui oferecidas têm influência nas nossas hipóteses de escapar a este destino. A ilusão é uma doença generalizada. O homem rico que se ilude a si próprio comportando-se como um mendigo pode conservar a sua fortuna, embora não vá ser muito feliz. O país próspero que conduz os seus assuntos de acordo com as regras de uma outra era mais pobre também renuncia a oportunidades. E, ao não se entender a si próprio, ao primeiro momento de dificuldade, prescreverá implacavelmente para si próprio os remédios errados. O leitor descobrirá que esta é, em grau perturbador, a nossa tendência atual.

No entanto, seria um erro ficar demasiado deprimido. Os problemas de um mundo abastado que não se compreende a si próprio podem ser graves e podem ameaçar desnecessariamente a própria abundância. Mas não é provável que sejam tão graves como os de um mundo pobre onde as simples exigências da pobreza excluem o luxo de mal-entendidos, mas onde, também e infelizmente, não se pode ter soluções.

2.

O conceito de sabedoria convencional

O primeiro requisito para uma compreensão da vida económica e social contemporânea é uma visão clara da relação entre os acontecimentos e as ideias que os interpretam. É que cada um deles tem uma vida própria e, por muito que possa parecer contraditório, são capazes, durante um período considerável, de seguir rumos independentes.

A razão não é difícil de descobrir. A vida económica como outras vidas sociais não está em conformidade com um padrão simples e coerente. Pelo contrário, muitas vezes parece ser incoerente, rudimentar e intelectualmente frustrante. Mas é preciso ter uma explicação ou interpretação do comportamento económico. Nem a curiosidade do homem nem o seu ego inerente lhe permitem permanecer contente e alheio a algo que está tão próximo da sua vivência.

Dado que a compreensão dos fenómenos económicos e sociais é tão proibitiva, ou pelo menos assim aparenta, e porque estes pouco ou nada permitem que se prove o que existe e o que não existe, proporcionam ao indivíduo um luxo não concedido pelos fenómenos físicos. Dentro de uma gama considerável, é-lhe permitido acreditar no que lhe aprouver. Pode ter qualquer visão deste mundo que considere mais agradável ou mais ao seu gosto.

Como consequência, na interpretação de toda a vida social, existe uma competição persistente e interminável entre o que é certo e o que é meramente aceitável. Nesta competição, ainda que aquilo que existe tenha uma vantagem estratégica, toda a vantagem tática está naquilo que é aceitável. As audiências de todos os tipos aplaudem o que mais lhes agrada. E nos comentários sociais, o teste da aprovação do público, muito mais do que o teste da verdade, acaba por influenciar os comentários. O orador ou escritor que se dirige à sua audiência com a intenção proclamada de contar os factos duros e chocantes, invariavelmente acaba por apresentar o que a audiência mais quer ouvir.

Tal como em última análise a verdade serve para criar um consenso, também a curto prazo o faz a aceitabilidade. As ideias acabam por ser organizadas em torno daquilo que a comunidade como um todo ou audiências particulares consideram aceitável. E tal como o trabalhador de um laboratório se dedica à descoberta de verdades científicas, assim o escritor fantasma e o homem das relações-públicas se preocupam em identificar o aceitável. Se os seus clientes os recompensarem com aplausos, estes artesãos são considerados qualificados no seu ofício. Caso contrário, falharam. Ao colher de antemão amostras da reação do público, ou ao pré-testar discursos, artigos e outras comunicações, o risco de insucesso pode agora ser grandemente minimizado.

Numerosos fatores contribuem para a aceitabilidade das ideias. Em grande medida, é claro, associamos a verdade à conveniência — com aquilo que mais se aproxima do interesse próprio e do bem-estar pessoal ou que melhor promete evitar esforços incómodos ou deslocamentos indesejados das nossas vidas. Também consideramos altamente aceitável o que mais contribui para a autoestima. Os oradores perante a Câmara de Comércio dos Estados Unidos raramente denigrem os empresários enquanto força económica. Aqueles que comparecem perante a AFL-CIO têm tendência a identificar o progresso social com um forte movimento sindical. Mas talvez o mais importante de tudo, as pessoas aprovam mais aquilo que melhor compreendem. Como acabou de ser referido, o comportamento económico e social é complexo, e compreender o seu carácter é mentalmente cansativo. Por conseguinte, aderimos, como que a uma jangada, àquelas ideias que representam o nosso entendimento. Esta é uma manifestação primordial de interesse adquirido, dado que um interesse adquirido na compreensão é mais preciosamente guardado do que qualquer outro tesouro. É por isso que os homens reagem, frequentemente com um sentimento semelhante à paixão religiosa, em defesa do que aprenderam com tanto trabalho. A familiaridade pode gerar desprezo em algumas áreas do comportamento humano, mas no campo das ideias sociais é a pedra-de-toque da aceitabilidade.

É por a familiaridade ser um teste tão importante de aceitabilidade que as ideias aceitáveis têm uma grande estabilidade. São altamente previsíveis. Será conveniente ter um nome para as ideias que são estimadas em qualquer altura pela sua aceitabilidade, e deve ser um termo que enfatize esta previsibilidade. Irei doravante referir-me a estas ideias como sabedoria convencional.

II

A sabedoria convencional não é propriedade de nenhum grupo político. Sobre um grande número de questões sociais modernas, como veremos no decurso deste ensaio, o consenso é extremamente amplo. Muito pouco separa aqueles que são liberais por designação política comum daqueles que são conservadores. O teste do que é aceitável é muito semelhante para ambos. Em algumas questões, contudo, as ideias devem ser acomodadas às preferências políticas do público em particular. A tendência para fazer este ajustamento, seja de forma deliberada ou mais frequentemente de forma inconsciente, não é muito diferente para os distintos grupos políticos. O conservador é conduzido pela predisposição, não isenta de interesses próprios pecuniários, de aderir ao familiar e ao estabelecido. Estes estão na base do seu teste de aceitabilidade. Mas o liberal acresce fervor moral e paixão, mesmo um sentido de retidão, às ideias com as quais está mais familiarizado. Embora as ideias que aprecia sejam diferentes das do conservador, o liberal não será menos enfático em fazer da familiaridade um teste de aceitabilidade. O desvio sob a forma de originalidade é condenado como falta de fé ou retrocesso. Um «bom» liberal ou um liberal «com provas dadas» ou um liberal «verdadeiramente azul» é aquele que é adequadamente previsível. Isto significa que renuncia a qualquer esforço sério em *prol* da originalidade. Tanto nos Estados Unidos como na Grã-Bretanha, nos últimos tempos, os liberais e os seus homólogos britânicos da esquerda têm-se proclamado em busca de novas ideias. Proclamar a necessidade de novas ideias tem servido, em certa medida, como um substituto para elas. O político que, insensatamente, leva esta necessidade proclamada a sério e insiste em algo de novo, encontra-se frequentemente em sérios apuros.

Podemos, se necessário, falar da sabedoria convencional dos conservadores ou da sabedoria convencional dos liberais.

A sabedoria convencional manifesta-se igualmente em todos os níveis de sofisticação. Aos níveis mais elevados dos estudos de ciências sociais, não se resiste a alguma novidade de formulação ou afirmação. Pelo contrário, o dispositivo de dar a uma velha verdade uma nova forma é um fator de grande importância e as pequenas heresias são muito apreciadas. E o próprio vigor com que se debatem questões secundárias torna possível excluir como irrelevante, e sem parecer ser pouco científico ou paroquial, qualquer desafio à própria estrutura. Além disso, com o tempo e com a ajuda do debate, as ideias aceites tornam-se cada vez mais elaboradas. Têm uma vasta literatura, até mesmo uma mística. Os defensores são capazes de dizer que os desafiadores da sabedoria convencional não dominaram os seus meandros. De facto, estas ideias só podem ser apreciadas por um homem estável, ortodoxo e paciente — em resumo, por alguém que se assemelha de perto ao homem da sabedoria convencional. Tendo a sabedoria convencional sido tornada mais ou menos equivalente a uma sólida erudição, a sua posição é virtualmente inexpugnável. O cético é desqualificado pela sua própria tendência para passar impetuosamente do velho para o novo. Se ele fosse um erudito sensato, permaneceria fiel à sabedoria convencional.

Ao mesmo tempo, nos níveis mais elevados da sabedoria convencional, a originalidade permanece altamente aceitável no abstrato. Também aqui, a sabedoria convencional faz da defesa vigorosa da originalidade um substituto da própria originalidade.

III

Como referido, a marca da sabedoria convencional é a aceitabilidade. Tem a aprovação daqueles a quem se dirige. Há muitas razões pelas quais as pessoas gostam de ouvir articular aquilo que aprovam. Serve o ego: o indivíduo tem a satisfação de saber que outras pessoas e pessoas mais famosas partilham das mesmas conclusões. Ouvir aquilo em que se acredita é também uma fonte de tranquilidade. O indivíduo sabe que é apoiado nos seus pensamentos — que não foi deixado para trás e sozinho. Além disso, ouvir o que se aprova serve o instinto evangelizador. Significa que outros também estão a ouvir e estão, portanto, em processo de serem persuadidos.

Em certa medida, a articulação da sabedoria convencional é um ritual religioso. É um ato de afirmação como a leitura em voz alta das Escrituras ou a ida à igreja. O executivo empresarial que ouve um discurso inaugural sobre as imutáveis virtudes da livre iniciativa já está persuadido, assim como os seus colegas ouvintes, e todos estão seguros nas suas convicções. De facto, embora seja necessária uma exibição de atenção arrebatada, o executivo pode não sentir necessidade de ouvir, mas aplaca os deuses ao participar no ritual. Tendo estado presente, mantido a atenção, e tendo aplaudido, pode partir sentindo que o sistema económico é um pouco mais seguro. Os estudiosos reúnem-se em assembleias académicas para ouvir em elegante declaração o que todos já ouviram antes. Mais uma vez, não é um rito insignificante, pois o seu objetivo não é transmitir conhecimentos, mas sim embelezar a aprendizagem e o saber.

Com uma exigência tão extensa, segue-se que uma grande parte do nosso discurso social — e quase tudo o que é bem visto — é dedicado em qualquer altura a articular a sabedoria convencional. Até certo ponto, isto tem sido profissionalizado. Os indivíduos, sobretudo os grandes comentadores de televisão e rádio, fazem profissão de saber e dizer com elegância e unção o que o seu público vai achar mais aceitável. Mas, em geral, a articulação da sabedoria convencional é uma prerrogativa da posição académica, pública ou empresarial. Assim, qualquer indivíduo, ao ser eleito presidente de uma faculdade ou universidade, ganha automaticamente o direito de enunciar a sabedoria convencional. É uma das recompensas da elevada posição académica, embora essa posição seja, em si mesma, uma recompensa por expor a sabedoria convencional a um nível devidamente sofisticado.

É esperado, e até certo ponto é exigido, que os altos funcionários públicos exponham a sabedoria convencional. Este, em muitos aspetos, é o caso mais puro. Antes de assumir o cargo, normalmente, chamam pouca atenção. Mas ao assumir o cargo, assume-se imediatamente que são dotados de profundos conhecimentos. Salvo nos casos mais raros, não escrevem os seus próprios discursos ou artigos; e estes são planeados, redigidos e escrupulosamente examinados para assegurar a sua aceitabilidade. A aplicação de qualquer outro teste, por exemplo, a sua eficácia como uma simples descrição da realidade económica ou política, seria considerada como extremamente excêntrica.

Finalmente, a exposição da sabedoria convencional é uma prerrogativa do sucesso empresarial. Os dirigentes de quase todas as grandes empresas — General Motors, General Electric, IBM — têm o direito de o fazer. E têm o privilégio de falar não só sobre política empresarial e economia, mas também sobre o papel do governo na sociedade, os fundamentos da política externa, e a natureza de uma educação liberal. Nos últimos anos, tem-se apelado que expor a sabedoria convencional não é apenas o privilégio, mas também a obrigação do empresário. «Estou convencido de que os empresários devem escrever e falar, para que possamos levar às pessoas em todo o lado a mensagem excitante e confiante da nossa fé no modo de vida da livre iniciativa... Que mudança ocorreria nesta luta pelas mentes dos homens se de repente se pudesse emanar do mundo dos negócios americanos uma torrente de pensamento inteligente e virado para o futuro».(2)

IV

O inimigo da sabedoria convencional não são as ideias, mas a marcha dos acontecimentos. Como tenho constatado, a sabedoria convencional acomoda-se não ao mundo

(2) Clarence B. Randall, *A Creed for Free Enterprise* (Boston: Atlantic-Little, Brown, 1952), pp. 3, 5.

que se destina a interpretar, mas à visão do mundo por parte do público. Uma vez que esta última permanece com o confortável e o familiar, à medida que o mundo avança, a sabedoria convencional está sempre em perigo de obsolescência. Isto não é imediatamente fatal. O golpe fatal para a sabedoria convencional vem quando as ideias convencionais falham em lidar com alguma contingência à qual a obsolescência as tornou palpavelmente inaplicáveis. Este, mais cedo ou mais tarde, deve ser o destino das ideias que perderam a sua relação com o mundo. Nesta fase, a irrelevância será muitas vezes dramatizada por algum indivíduo. A ele caberá o crédito por ter derrubado a sabedoria convencional e por ter instalado as novas ideias. De facto, ele apenas terá cristalizado em palavras o que os acontecimentos deixaram claro, embora esta função não seja menor. Entretanto, tal como a velha guarda, a sabedoria convencional morre, mas não se rende. A sociedade pode transferir com crueldade intransigente os seus expoentes da categoria de homem sábio para a de excessivamente conservador ou mesmo antiquado.

Esta sequência pode ser ilustrada a partir de dezenas de exemplos, antigos e modernos. Durante décadas antes de 1776, os homens tinham vindo a perceber a visão do estado liberal. Comerciantes e mercadores em Inglaterra e nos adjacentes Países Baixos, e nas colónias americanas, já tinham aprendido que eram mais bem servidos por um mínimo de restrição governamental do que, como na sabedoria convencional, por um máximo de orientação e proteção por parte do governo. Tinha-se tornado claro, por sua vez, que as trocas e o comércio liberais, e não a acumulação de ouro, como a sabedoria convencional sustentava, eram a fonte moderna do poder nacional. Homens de uma originalidade irresponsável tinham feito valer a sua posição. Voltaire tinha observado que «apenas por os ingleses se terem tornado mercadores e comerciantes é que Londres ultrapassou Paris em extensão e no número dos seus cidadãos; é que os ingleses podem colocar 200 navios de guerra no mar e subsidiar aliados»([3]). Estas opiniões foram finalmente cristalizadas por Adam Smith no ano da independência americana. O livro *The Wealth of Nations*, contudo, continuou a ser visto com descontentamento e alarme pelos homens da sabedoria mais antiga. Na elegia fúnebre a Alexander Hamilton em 1804, James Kent elogiou o seu falecido amigo por ter resistido à «filosofia obscura» de Smith. Durante uma outra geração ou mais, ou em todos os países ocidentais, haveria avisos solenes de que a noção de uma sociedade liberal era uma ideia imprudente.

Ao longo do século XIX, tendo o liberalismo, no seu significado clássico, se tornado a sabedoria convencional, houve advertências solenes sobre os danos irreparáveis que seriam feitos pelos «Factory Acts», sindicatos, seguros sociais e outras legislações sociais. O liberalismo era um tecido que não podia ser separado sem se rasgar. No entanto, o desejo de proteção e segurança e alguma medida de igualdade no poder de negociação não iria diminuir. No final, tornou-se um facto com o qual a sabedoria convencional não conseguiu lidar. Os Webbs, Lloyd George, La Follette, Roosevelt, Beveridge e outros cristalizaram a aceitação

([3]) «Tenth Philosophical Letter.» Citado por Henri See, *Modern Capitalism* (Nova Iorque: Adelphi, 1928), p. 87.

do novo facto. O resultado é aquilo a que chamamos o Estado Providência. A sabedoria convencional sustenta agora que estas medidas amoleceram e civilizaram o capitalismo e o tornaram sustentável. Nunca deixou de haver avisos de que a rutura com o liberalismo clássico era fatal.

Outro exemplo interessante do impacto das circunstâncias sobre a sabedoria convencional foi o do equilíbrio orçamental em tempos de depressão. Quase desde o início de um governo organizado, o equilíbrio orçamental ou o seu equivalente tem sido a condição *sine qua non* de uma gestão sã e sensata do erário público. As tendências de gastos tanto dos príncipes como das repúblicas foram refreadas pela regra de que têm infalivelmente de receber tanto dinheiro quanto pagam. As consequências da violação desta regra foram sempre infelizes a longo prazo e frequentemente a curto prazo. Antigamente, era prática dos príncipes cobrir o défice cortando ou rebaixando as moedas e gastando o metal assim poupado. O resultado era invariavelmente o aumento dos preços e a diminuição da autoestima nacional. Nos tempos modernos, a emissão de papel-moeda ou a contração de empréstimos bancários por parte dos governos tinham conduzido aos mesmos resultados. Em consequência, a sabedoria convencional tinha enfatizado fortemente a importância de um equilíbrio orçamental anual.

Mas, entretanto, a realidade subjacente tinha mudado gradualmente. A regra que exige um equilíbrio orçamental foi concebida para governos que eram inerente ou recorrentemente irresponsáveis em matérias fiscais. Até ao século passado, era a única que tinha existido. Depois, nos Estados Unidos, na Inglaterra e na Commonwealth

Britânica, e na Europa, os governos começaram a calcular as consequências fiscais das suas ações. A segurança já não dependia de os confinar dentro de regras arbitrárias.

Mais ou menos ao mesmo tempo, surgiu o fenómeno verdadeiramente devastador da depressão. Numa tal depressão, homens, fábricas e materiais estavam desempregados em massa; a procura adicional proveniente dos gastos extraordinários induzidos pelo défice — a contrapartida do metal disponibilizado a partir do que era retirado à cunhagem da moeda — não fez unicamente aumentar os preços. Pelo contrário, a maior parte dos homens e das fábricas regressou ao ativo. O efeito, por assim dizer, foi horizontal na produção em vez de ser vertical nos preços. E os aumentos de preços ocorridos estavam longe de ser um infortúnio incontestável; pelo contrário, resgataram um doloroso declínio anterior.

A sabedoria convencional continuou a enfatizar o equilíbrio orçamental. As audiências continuaram a responder aos avisos da catástrofe que se verificaria se esta regra não fosse respeitada. A circunstância abaladora foi a grande depressão. Isto levou, nos Estados Unidos, a uma grave redução das receitas do governo federal; trouxe também pressão para uma variedade de despesas de assistência e bem-estar. O equilíbrio orçamental implicava um aumento dos impostos e uma redução da despesa pública. Visto em retrospetiva, seria difícil imaginar uma melhor conceção para reduzir tanto a procura privada como pública de bens, agravando a deflação, aumentando o desemprego, e aumentando o sofrimento geral. Na sabedoria convencional, no entanto, o equilíbrio orçamental continuou a ser de suma importância. O presidente Hoover no início dos anos 1930 chamou-lhe uma «necessidade absoluta», «o fator mais essencial para a recuperação económica"», «o passo imperativo e imediato», «indispensável», «a primeira necessidade da Nação», e «a fundação de toda a estabilidade financeira pública e privada».([4]) Economistas e observadores profissionais dos assuntos públicos concordaram quase sem exceção. Quase todos a quem foi pedido aconselhamento nos primeiros anos da depressão foram impelidos pela sabedoria convencional a oferecer propostas destinadas a tornar as coisas piores. O consenso abarcou tanto os liberais como os conservadores. Franklin D. Roosevelt foi eleito em 1932 com um forte empenho na redução das despesas e num equilíbrio orçamental. No seu discurso de aceitação da nomeação democrata, disse: «As receitas devem cobrir as despesas de uma forma ou de outra». Qualquer governo, como qualquer família, pode, durante um ano, gastar um pouco mais do que ganha. Mas todos sabemos que a continuação desse hábito leva à miséria». Um dos primeiros atos da sua administração foi um esforço económico que incluiu um corte horizontal nas remunerações públicas. O Sr. Lewis W. Douglas, um exemplo notável da sabedoria convencional pela sua vida distinta, fez da demanda por um equilíbrio orçamental uma cruzada pessoal e acabou por romper o seu vínculo com a administração por causa deste tema.

Na realidade, as circunstâncias já tinham triunfado sobre a sabedoria convencional. No segundo ano da administração Hoover, o orçamento já estava irremediavelmente

---

([4]) Arthur M. Schlesinger, Jr., *The Crisis of the Old Order* (Boston: Houghton Mifflin, 1956), p. 232.

desequilibrado. No ano fiscal que terminou em 1932, as receitas foram muito menos de metade das despesas. O orçamento nunca foi equilibrado durante a depressão. Mas apenas em 1936 é que as necessidades e as vantagens deste processo começaram a triunfar no campo das ideias. Nesse ano, John Maynard Keynes lançou o seu golpe formal com *The General Theory of Employment Interest and Money*. Posteriormente, a insistência convencional no equilíbrio orçamental, em todas as circunstâncias e a todos os níveis de atividade económica, estava de retirada. Keynes, como veremos, estava a caminho de ser a nova fonte da sabedoria convencional. No final dos anos 1960, um presidente republicano proclamar-se-ia um keynesiano. Seria um artigo de fé convencional que os remédios keynesianos, quando invertidos, fossem uma cura para a inflação, uma fé que as circunstâncias em breve poriam em causa.

V

Nas páginas que se seguem, haverá ocasiões frequentes para mencionar a sabedoria convencional — à estrutura de ideias que se baseia na aceitabilidade — e àqueles que a articulam. Estas referências não devem ser consideradas como tendo uma conotação totalmente desagradável. (Esta advertência é necessária porque, como foi referido, damos grande importância ostensiva à inovação intelectual, embora na realidade lhe resistamos. Assim, embora valorizemos a adesão rigorosa às ideias convencionais, nunca a aclamamos). Poucos homens são inúteis e o homem de sabedoria convencional não o é. Todas as sociedades devem ser protegidas de um fluxo de pensamento demasiado fácil. No campo do discurso social, uma grande corrente de novidades intelectuais, caso todas fossem levadas a sério, seria desastrosa. O homem seria influenciado por esta ou aquela ação; a vida económica e política seria errática e sem leme. Nos países comunistas, a estabilidade das ideias e do objetivo social é alcançada através da adesão formal a uma doutrina oficialmente proclamada. O desvio é estigmatizado como «incorreto». Na nossa sociedade, uma estabilidade semelhante é imposta de forma muito mais informal pela sabedoria convencional. As ideias precisam de ser testadas pela sua capacidade, em combinação com os acontecimentos, de superar a inércia e a resistência. Essa inércia e resistência que a sabedoria convencional proporciona.

Também não é suposto que o homem de sabedoria convencional seja objeto de piedade. Além do seu papel socialmente útil, tem uma boa posição na vida. Pode considerar-se com justiça como socialmente eleito, pois, de facto, a sociedade recebe-o com os aplausos que as suas ideias foram concebidas para evocar. Seguro nestes aplausos, o homem de sabedoria convencional está bem armado contra o incómodo da dissidência. O seu propósito é trocar uma posição forte e mesmo elevada no presente por uma posição fraca no futuro. No presente, é inquirido com respeito, se não longamente, por comissões do Congresso; caminha à frente das procissões académicas; aparece em simpósios; é uma figura respeitada no Conselho de Relações Exteriores; é aclamado em banquetes protocolares. Arrisca-se a ser devastado por acontecimentos hostis. Mas nessa altura pode já estar morto. Apenas a posteridade é cruel para o homem de sabedoria convencional, e tudo o que a posteridade faz é enterrá-lo num cobertor de esquecimento. No entanto, estão em jogo questões um pouco mais sérias.

VI

Nenhuma sociedade parece alguma vez ter sucumbido ao aborrecimento. O homem desenvolveu uma capacidade óbvia para sobreviver à reiteração pomposa do lugar-comum. A sabedoria convencional protege a comunidade no pensamento e ação social; nos capítulos que se seguem, veremos quão grande é esta continuidade. Mas há também graves inconvenientes e até perigos num sistema de pensamento que, pela sua própria natureza e conceção, evita a acomodação às circunstâncias até que a mudança lhe seja dramaticamente imposta. Em grandes áreas dos assuntos económicos, a marcha dos acontecimentos — acima de tudo, o aumento da riqueza e do bem-estar popular — deixou novamente a sabedoria convencional tristemente obsoleta. Pode ter-se tornado prejudicial à nossa felicidade. Chegou a ter influência nas grandes questões da sobrevivência civilizada. Assim, embora fosse muito mais agradável (e também muito mais lucrativo) articular a sabedoria convencional, este livro envolve o esforço normalmente infrutífero de a atacar. Não sou totalmente desprovido de esperança, pois as circunstâncias têm estado a dar à sabedoria convencional uma nova série de golpes pesados. Só depois de tais danos terem sido feitos, como vimos, é que as ideias têm uma oportunidade.

Keynes, na sua observação mais famosa, referiu que somos governados por ideias e por muito pouco mais. No sentido imediato, isto é verdade. E tinha razão em atribuir importância às ideias, em oposição à simples influência de interesses pecuniários adquiridos. Mas a regra das ideias só é poderosa num mundo imutável. As ideias são intrinsecamente conservadoras. Sucumbem não ao ataque de outras ideias, mas sim, como mais uma vez faço notar, à investida massiva das circunstâncias com as quais não podem lutar.

3.

A economia e a tradição do desespero

A economia, não inteiramente por casualidade, tornou-se um tema de estudo sério num importante ponto de viragem na história do homem ocidental. Foi quando a riqueza das comunidades nacionais começou, pela primeira vez, a mostrar uma melhoria constante e persistente. Esta mudança, que em países avançados como a Inglaterra e os Países Baixos ocorreu algures no século XVIII, deve ser contada como um dos acontecimentos mais importantes da história do mundo. «Desde os primeiros tempos de que há registo — digamos, desde 2000 anos antes de Cristo — até ao início do século XVIII, não houve uma mudança muito grande no nível de vida do homem médio que vive nos centros civilizados da terra. Certamente que houve altos e baixos. Houve peste, fome e guerra. Intervalos áureos. Mas nenhuma mudança violenta progressiva.»([5])

Alguns dos intervalos foram prolongados. Durante mais de um século na Inglaterra medieval tardia — entre talvez 1380 e 1510 — trabalhadores ou, pelo menos, artesãos qualificados parecem ter desfrutado de um período de

---

([5]) J. M. Keynes, «Economic Possibilities for Our Grandchildren,» *Essays in Persuasion* (Londres: Macmillan, 1931), p. 360.

considerável prosperidade. Mas como sempre aconteceu, os bons tempos acabaram; no final do século XVI, o poder de compra do salário de um artesão tinha caído para mais de metade. Permaneceu baixo devido às perturbações da Guerra Civil, e, durante muito tempo após esta, o progresso foi incerto. Depois, no início do século passado, estes salários começaram a subir, o que, com ligeiras interrupções, tem continuado desde então.([6])

Havia razões para a estagnação secular, assim como razões para a mudança. A produtividade de uma economia baseada na agricultura e na indústria doméstica tinha limites inerentes. E antes do aparecimento do Estado nacional, qualquer excedente que pudesse ser acumulado estava sujeito à espoliação de saqueadores armados e poderia, de facto, ser o que atrairia a sua atenção.

Na segunda metade do século XVIII e a um ritmo acelerado, as fábricas começaram a substituir as residências enquanto centro da atividade produtiva. A produção por homem/hora já não era limitada pela tecnologia simples, pelo reduzido capital da família e pela necessidade de depender principalmente da força humana ou animal. Os novos estados nacionais tinham começado a tornar efetiva a garantia de ordem interna. Os exércitos ainda atravessariam fronteiras nacionais e com considerável capacidade de fazer estragos onde lutassem e marchassem. Mas as consequências económicas dos exércitos nacionais na era do nacionalismo eram infinitamente pequenas em

([6]) E. H. Phelps Brown e Sheila V. Hopkins, «Seven Centuries of the Prices of Consumables, Compared with Builders' Wage Rates.» *Economica,* New Series; Vol. XXIII, N.º 92 (novembro 1956).

comparação com os danos provocados pelos exércitos feudais, saqueadores ou cruzados nos séculos anteriores. Dentro de alguns anos após as duas guerras mundiais, o nível de vida dos países da Europa Ocidental, mesmo daqueles que foram derrotados e devastados, era mais elevado do que nunca. A vida económica do Médio Oriente nunca recuperou da destruição, pilhagem e massacre de Genghis Khan. Em contraste com a experiência recente, a Alemanha precisou de 100 anos para recuperar da destruição e desorganização da Guerra dos Trinta Anos. No entanto, uma futura guerra nacional utilizando armas nucleares traria certamente uma destruição a par da arte antiga.

Mas teria sido surpreendente se, à medida que as condições de vida melhoravam gradualmente nos séculos XVIII e XIX, o homem tivesse rapidamente abandonado as lições de todas as épocas anteriores e presumido que esta melhoria seria permanente. Isto era ainda mais improvável, porquanto, nos primeiros anos da Revolução Industrial, as recompensas do aumento da eficiência foram distribuídas de forma muito desigual. Era a riqueza dos novos empreendedores, não a dos seus trabalhadores, que era celebrada em todo o lado. Aqueles que eram proprietários das novas fábricas, ou das matérias-primas ou das ferrovias ou bancos que os serviam, viviam nas mansões pelas quais o século XIX ainda é recordado. Os seus trabalhadores viviam em cabanas escuras e barulhentas, apinhadas em ruas sujas e não pavimentadas ao longo das quais missionários e reformadores sociais se aventuravam com alguma coragem. E nas próprias fábricas, os velhos e os muito jovens trabalhavam desde cedo até tarde, e por uma ninharia. Em Inglaterra, na primeira metade do século XIX, tanto a produção total como a produção por pessoa estavam a aumentar rapidamente. O número de pessoas com alguns recursos estava a aumentar. À medida que os meados do século se aproximavam, o mesmo se passava com os salários. Mas a melhoria na posição das massas era muito menos evidente do que o aumento da riqueza industrial e mercantil. Se os pobres estavam a tornar-se menos pobres, esta mudança era ligeira em comparação com o crescente contraste entre ricos e pobres.

As ideias económicas começaram a adquirir a sua forma moderna nos finais do século XVIII e princípios do século XIX. Foi neste contexto de estagnação secular aliviada agora pelo aumento da riqueza, apesar de uma riqueza não de muitos, mas de poucos, que estas ideias foram concebidas e apresentadas pela primeira vez. Os economistas teriam, de facto, ficado indiferentes tanto à história como ao ambiente se não tivessem tomado como certa a privação e a desolação económica das massas. Em economia, o infortúnio e o fracasso eram normais. O sucesso, pelo menos para mais do que os poucos favorecidos, é que tinha de ser explicado. O sucesso duradouro estava em desacordo com toda a história e não era de esperar. Este era o legado das circunstâncias às ideias. Como veremos, gozou de uma vitalidade notável.

II

Na história do pensamento económico, Adam Smith (1723–1790), a primeira grande figura da tradição económica dominante([7]), é considerado uma figura de esperança. De forma importante, foi mesmo. A sua visão era a de uma comunidade nacional em evolução, não de uma comunidade estagnada ou em declínio. O seu título, *An Inquiry into the Nature and Causes of the Wealth of Nations*, tinha um tom óbvio de opulência e bem-estar. Ofereceu uma fórmula quase certa para o progresso económico. Esta era a sociedade económica liberal em que a regulamentação era ditada pela concorrência e pelo mercado e não pelo Estado, e em que cada homem, com os seus próprios recursos, trabalhava eficazmente para o enriquecimento da sociedade. Mas era da riqueza agregada que Smith falava. Smith tinha pouca esperança de que a distribuição entre comerciantes, fabricantes e senhorios, por um lado, e as massas trabalhadoras, por outro, fosse de molde a beneficiar estas últimas. Smith considerava esta distribuição como dependendo, em primeira instância, da força negocial relativa. E não acreditava ser difícil «prever qual das duas partes deve, em todas as ocasiões ordinárias, ter a vantagem na disputa». Num comentário admiravelmente sucinto sobre o equilíbrio do poder económico do século XVIII, ele acrescentou: «Não temos leis do Parlamento contra baixar

([7]) Utilizei a expressão «tradição central» para denotar a principal corrente de ideias provenientes de Smith. Excluí a referência mais comum à «tradição clássica» por uma diferença de opinião, a meu ver, bastante fútil, sobre se a economia clássica deveria ou não ser considerada como tendo terminado com John Stuart Mill e J. E. Cairnes. Outra possível referência é à tradição ortodoxa. Mas isto, por implicação, exclui aqueles como Keynes que, apesar de se basearem na mesma corrente de ideias, tiveram sérios problemas com algumas das conclusões genericamente reconhecidas.

o preço do trabalho; mas temos muitas contra aumentá--lo.»([8]) Assim, no curso normal dos acontecimentos, o rendimento das massas trabalhadoras seria pressionado cada vez mais para baixo. Havia um patamar abaixo do qual não cairiam. «Um homem deve viver sempre do seu trabalho, e o seu salário deve ser, pelo menos, suficiente para o manter. Deve mesmo, na maioria das vezes, ser um pouco mais; caso contrário seria impossível para ele educar uma família, e a raça de tais trabalhadores não poderia durar para lá da primeira geração.»([9])

Mas isto, obviamente, não era muito. Pelo contrário, embora Adam Smith seja raramente identificado pela ideia, este foi um dos inícios do ditame, talvez o mais influente e certamente o mais desesperante da história do discurso social, a noção de que o rendimento das massas do povo — todos aqueles que de uma forma ou de outra trabalhavam para viver, seja na indústria ou na agricultura — não podia, durante muito tempo, elevar-se muito acima do nível mínimo necessário para a sobrevivência da raça. É a lei de ferro imortal que, tal como fortificada por Ricardo e remodelada por Marx, se tornou a principal arma no eventual assalto ideológico ao capitalismo.

Smith não era categórico quanto à lei de ferro — não era categórico sobre quase nada, e desde então, os economistas estiveram sempre no seu melhor quando aderiram ao seu exemplo. Assim, Smith admitiu que uma ínfima de trabalhadores poderia manter os salários acima do nível

---

([8]) *Wealth of Nations,* Ch. VIII. (Há tantas edições desta famosa obra que me parece inútil citar as páginas da edição particular que utilizei.)
([9]) Wealth of Nations, Ch. VIII.

de subsistência por um tempo indefinido. Em condições de rápido crescimento económico, os salários também subiriam. O crescimento era muito mais importante do que a riqueza por si só quanto ao seu efeito sobre os salários. «Não é a verdadeira grandeza da riqueza nacional, mas o seu aumento contínuo, que provoca um aumento dos salários da mão-de-obra... A Inglaterra é certamente, nos tempos atuais, um país muito mais rico do que qualquer parte da América do Norte. Os salários da mão-de-obra, no entanto, são muito mais elevados na América do Norte do que em qualquer parte da Inglaterra.»([10])

III

Os dois grandes sucessores de Smith na tradição ocidental foram David Ricardo (1772–1823) e Thomas Robert Malthus (1766–1834). Com Adam Smith, formaram a trindade fundadora da economia, pelo menos tal como o assunto é conhecido nos países de língua inglesa. No papel do homem que primeiro deu à economia a sua estrutura moderna — que olhou para os fatores determinantes dos preços, rendas, salários e lucros com um sentido de sistema que tem servido os economistas desde então — Ricardo tem a pretensão especial de ter dado forma ao pensamento económico. Marxistas e não-marxistas estão, ou estavam, igualmente em dívida para com ele.

([10]) *Wealth of Nations,* Ch. VIII. Smith assinala que isto foi escrito em 1773, antes do «*início* dos recentes distúrbios», ou seja, da Revolução Americana.

Com Ricardo e Malthus, a noção de privação massiva e de grande desigualdade tornou-se uma premissa básica. Estas conclusões nunca foram totalmente desqualificadas. Mas as qualificações eram apenas qualificações. Foi a Ricardo e Malthus que Carlyle aludiu quando, em 1850, falou dos «Respeitáveis Professores da Nefasta Ciência» e deu à economia um nome à qual esta nunca escapou por não ter sido completamente desmerecido.

De Malthus, é necessário dizer apenas uma palavra. Ao longo do século XIX e até aos nossos dias foi intimamente e quase exclusivamente identificado pelo seu *Essay on Population*. Embora tivesse outras e importantes coisas a dizer sobre economia que foram objeto de uma redescoberta nos últimos tempos, é pela sua opinião sobre a população que será sempre conhecido.

O número de pessoas que podem viver no mundo é obviamente limitado pelo número que pode ser alimentado. Qualquer aumento no fornecimento de alimentos traria, na opinião de Malthus, um aumento do número de pessoas a consumi-lo. Nada mais do que a necessidade absoluta limita os números que são propagados e que perduram. Como resultado, os homens viverão para sempre à beira da fome. Nas últimas edições do *Ensaio*, Malthus salvaguardou-se um pouco; o aumento em resposta a um excedente sobre a subsistência poderia ser temperado por «contenção moral» e também, um pouco mais ambiguamente, por «vício». Por outras palavras, as pessoas poderiam proteger indefinidamente o seu nível de vida a um nível acima da subsistência, o que se tornaria ainda mais provável assim que tanto a contenção como o vício fossem estimulados por técnicas contracetivas eficazes.

Mas, tal como com Ricardo, as qualificações de Malthus perderam-se, arrastadas pela sua proposta central. Esta era a inevitabilidade da pobreza massiva. Havia também o facto considerável de que para grande parte do mundo, a proposta central era válida e as qualificações não eram importantes. Assim era e assim permanece em grande parte da Ásia. Malthus, note-se, foi professor de economia política no Haileybury College, uma instituição mantida pela Companhia das Índias Orientais para formar tropas para prestar serviço na Índia.

Uma vez que a maioria dos homens tinha sido sempre pobre, não é de surpreender que Malthus não se sentisse perturbado pelas suas conclusões e que não se sentisse chamado a propor qualquer solução. (Limitou-se a exortar ao adiamento do casamento e a recomendar que fosse incorporado no serviço matrimonial um aviso de que o marido, e não o Estado, seria responsável pelos filhos da união, para que se estes fossem demasiados, os pais pudessem esperar ser castigados com a escassez). «A nota de obscuridade e pessimismo que tanto distinguiu a doutrina económica do século XIX é, em grande medida, o legado de Malthus.»([11])

IV

Tanto Adam Smith como Malthus tinham um instinto para os agregadores nacionais — para as forças que

([11]) Alexander Gray, *The Development of Economic Doctrine* (Londres: Longmans, Green, 1931), p. 163.

atuavam para enriquecer a nação. Enquanto Malthus estava preocupado em mostrar como é que o aumento da riqueza nacional poderia ser utilizado num impulso explosivo de procriação, nenhum dos dois estava centralmente preocupado com a forma como diferentes indivíduos e classes poderiam partilhar o que a economia produzia. Isto para David Ricardo era de interesse primordial. Quais eram as leis que regiam a distribuição do produto ou do rendimento entre os proprietários, empresários e trabalhadores que o reivindicavam? «Pensa-se que a economia política é uma indagação sobre a natureza e as causas da riqueza — penso que deveria antes ser considerada uma indagação sobre as leis que determinam a divisão do produto da indústria entre as classes que concorrem na sua formação.»([12]) Estas leis, tais como Ricardo as formulou, funcionavam com uma desigualdade feroz.

Tal como Malthus, Ricardo considerava a população como uma variável dependente — «regula-se a si própria pelos fundos que a devem empregar, e por isso aumenta ou diminui sempre com o aumento ou a diminuição do capital.»([13]). Consequentemente, aqueles que possuem terras podem obter um rendimento cada vez maior, dada a sua qualidade, por aquilo que é um recurso cada vez mais escasso. Entretanto, na opinião de Ricardo, os lucros e os salários estavam em conflito com o remanescente do produto. Um aumento dos lucros, mantendo-se os restantes fatores iguais, implicava uma redução dos salários; um

([12]) Carta para Malthus, 9 de outubro, 1820. In *The Works and Correspondence of David Ricardo,* ed. por Piero Sraffa (Cambridge, Inglaterra: Cambridge University Press, 1951), Vol. VIII, p. 278.
([13]) Carta para Malthus, Vol. I, p. 78.

aumento dos salários deve sempre ser subtraído aos lucros. «Cada aumento dos lucros», por outro lado, «é favorável à acumulação de capital, e ao aumento adicional da população, e, portanto, levaria, com toda a probabilidade, em última análise, a um aumento das rendas.»([14]) O efeito destas relações compactas será claro. Para que o país tenha um aumento do capital e do produto, os lucros devem ser bons. Mas, então, à medida que o produto se expande, a população aumentará. As necessidades alimentares da população irão pressionar a oferta de terras disponíveis e forçar o arrendamento em benefício do proprietário da terra. Por outras palavras, os capitalistas têm de prosperar para que haja progresso e os proprietários não podem ajudar a colher os seus frutos. As vítimas deste infortúnio inelutável são as pessoas em geral. Ricardo resumiu essa perspetiva, talvez, na passagem mais citada da literatura económica: «O trabalho, como todas as outras coisas que são compradas e vendidas, e que podem ser aumentadas ou diminuídas em quantidade, tem o seu preço natural e o seu preço de mercado. O preço natural do trabalho é o preço necessário para que os trabalhadores, uns com os outros, possam subsistir e perpetuar a sua raça, sem aumento nem diminuição.»([15])

Esta era a lei de ferro dos salários. Tal como com Smith (e Malthus sobre a população), Ricardo acompanhou a proposta com qualificações. Numa sociedade «em melhoria», o salário de mercado poderia estar acima do salário natural por um período indefinido, e se Ricardo ainda

([14]) Carta para Malthus, Vol. I, p. 411.
([15]) Carta para Malthus, Vol. I, p. 93.

estivesse vivo, poderia mostrar com pouca dificuldade que as condições necessárias para o governo da lei de ferro estavam em suspenso desde o décimo nono dia de abril de 1817, data em que o livro *On the Principles of Political Economy and Taxation* foi publicado. Mas embora a verdade raramente ultrapasse a falsidade, tem os pés alados em comparação com uma qualificação na busca de uma proposta ousada. A lei de ferro, na sua clareza intransigente, tornou-se parte do capital intelectual do mundo.

Além disso, tal como com Malthus, nada poderia ser feito a esse respeito. Ricardo concluiu a sua análise com a observação inflexível de que «Estas são então as leis pelas quais os salários são regulados, e pelas quais a felicidade [uma palavra que deve ser devidamente notada] da maior parte de cada comunidade é governada. Como todos os outros contratos, os salários devem ser deixados à concorrência justa e livre do mercado, e nunca devem ser controlados pela interferência da legislatura.»([16]) Em várias ocasiões, Ricardo queixou-se de que Malthus o acusava injustamente de ser hostil aos senhorios — «presumir-se-ia pela sua linguagem que os considerava inimigos do Estado.»([17]). Os senhorios eram apenas os beneficiários passivos e naturais da sua grande sorte. Esta era a natureza das coisas. Tal era o legado ricardiano.

Havia muitas contradições e ambiguidades em Adam Smith. Havia também falhas na lógica ricardiana tal como esta se aplicava ao mundo ricardiano. O seu tratamento do capital e dos lucros deixava muito a desejar. E Smitch

([16]) Carta para Malthus, Vol. I, p. 105.
([17]) Carta para Malthus, Vol. II, p. 117.

preocupou-se com a terra quase no momento da história em que, devido à abertura de um novo mundo, esta tinha começado a perder a sua antiga importância premente. No entanto, é difícil imaginar um economista que se tenha aproximado muito mais da interpretação do mundo em que viveu do que Smith, Ricardo e Malthus. Nenhum estava comprometido com a doutrina preconcebida. Tinham quebrado decisivamente com a sabedoria convencional da sociedade tradicionalista e mercantilista. Não tinham uma opinião pública para apaziguar. O resultado foi uma interpretação formidável e uma receita para o mundo tal como o viam. Num mundo que durante tanto tempo tinha sido tão pobre, nada era tão importante como conquistar um aumento de riqueza. A receita — libertar os homens das restrições e proteção da sociedade feudal e mercantilista e colocá-los por conta própria — era sólida, pois já se estava a provar a si própria. Este não era um mundo compassivo. Muitos sofreram e muitos foram destruídos sob a dura e imprevisível regra da concorrência e do mercado. Mas muitos tinham perecido incessantemente por uma razão ou outra. Agora prosperavam. Isto era o que contava. Não se olhou para os perigos e infortúnios, pois houve sempre perigos e infortúnios, mas sim para a oportunidade. Em todo o caso, nada se podia fazer em relação à desigualdade, pois esta não estava enraizada em instituições sociais mutáveis, mas sim na biologia. Isto era positivo, pois o Estado foi excluído da intervenção pelo compromisso assumido anteriormente com a liberdade de empreendimento.

Notavelmente pouco do que dizia respeito à sociedade económica contemporânea foi deixado por esclarecer.

Não é de surpreender que um sistema aparentemente tão completo e prático e tão sujeito a testes contra as realidades do mundo tenha feito uma mossa indelével na mente dos homens.

V

Durante 30 anos após a morte de Ricardo, o desenvolvimento da economia continuou firmemente na tradição que tinha estabelecido. Homens de menor importância, juntamente com o consciencioso e imensamente instruído John Stuart Mill, refinaram, desenvolveram e organizaram as ideias. Os seus pensamentos permaneceram centrados na sociedade económica liberal — aquela em que a vida económica era regulada pelo mercado e não pelo Estado. No continente, os homens falavam de socialismo, mas em Inglaterra e na tradição anglo-saxónica, tomavam o mercado quase como garantido.

Depois, em meados do século, as ideias económicas descendentes de Ricardo levaram à grande fratura. A tradição central continuou no seu curso. Continuou a fornecer o enquadramento estrutural das ideias económicas até aos nossos próprios dias. Ao fazê-lo, deu-lhes sistema e continuidade e foi longe no sentido de tornar a vida económica compreensível. Mas então, ramificando-se para a esquerda, mas com uma dívida comum para com Ricardo, surgiu a tradição revolucionária de Karl Marx. Doravante, moldando atitudes em relação à vida económica, era simultaneamente um concorrente massivo e uma influência poderosa na tradição central.

O objetivo destes capítulos não é o de traçar a evolução das ideias individuais. Essa é a tarefa de outros volumes e de ainda mais autores. Trata-se antes de ver o que a economia assumiu nas suas origens sobre o indivíduo comum e o seu destino. Entre o mundo ricardiano primitivo e o de Marx não havia, a este respeito, qualquer diferença. Para ambos, a perspetiva, dado o funcionamento ininterrupto das forças subjacentes, combinava perigo com desespero. A diferença era que Ricardo e os seus seguidores imediatos acreditavam que o sistema sobreviveria e Marx não. Mas, para Ricardo, o sistema não sobreviveria por servir o homem comum. Obviamente que não servia. Sobreviveria apenas porque não havia alternativa evidente e certamente nenhuma que fosse melhor. Qualquer esforço para o modificar tornava-o menos eficiente.

Com o tempo, os argumentos a favor da continuação da sociedade económica liberal mudaram. A sua eficiência superior continuava a ser defendida. Mas, em graus quase impercetíveis, veio a ser argumentado, ou pelo menos implícito, que também era tolerável. Proporcionava uma perspetiva razoável para o homem comum e algo melhor para o indivíduo de capacidades excecionais. Isto foi amplamente considerado como o início de uma era de otimismo sobre as perspetivas materiais do homem. Se examinarmos mais de perto, o que faremos em seguida, veremos quanto do pessimismo natal sobreviveu.

4.

A garantia incerta

Conforme foi apresentada por Malthus e Ricardo, a perspetiva económica para o indivíduo comum era notavelmente sombria. A sua expectativa normal era a de viver no limite da fome. Qualquer coisa melhor seria anormal. O progresso iria aumentar a riqueza daqueles que, em geral, já eram ricos, mas não a das massas. Nada podia ser feito a esse respeito. E estas são mais do que as conclusões casuais de dois homens. Pretendem ser consideradas as propostas sobre as quais o pensamento económico moderno foi fundado.

Na visão habitual, a partir de meados do século XIX, os economistas tornaram-se mais otimistas. A Inglaterra era o centro da influente discussão. Estava na sua grande era de expansão comercial e industrial. Os salários estavam a aumentar. Havia uma margem clara e aparentemente duradoura acima da mera subsistência. Na Europa Ocidental e na América, o horror malthusiano estava também a recuar, embora ainda fosse possível supor que este era o resultado temporário da abertura, em poucas décadas, das pradarias e planícies da América do Norte, das pampas e estepes, dos pastos da Nova Zelândia e do interminável interior australiano. Estes poderiam salvar o mundo uma vez, mas não duas. Quando a população tivesse conquistado estas novas áreas, a população voltaria a pressionar novamente o abastecimento alimentar. Com o tempo, este medo recuou, especialmente no mundo próspero. Os homens começaram a preocupar-se mais com os excedentes de produtos agrícolas do que com a escassez de alimentos. Mas ainda não foi extirpado. O fantasma de Malthus ainda paira sobre a Índia, Bangladeche e outros países do chamado Terceiro Mundo. E nem todos têm a certeza de que os países ricos estão seguros de uma abundância duradoura.

No domínio mais específico da teoria económica, a última metade do século passado assistiu à rejeição da lei de ferro. Durante algum tempo, pensava-se que o rendimento dos que trabalhavam estava limitado pela quantidade de capital de trabalho de alguma forma dedicado ao emprego de mão-de-obra na agricultura e na indústria. Este era o famoso fundo de salários que John Stuart Mill primeiro abraçou e depois rejeitou. Começaram então a surgir dúvidas sobre se uma simples generalização sobre os salários seria suficiente. A educação e as competências especiais passaram a ser consideradas como tendo custos de produção que teriam de ser pagos. Concluiu-se que as capacidades especiais, tal como a terra, iriam impor uma renda. Finalmente, no final do século, o rendimento do trabalhador — tendo sempre em mente que por isso se entende o rendimento das massas populares — estava relacionado com o valor do seu produto marginal; ou seja, com o que acrescentava ao valor do produto do seu empregador. Se recebesse menos do que o valor da sua contribuição, estaria aberto a um concorrente para lhe oferecer mais, pois num mundo competitivo haveria outros empregadores cujo produto poderia aumentar em mais do que o seu salário. Consequentemente — algo que poderia ser em muito ajudado por uma efetiva negociação por parte de um sindicato — os salários teriam tendência a ser equiparados à produtividade marginal. Isto é, poderia ser alto se os trabalhadores fossem escassos ou altamente produtivos e baixo se fossem redundantes ou incompetentes. Mas, obviamente, estava-se a uma longa distância da lei de ferro, e a rutura tornou-se completa quando deixou de ser certo que o bem-estar traria uma inundação autoliquidante de crianças.

Com o desenvolvimento da teoria da produtividade marginal, o esforço para construir uma teoria geral de remuneração chegou praticamente ao fim. Tendo esgotado, por assim dizer, a ideia de que a pobreza para os que trabalhavam era a ordem natural das coisas, os economistas voltaram-se para outras questões. Trabalhos mais recentes têm-se preocupado com os sindicatos e com o poder de negociação que Adam Smith, um homem notoriamente presciente, identificou como sendo o verdadeiro problema.

No entanto, seria um grande erro supor que a economia da tradição ocidental tivesse escapado à sua própria história. Por um lado, a noção de um limite superior dos rendimentos das massas populares morreu muito lentamente; talvez estes rendimentos não pudessem ser reduzidos sem remorsos até ao chão, mas ainda assim estariam debaixo de um teto. No final do século passado, Alfred Marshall (1842–1924), cujos *Principles* educaram os membros mais velhos das gerações recentes de economistas, ainda era impelido a argumentar que se «as condições económicas do país permanecessem estacionárias durante tempo suficiente... tanto as máquinas como os seres humanos ganhariam, geralmente, uma quantia que correspondesse razoavelmente aos seus custos de criação e formação, sendo consideradas as necessidades convencionais, bem como as coisas que são estritamente necessárias.»([18]) Por outras palavras, os salários cobririam o custo de criar os filhos, conforme estes custos eram convencionalmente contabilizados, e não mais. Tal como no caso de Ricardo, a tendência ainda era o mínimo. Nos Estados Unidos, nas primeiras décadas do século presente, a figura principal da tradição central e o professor mais respeitado do seu tempo foi Frank W. Taussig de Harvard. O resumo de Taussig da perspetiva para o indivíduo comum que republicou em 1936 foi o seguinte: «A taxa habitual de salários para o trabalho ordinário nos Estados Unidos foi, durante a primeira década do século XX, perto de 800 dólares por ano. Isto é muito acima da selvageria... [mas]... Se não houver mais em perspetiva, a instituição da propriedade privada está não só na defensiva, mas também numa posição que não pode ser defendida por muito tempo. No entanto, algo melhor não é de modo algum incompatível com o sistema.»([19]) Taussig ainda não estava preparado para afirmar categoricamente que algo melhor era totalmente compatível com o sistema.

([18]) Alfred Marshall, *Principles of Economics,* 8.ª ed. (Londres: Macmillan, 1927), p. 577. A expressão altamente lamentável é excecional em Marshall.

([19]) F. W. Taussig, *Principles of Economics,* 3.ª ed. (Nova Iorque: Macmillan, 1936), p. 223. A primeira edição foi publicada em 1911.

II

De forma resumida, permaneceu até ao nosso tempo a convicção persistente de que, embora a vida económica para as massas não seja intolerável, ainda não é muito boa. Neste sentido, Ricardo continuava a sobressair. Prevalecia ainda num outro aspecto, pois persistia a crença de que se os homens fossem pobres, não se poderia fazer muito a esse respeito. Pela habilidade, diligência e formação, o indivíduo poderia aumentar o seu produto marginal e, consequentemente, o salário que poderia reclamar. Como a via de fuga da pobreza mais óbvia para o indivíduo, tornou-se um fator de grande importância na formação de atitudes económicas. Haverá ocasião para voltar a ele mais tarde. Mas se o salário de um trabalhador era baixo, era porque o seu produto marginal tinha permanecido baixo. Aumentar o seu salário sem aumentar a sua produtividade marginal seria colocar o seu salário acima da sua contribuição. Isto tornaria rentável para o seu empregador despedi-lo. Assim, a alternativa aos baixos salários era o desemprego. Também não se trata de uma visão antiga. «Cada trabalhador recebe o valor do seu produto marginal face à concorrência. Se um salário mínimo é eficaz, deve portanto ter um de dois efeitos: primeiro, os trabalhadores cujos serviços valem menos do que o salário mínimo são despedidos (e assim forçados a entrar em campos não regulamentados de emprego ou no desemprego...) ou, segundo, a produtividade dos trabalhadores de baixa eficiência é aumentada.»([20]) A segunda probabilidade foi

([20]) G. J. Stigler, «The Economics of Minimum Wage Legislation», *American Economic Review*, Vol. XXXVI, N.º 3 (junho 1946), p. 358.

descartada. Ficou assim demonstrado que a legislação era prejudicial aos destinatários para os quais foi concebida.

A teoria da produtividade marginal, além disso, não dava qualquer garantia sobre a outra tendência maligna do sistema ricardiano, que era a de que os ricos se tornassem, de facto, muito ricos. O capital, tal como a mão-de-obra, era compensado a uma taxa correspondente ao seu produto marginal. Por mais apropriado e justo que fosse este sistema, seguiu-se que se o capital fosse detido em grandes quantidades por poucos indivíduos, seria a estes que o seu rendimento iria aumentar. A desigualdade resultante poderia ser imensa. A observação sugeriu que seria este o caso. No meio século após a Guerra Civil nos Estados Unidos, acumularam-se fortunas de dimensões incríveis. Entre 1892 e 1899, os dividendos pessoais de John D. Rockefeller do Standard Oil ascenderam a entre 30 milhões e 40 milhões de dólares. Em 1900, Andrew Carnegie teve um rendimento das suas empresas siderúrgicas de 23 milhões de dólares.([21]) Estas receitas não estavam sujeitas a impostos, e o dólar valia, então, muito mais do que agora. Além do petróleo e do aço, também os caminhos-de-ferro, os bens imobiliários, o cobre, a banca e outras atividades trouxeram vastas recompensas. Embora algumas delas representassem um retorno sobre o capital, algumas poderiam prontamente estar relacionadas com um controlo estratégico sobre «poderes originais e (talvez não inteiramente) indestrutíveis do solo» e do subsolo do qual, precisamente, Ricardo esperava que se retirasse uma vasta riqueza.

([21]) *New York Times*, 4 de março, 1957.

Havia um mal-estar na tradição central sobre esta desigualdade. A herança da riqueza era uma fonte especial de desconforto. Talvez se pudesse justificar a riqueza como recompensa pela habilidade, diligência, clarividência e astúcia do criador original. Nada disto justificava a sua delegação altamente fortuita sobre o indivíduo que por acaso era seu filho. O monopólio foi também considerado com grave apreensão. Isto não recompensava a produção, mas a capacidade de controlar a produção. Além disso, a regra da concorrência, um ponto a ser enfatizado mais adiante, era fundamental. Nada mais protegeu de forma tão completa e absoluta a lógica do sistema. A desigualdade resultante do monopólio pode ser o aviso de falhas fatais no próprio sistema.

Aqueles que poderiam estar sujeitos à equalização raramente se mostraram entusiasmados com a igualdade como um tema de debate social. Por conseguinte, tem existido uma forma antiga de debate mudo sobre o assunto. Ainda assim, os economistas da tradição central declararam a sua posição com alguma clareza. Não há, observou Marshall, «nenhuma justificação moral para a pobreza extrema lado a lado com uma grande riqueza. As desigualdades de riqueza, embora menos do que são frequentemente representadas, são uma falha grave na nossa organização económica».([22]) Nos Estados Unidos, Taussig foi mais específico: «Nenhuma extensão da análise psicológica sobre o impulso da ambição, do entusiasmo da emulação constante, da estagnação e a planura da uniformidade, pode prevalecer contra a convicção universal de que o

([22]) *Marshall,* Principles of Economics, p. 714.

máximo da felicidade humana não é promovido por uma grande, gritante e permanente desigualdade.»([23])

III

A economia da tradição central pressupunha a concorrência. Isto também era uma fonte de inquietação — uma inquietação que era muitas vezes elaboradamente disfarçada, mas, ainda assim, aguda.

O papel da concorrência na tradição central era fundamental e a sua precisão tornou-se cada vez maior. Numerosas empresas competiam para abastecer mercados a preços que nenhuma controlava. Os eficientes e os progressistas eram recompensados com sobrevivência e crescimento. Os ineficientes e os não progressivos eram penalizados com a extinção. Os empregados estavam obviamente implicados nas recompensas e penalizações dos seus empregadores e tinham de certa forma os mesmos incentivos à eficiência.

A concorrência foi também um instrumento de mudança. À medida que os gostos do consumidor soberano se alteravam, a procura de alguns produtos aumentava e o mesmo acontecia com os seus preços. A procura e os preços de produtos que estavam menos em voga diminuíram. As empresas nas áreas favorecidas pela nova procura expandiram-se e outras foram atraídas para o círculo. Nas áreas em que a procura estava a diminuir, as empresas fechavam ou despediam trabalhadores e operações subcontratadas. Na medida em que fosse possível, algumas seguiriam o

([23]) Taussig, Principles of Economics, p. 207.

mercado para as áreas de expansão da procura. O capital, bem como a mão-de-obra e o talento empresarial eram distribuídos de acordo com as necessidades pelo mesmo processo.

Nas últimas décadas do século passado e nos primeiros anos do século XX, os economistas tornaram-se cada vez mais preocupados com o funcionamento do modelo de uma sociedade competitiva. À medida que foi sendo desenvolvido e idealizado, era uma obra de precisão e simetria, quase de beleza. O domínio que veio a exercer sobre a mente dos homens tem sido frequentemente notado.([24]) Não houve uma apreciação igualmente explícita do facto de que comprometia os homens a uma medida notável de incerteza. A penalidade por ficar para trás na corrida pelo aumento da eficiência era a falência. Esta poderia ser também a penalização decorrente do mero azar no caso do produtor cujo produto já não era desejado. E no caso do trabalhador, a componente da sorte, em oposição ao papel de penalização e recompensa pelo desempenho, era multiplicada. O trabalhador mais sólido podia ser empregado por um empresário inadequado. Os justos infortúnios do empregador poderiam recair de forma bastante irracional sobre o seu fiel empregado. Poderia perder tanto o emprego como o sustento devido às suas próprias falhas e às dos outros. Escusado será dizer que o modelo competitivo não tinha lugar para indivíduos que, em resultado da idade, enfermidade, lesão industrial

([24]) Assim observei com mais profundidade em *American Capitalism: The Concept of Countervailing Power* (Boston: Houghton Mifflin, 1952, 1956), especialmente no Capítulo II.

ou incompetência congénita, tinham uma produtividade marginal baixa ou insignificante.

Estes infortúnios não passaram totalmente despercebidos. Foi sempre necessário afirmar que eram «parte do sistema». E também foi deixado claro pelos profetas do modelo competitivo, com uma certa lógica implacável, que procurar mitigar os seus riscos e incertezas seria minar o próprio sistema. A corrida ao aumento da eficiência exigia que os perdedores perdessem. Se eram os consumidores que governavam, deveria haver recompensas para os produtores que se encontravam no caminho dos gostos vigentes e penalidades para os que ficavam para trás. Procurar atenuar as penalidades era minar os incentivos — era separar o pau da cenoura.

A eliminação dos rigores da concorrência poderia até ser injusta e imoral. «Os comerciantes ou produtores, que descobrem que um rival está a oferecer bens a um preço inferior ao que lhes dará um bom lucro, ficam indignados com a sua intrusão, e queixam-se de estarem a ser enganados; embora possa ser verdade que aqueles que compram os bens mais baratos estão mais necessitados do que eles próprios, e que a energia e os recursos do seu rival é um ganho social.»([25]) De facto, existe uma curiosa probabilidade de que o modelo competitivo, tal como foi esboçado nos manuais, fosse intrinsecamente mais inseguro e perigoso do que qualquer coisa produzida pela concorrência na vida real. No mundo real, a concorrência era atenuada por costumes, monopólios, sindicatos, torpor, legislação e até mesmo um grau de compaixão.

([25]) *Marshall,* Principles of Economics, p. 8.

Assim, as penalidades por ficar para trás na corrida eram aplicadas de forma menos implacável na prática do que em princípio.

O impacto básico destas ideias será claro. O sistema económico retratado na tradição central era algo de arriscado para aqueles que nele participavam e assim era a vida económica em geral. Este perigo era uma virtude, e quanto mais puro fosse o perigo, melhor seria o desempenho do sistema. No entanto, a insegurança intrínseca era inquietante e em dois aspetos. A vulnerabilidade dos membros mais fracos da sociedade não podia ser inteiramente ignorada. Um sistema económico que por necessidade constitucional era tão insensível, tão intolerante à fraqueza, era preocupante. Mesmo na melhor das causas, a compaixão é difícil de controlar. E igualmente perturbadora era a relutância dos homens comuns — empresários, agricultores, trabalhadores, reformadores — em viver com esse perigo. A cada passo, mostraram a sua inclinação para pressionar coletivamente ou com a ajuda do governo medidas destinadas a tornar as suas vidas mais seguras. Mesmo que a insegurança do modelo competitivo não fosse uma falha prejudicial, os esforços de autoproteção que induziu quase certamente o foram.

Além disso, havia a dúvida corrosiva se a concorrência, de facto, existia. Com o passar do século XIX, tanto as empresas como as fortunas cresceram. O controlo da vida económica parecia estar a passar para menos mãos — um desenvolvimento que foi anunciado por Marx como marcando o colapso final do sistema. À medida que a noção de concorrência se tornou intelectualmente mais precisa, o comportamento da economia tornou-se empiricamente mais em desacordo com o modelo competitivo. Onde este último exigia muitas empresas num mercado, havia na vida real muitas vezes poucas. Onde o modelo competitivo exigia um preço que nenhuma empresa controlava, na vida real algumas empresas, pelo menos, pareciam ter um poder discricionário bastante considerável sobre o preço. E os sindicatos não estavam desprovidos de poder próprio.

No século XX, os economistas da tradição central começaram a acomodar o modelo competitivo a estes factos aparentes da vida. Em vez de pura concorrência, havia concorrência monopolista ou concorrência imperfeita. Com isto surgiram mais dúvidas. Quem poderia ter a certeza de que uma mistura de concorrência e monopólio seria benigna? Progenitores tão estranhamente sortidos não poderiam produzir uma descendência deformada?([26])

IV

Havia uma última fonte de inquietação na tradição central. Essa era a séria depressão. A depressão ao longo do século XIX e das primeiras décadas do século XX tinha-se tornado cada vez mais difícil de ignorar. Os negócios sofreram um forte revés na década de 1870, após o recomeço do pagamento em espécies após a Guerra Civil. Houve um período de estagnação comparativa na década de 1890 e uma breve interrupção após o pânico financeiro em 1907. Houve uma breve, mas grave depressão após a Primeira

([26]) Lidei também com esta fonte de inquietação em *American Capitalism*.

Guerra Mundial. Depois veio o imenso desastre dos anos 1930. Qual era o significado destas desgraças recorrentes para o futuro do sistema? Talvez os homens não passassem fome devido a uma escassez malthusiana, mas não seria ainda o seu destino morrer à fome no meio de uma abundância de bens que não podiam comprar? Não seria uma conclusão justa que por quaisquer meios estivessem predestinados à pobreza?

Nada na história das ideias sociais é mais interessante do que o tratamento do chamado ciclo económico na tradição central do pensamento económico. O seu estudo esteve isolado num compartimento separado até tempos muito recentes. Os preços, salários, rendas e juros, todos eles profundamente afetados pelas depressões, foram estudados em grande parte partindo do pressuposto de que as depressões não ocorriam. Assumiram-se condições normais; normal significava prosperidade estável. No estudo separado do ciclo económico, era dada ênfase às condições peculiares e não recorrentes que assistiam a cada depressão — a reforma dos *greenbacks* antes de 1873, os reajustes após a Primeira Guerra Mundial, a quebra do comércio internacional e dos movimentos de capitais e o colapso do mercado de ações em 1929. Mas, paradoxalmente, houve uma ênfase igual — por vezes no mesmo trabalho — no carácter rítmico e normal da sucessão de bons e maus momentos. A etimologia enfatizava o ritmo — como notado, o estudo não era sobre depressões, mas sim sobre o ciclo económico que servia para lembrar a todos que, tal como os maus tempos seguiam os bons, também os bons tempos seguiriam os maus. Mesmo a própria palavra depressão era o produto terminológico de um esforço para suavizar a conotação de problemas profundos. No século passado, o termo crise era normalmente empregado. Com o tempo, porém, isto adquiriu a conotação do infortúnio que descrevia. E a referência de Marx à «crise capitalista» deu à palavra um som sinistro. A palavra «pânico», que era um sinónimo parcial há meio século, não era mais reconfortante. Por isso, a palavra depressão foi introduzida gradualmente. Tinha um tom mais suave; implicava uma cedência do tecido da atividade empresarial e não uma queda abrupta. Durante a grande depressão, a palavra depressão adquiriu do evento que descrevia uma conotação ainda mais insatisfatória. Portanto, a palavra recessão veio em sua substituição para conotar uma queda incauta na atividade empresarial. Mas este termo acabou por adquirir uma qualidade de presságio e uma recessão em 1953–1954 foi genericamente caracterizada como um reajustamento progressivo. Na altura da administração Nixon, foi introduzida a expressão inovadora «recessão de crescimento».

Encarar o ciclo económico como um ritmo normal era considerá-lo autocorretor. Por conseguinte, nada precisava de ser feito a este respeito. Se o paciente tiver a certeza da sua recuperação, tomar remédios é desnecessário, além de insensato. Em 1934, Joseph A. Schumpeter, uma das duas autoridades mais eminentes do mundo sobre o ciclo económico juntamente com Wesley C. Mitchell, escreveu a sua reflexão sobre a experiência do século anterior e concluiu: «Em todos os casos... a recuperação veio por si mesma... Mas isto não é tudo: a nossa análise leva-nos a crer que a recuperação só é sólida se vier por si mesma. Isto porque qualquer reavivamento que seja meramente devido a estímulos artificiais, deixa parte do trabalho das depressões por fazer e acrescenta, a um remanescente não digerido de desajustes, novos desajustes causados pelos próprios estímulos.»([27])

Se as depressões tivessem sido sempre suaves, a noção de um ritmo normal, que a sabedoria exigia que não fosse perturbado, teria sido tranquilizadora. Mas à medida que as depressões se tornaram mais violentas, tal visão era precisamente o contrário de tranquilizadora. Os trabalhadores perdiam os seus empregos. Os preços agrícolas caíam e alguns agricultores perdiam as suas explorações. Os investidores perdiam as suas poupanças e alguns empresários, mais particularmente os mais pequenos, faliam. E tudo isto era descrito insensivelmente como normal. A conclusão era inevitável: deve haver algo de muito errado com um sistema em que tais falhas eram normais. Especialmente no início dos anos 1930, as ideias da tradição central tiveram uma ação poderosa na criação de tais dúvidas. E aqueles que eram imunes a tal mal-estar tinham outro motivo de inquietação. Embora não fosse sensato fazer algo em relação às depressões, a ignorância e a paixão popular poderiam facilmente forçar a alguma ação. Isto só podia servir para piorar as coisas. Face a uma depressão realmente má, a noção de um ciclo normal de autocorreção era calculada para proporcionar um mal-estar adaptado a cada temperamento.

([27]) J. A. Schumpeter, *Essays*, ed. por Richard V. Clemence (Cambridge, Mass.: Addison-Wesley, 1951), p. 117. Este ensaio foi originalmente publicado em 1934 no *The Economics of the Recovery Program* (Nova Iorque: Whittlesey House, McGraw-Hill). O itálico está no original.

Há pouca necessidade de sublinhar as consequências. Ao medo persistente de que a pobreza pudesse ser normal, à convicção crescente de que a desigualdade era inevitável e à sensação de insegurança individual inerente ao modelo competitivo, a visão ortodoxa do ciclo económico acrescentou uma sensação muito mais geral de inquietação. Esta insegurança seria como a de um proprietário que é informado de que, no curso normal e regular dos acontecimentos, deve contar com que a sua casa pegue fogo e que os seus bens sejam parcial ou totalmente destruídos. O incêndio não pode ser evitado ou detido, uma vez que tem o seu trabalho a fazer; chamar os bombeiros seria um convite à tentativa de afogar as chamas, encharcando-as com gasolina.

Tal era o legado de ideias da grande tradição central do pensamento económico. Por trás da fachada de esperança e otimismo, permanecia o medo assombroso da pobreza, da desigualdade e da insegurança. Em parte latente, e em parte no pano de fundo reprimido das convicções, estas dúvidas podiam facilmente ser suscitadas por uma ocorrência como a grande depressão.

Mas o leitor irá certamente perguntar se não houve uma corrente de ideias mais confiante — uma mais completamente purgada de todos os vestígios da escuridão ricardiana. A questão ocorrerá especialmente aos americanos: certamente na tradição americana, deve ter havido uma corrente mais consistentemente otimista. Aqui devem ter existido alguns que rejeitaram a dúvida — que refletiam uma confiança indígena e abundante. Talvez entre aqueles que não liam nem escreviam tenha existido tal confiança. Mas aqueles que deram voz às ideias americanas estavam longe de estar confiantes.

5.

O modo americano

Somente dentro de limites muito contidos se pode falar de uma tradição puramente americana em termos de economia. As ideias não respeitam as fronteiras nacionais, e isto é especialmente verdade quando se tem a língua e outras tradições em comum. Os preceitos da tradição central foram igualmente aceites por ingleses e americanos. Foi de Smith, Ricardo, Mill e Marshall que as ideias económicas americanas foram provenientes. As ideias foram escritas pelos americanos em manuais e ampliadas ou emendadas quanto a pormenores. Mas, no século passado, não foi acrescentado muito pelos teóricos americanos. Tal como as ideias eram comuns aos dois países, também o eram as preocupações, incertezas e dúvidas que as ideias suscitavam.

Isto não quer dizer que não houvesse figuras distintamente americanas, mas, em comparação com a majestosa autoridade da tradição central, a sua influência era comparativamente pequena. Haveria uma medida de concordância sobre quem eram os três mais ouvidos. Não representavam o total da voz americana, mas eram também muito mais do que uma mera amostra. Dos três, dois nada fizeram para compensar o pressuposto de privação e o sentido de presságio que se mantinha na tradição central. Pelo contrário, fizeram bastante para o acentuar.

A exceção foi Henry Charles Carey (1793–1879) que deu voz ao otimismo vibrante que somos obrigados a julgar mais apropriado à nova república. Ricardo, observou, nunca em vida tinha visto o progresso de uma nova sociedade; se fosse o caso, teria tido uma visão diferente das perspetivas para a humanidade. Com base nesta observação, Carey argumentou que, com o passar do tempo, os homens não estavam destinados, como Ricardo afirmava, a terras cada vez mais pobres com um retorno cada vez menor pelo seu trabalho e, para qualquer terra que fosse melhor do que pior, rendas cada vez mais elevadas aos proprietários. Pelo contrário, cultivariam primeiro o solo fino, mas livre de entulho, no cimo das colinas. Depois, num período posterior, desbravariam a vegetação espessa dos vales; tendo arrancado as árvores, passariam a trabalhar o solo aluvial mais rico. Os retornos da sua labuta não seriam menos, mas mais. No seu primeiro livro, em 1835, que, tal como os seus contemporâneos ingleses, se centrava no problema dos salários e, portanto, como sempre, na perspetiva massiva de pobreza ou bem-estar, Carey argumentou que os salários durante os 40 anos anteriores tinham mostrado uma tendência para aumentar. Isto também contrastava com as expetativas ricardianas.

Mas mesmo Carey não era um otimista incondicional. Em mais de metade concordava com Malthus sobre o poder procriador da humanidade e, nos seus livros anteriores, arriscou o palpite de que poderia chegar o momento em que «nem sequer haverá espaço para estar em pé».([28]) Disto ele próprio estava ciente. Queixou-se amargamente da pouca atenção que era dada às suas ideias no seu próprio país. Na Europa, sentiu que era discutido mais seriamente, e pode muito bem assim ter sido.([29]) Pouco ou nada de Carey passou para a tradição do pensamento económico americano. Os seus livros ganharam bolor e morreram. Nos últimos 75 anos, tem sido mencionado apenas como curiosidade — um dos primeiros economistas americanos que teve a força moral para discordar de Ricardo sobre as rendas e de Adam Smith sobre as virtudes do comércio livre.

II

As duas outras figuras distintamente americanas tiveram uma influência mais duradoura. Estas eram Henry George e Thorstein Veblen. Mas, longe de manifestarem as atitudes exuberantes da fronteira, ambos eram profetas de uma escuridão que era, em alguns aspetos, mais profunda do que a de Ricardo. Henry George (1839–1897) foi, tal como Marx, o fundador de uma fé, e os fiéis ainda se reúnem para fazer honra ao seu profeta. Tal como Adam Smith, deixou clara a sua visão do panorama social no título do seu notável livro: *Progresso e Pobreza. Um Inquérito sobre a Causa das Depressões Industriais e do Aumento das Necessidades com o Aumento da Riqueza.* No capítulo

([28]) Citado por Alexander Gray, *The Development of Economic Doctrine* (London: Longmans, Green, 1931), p. 256.
([29]) Ver Joseph Dorfman, *The Economic Mind in American Civilization, 1606–1865* (Nova Iorque: Viking, 1946), p. 804.

de abertura, colocou as suas questões básicas: por que razão, numa época de avanço económico geral —escrevia George nos anos de depressão que se seguiram a 1873 — deveria tanto mão-de-obra «ser condenada ao desemprego involuntário», deveria haver tanta «carência, sofrimento e ansiedade entre as classes trabalhadoras?»([30]) Por que razão, para pressionar ainda mais as coisas, deveria haver tão pouco ganho para as classes mais pobres com o aumento do poder produtivo? «Aliás, mais», porque é que o seu efeito deveria ser «suprimir ainda mais a condição das classes mais baixas?»([31])

A razão para este aspeto perverso do progresso fazia novamente parte do legado quase infinito de Ricardo. A mão-de-obra e o capital aumentaram em produtividade; a disponibilidade de terras manteve-se constante em qualidade e quantidade. As rendas, por conseguinte, aumentaram mais do que proporcionalmente e fizeram dos senhorios os beneficiários pouco meritórios do avanço. A antecipação do aumento das rendas e a especulação consequente do valor dos terrenos foram também a causa da depressão. (Vale a pena recordar que o século XIX foi marcado por surtos recorrentes de especulação imobiliária, especialmente no Oeste americano, e que Henry George passou grande parte da sua vida na Califórnia. As ideias económicas, como sempre, estão vinculadas ao seu ambiente). Enquanto houvesse propriedade privada nos terrenos, a pobreza e as depressões eram a perspetiva. O progresso iria agravá-las.

([30]) Henry George, *Progress and Poverty,* Fiftieth Anniversary ed. (Nova Iorque: Robert Shalkenbach Foundation, 1933), p. 5.

([31]) *Progress and Poverty*, p. 9.

Num aspeto, Henry George era radicalmente mais otimista do que Ricardo. A seguir ao seu título, vinham as palavras: o Remédio; esta expressão não tinha lugar no léxico ricardiano. Se a terra fosse nacionalizada — mais precisamente, se fosse imposta uma taxa igual ao valor de uso anual da propriedade, por exemplo, a partir dos seus melhoramentos, de modo que agora não teria ganhos líquidos e, portanto, nenhum valor de capital próprio — o progresso seria ordenado e os seus frutos seriam equitativamente partilhados. Mas isto, obviamente, era uma receita muito drástica. Se o remédio não fosse aplicado, e esta era uma perspetiva razoável dada a reação previsível dos proprietários à proposta, então a consequência seria a continuação da pobreza combinada com o aumento da desigualdade e a crescente insegurança. Se este era o sonho americano, pouco tinha que se elogiasse em comparação com a perspetiva clássica. E, de facto, o estado de espírito dos seguidores de Henry George era frequentemente de misantropia ou de radicalismo frustrado.

III

Na tradição do radicalismo popular norte-americano, houve outras figuras influentes além de Henry George — ocorrem-me em especial Henry Demarest Lloyd e Edward Bellamy como figuras importantes das últimas décadas do século passado. As suas conclusões, no entanto, eram em grande medida semelhantes: grandes desigualdades e grande pobreza eram inevitáveis na ausência de grandes reformas. E, ao contrário de Henry George, as suas palavras morreram com eles. Resta, contudo, o homem que muitos consideram como o único economista americano, Thorstein Veblen (1857–1929).([32])

Para a ávida busca por segurança que se seguiu à escuridão ricardiana, Veblen substituiu um iconoclasmo grandiloquente. Ricardo tinha previsto um destino desagradável para a maior parte da humanidade. Os que se lhe seguiram esperavam que assim não fosse. Veblen tomou uma posição acima do debate. O destino do homem era algo com que, pelo menos por razões de postura, optou por não se identificar. Mas também deixou claro o seu ponto de vista de que aqueles que falavam de progresso eram, na sua maioria, otimistas ou fraudes sem escrúpulos.

Para este fim, Veblen especificou muitos dos infortúnios que se escondiam nos bastidores da tradição central. A pobreza, ou mais precisamente a degradação tanto moral como material do homem, fazia parte do sistema e iria agravar-se com o progresso. Existe um conflito inevitável entre a indústria e os negócios — entre a «excessiva prevalência e eficiência da indústria das máquinas» e a sua tendência «deplorável» para produzir em excesso e assim ameaçar o objetivo básico dos negócios que é

([32]) Poder-se-ia defender a influência de três outros homens que estavam de um modo geral fora da tradição central; nomeadamente, Simon N. Patten (1852-1922), John R. Commons (1862–1945) e Wesley C. Mitchell (1874–1948). No entanto, Patten, uma figura singularmente interessante e original, juntou-se a Carey na negligência reservada aos hereges americanos. Commons e Mitchell, por uma questão de princípio ou método, evitaram em grande parte qualquer formulação teórica global da perspetiva económica do homem e, por conseguinte, pouco contribuíram para as atitudes de que estamos aqui a tratar.

ganhar dinheiro.([33]) Neste conflito, os negócios ganham sempre. São impostas restrições monopolísticas onde, por razões puramente técnicas, poderia haver abundância. Isto canaliza os rendimentos para os proprietários. O público paga com um relativo empobrecimento. Os custos económicos do progresso são, contudo, ainda menos severos do que as suas consequências culturais. A indústria das máquinas não exige necessariamente menos inteligência por parte dos trabalhadores. Mas requer um processo de pensamento peculiarmente estreito e mecânico e desencoraja todos os outros. Também mina a família e a igreja e (aqui os sindicatos desempenham um papel fundamental) os antigos fundamentos da lei e da ordem. A reunião em massa dos trabalhadores é um grande incentivo ao «iconoclasmo socialista», que é o limiar da anarquia.

As depressões graves não são infortúnios acidentais. São inerentes ao conflito entre a indústria e as empresas e, por conseguinte, são aspetos orgânicos do sistema. Ocorrem «no decurso normal dos negócios».([34])

Finalmente, no seu imortal *The Theory of the Leisure Class*([35]), Veblen dramatizou, como ninguém antes ou depois dele, o espetáculo da desigualdade. Os ricos e bem-sucedidos estavam divorciados de qualquer função económica séria e negavam a dignidade até mesmo de

([33]) Thorstein Veblen, *The Theory of Business Enterprise,* 1932 ed. (Nova Iorque: Scribner), p. 234.

([34]) As conclusões esboçadas acima são desenvolvidas principalmente em *The Theory of Business Enterprise*. A citação está na página 183.

([35]) Publicado originalmente em 1899. Há uma edição posterior, para a qual contribuí com uma introdução, publicada em 1973 (Boston: Houghton Mifflin).

um ataque sério ou indignado. Tornaram-se, em vez disso, um tema de observação desinteressada, confusa e até desdenhosa. Observa-se a luta entre as galinhas pela preeminência social no galinheiro como um fenómeno interessante, mas, ao fazê-lo, não se faz muito para subscrever os valores sociais das aves. Assim é Veblen com os ricos.

Mas tal como também defendia Ricardo, a riqueza e a pobreza tornaram-se inerentes. Bem como, além do mais, os seus aspetos menos gratificantes. A ostentação, o desperdício, a ociosidade e a imoralidade dos ricos tinham o seu propósito: eram os sinais de sucesso na cultura pecuniária. O trabalho, pelo contrário, era apenas uma marca de castas inferiores. «Na cultura predatória, o trabalho, nos hábitos de pensamento dos homens, é associado a fraqueza e sujeição a um mestre. É, portanto, uma marca de inferioridade, e, por isso, é considerado indigno do homem no seu melhor estado.»([36]) Na tradição central, ao trabalhador era concedida a glória de um trabalho honesto. Veblen negou-lhe até isso.

Também não havia qualquer esperança de mudança. Estas coisas faziam parte da cultura pecuniária. Enquanto Marx esperava por uma reconstrução revolucionária, Veblen não o fez. Nos seus últimos anos, consolou-se apenas com a ideia de que a sociedade económica em evolução se destruía não só a si própria, mas também a toda a civilização. Tal era a opinião da maior voz da nova América.

Haverá sempre debate sobre o quão influente foi Veblen. É a figura indubitavelmente indígena no pensamento

---

([36]) *The Theory of the Leisure Class*, p. 41.

económico americano. Isto enalteceu-o sempre face àqueles que — incapazes de reconhecer a enorme autoridade da tradição clássica ortodoxa — supunham que a influência dominante no pensamento americano deve provir de um americano.([37]) Este caso ainda se deve verificar apesar de, como no caso de Veblen, ninguém poder encaixar tão mal no estereótipo cultural do americano otimista e extrovertido. De facto, as conclusões estritamente económicas de Veblen não foram amplamente lidas ou ensinadas. Nunca entraram nos manuais em competição com as ideias da tradição central. No entanto, Veblen não era nenhum Carey. Influenciou uma geração de estudiosos, escritores e professores. Estes, por sua vez, trouxeram algo do seu iconoclasmo às ideias da época. Os professores influenciados por Veblen ensinaram as doutrinas da tradição central, mas aportaram-lhes uma descrença, ou até algum um desprezo, pela noção de que o progresso económico poderia beneficiar significativamente as massas ou, sequer, que tal coisa existia. Veblen precipitou assim as dúvidas e o pessimismo que se escondiam na tradição central. No pensamento social americano antes da grande depressão, havia um forte sentimento, manifestado, por exemplo, em jornais tão liberais como *The Nation and The New Republic*, de que o intelectual de cabeça dura nunca se deixara enganar por noções de reforma ou de avanço sob a asa do capitalismo. Estas, quando oferecidas, eram ou uma fachada, uma armadilha ou uma ilusão que

([37]) Esta é uma crítica que, penso eu, pode ser feita com justiça ao professor Henry Steele Commager. Cf. a sua discussão de Veblen in *The American Mind* (New Haven: Yale University Press, 1950), pp. 227–246.

rapidamente traria o desencanto. Estas atitudes desvaneceram com o New Deal, mas só depois das reformas de Roosevelt terem sido discutidas e descartadas de forma semelhante e repetida. Estas atitudes eram em grande medida o legado de Veblen.

IV

Tal foi a contribuição distintamente americana. No entanto, devemos tomar nota do impacto de outro conjunto de ideias — ideias sociais que, embora não sendo de origem americana, ganharam raiz quase exclusivamente no solo americano. Perto do final do século passado e nos primeiros anos deste, influenciaram profundamente as atitudes sobre o destino do homem comum. Estas foram as doutrinas dos darwinistas sociais.

Ricardo e Malthus não esconderam de ninguém que o mundo deles era um de luta. Nessa luta, alguns, e talvez muitos, sucumbiam, e não havia esperança quanto a medidas públicas para melhorar a sorte daqueles que iriam cair. Falando das leis dos pobres, então suportadas por um fundo subscrito por cada paróquia para o apoio dos indigentes, Ricardo concluiu que nenhum esquema para a sua emenda «merece a menor atenção, se não tiver a sua abolição como objetivo final», acrescentando que «o princípio da gravitação não é mais certo do que a tendência de tais leis para transformar riqueza e poder em miséria e fraqueza»([38]).

([38]) David Ricardo, *Principles of Political Economy* (Cambridge, Inglaterra: University Press for the Royal Economic Society, 1951), pp. 107–108.

No entanto, o argumento de Ricardo para deixar tudo à mercê do mercado — para não permitir que a compaixão interferisse com o processo económico — era essencialmente funcional. Ao não subsidiar a ociosidade e ao não desperdiçar substância, produzia-se mais e o bem-estar geral seria assim aumentado. A luta e o infortúnio não eram, em si mesmos, de saudar.

A posição dos darwinistas sociais era diferente. A sociedade económica era uma arena em que os homens se reuniam para competir. Os termos da luta eram estabelecidos pelo mercado. Aqueles que ganhavam eram recompensados com a sobrevivência e, se sobrevivessem brilhantemente, eram brindados com riquezas. Aqueles que perdessem iam para os leões. Esta competição não só selecionava os fortes como desenvolvia as suas faculdades e assegurava a sua perpetuação. E ao eliminar os fracos, assegurava que estes não reproduziriam a sua espécie. Assim, a luta era socialmente benigna e, pelo menos até certo ponto, quanto mais impiedosos, mais benignos eram os seus efeitos, por eliminarem os mais fracos a pente fino.

O berço destas ideias foi a Inglaterra do século XIX, e o seu principal protagonista e fonte foi Herbert Spencer (1820–1903). Foi Spencer e não Charles Darwin que deu ao mundo a expressão «a sobrevivência dos mais aptos». Spencer acreditava que as características adquiridas, bem como as herdadas, eram transmitidas geneticamente.

Era um expoente resolutamente intransigente de um credo muito intransigente. Opunha-se à propriedade estatal dos correios e da casa da moeda. Opunha-se à educação pública, por interferir com a escolha dos pais entre diferentes escolas e, de facto, com a escolha entre a sabedoria e a ignorância para os seus filhos. A ajuda pública aos necessitados, e mesmo o saneamento público, tinha tendência a perpetuar os membros mais vulneráveis da raça. Em parte, por eliminar os menos desenvolvidos e, em parte, por sujeitar os que permanecem à disciplina infindável da experiência, a natureza assegura o crescimento de uma raça que deve compreender as condições de existência e ser capaz de agir à altura delas. É impossível, em qualquer grau, suspender esta disciplina, interpondo-nos entre a ignorância e as suas consequências, sem, num grau correspondente, suspender o progresso. Se ser ignorante fosse tão seguro como ser sábio, ninguém se tornaria sábio.([39])

Spencer refreou-se de condenar toda a caridade privada apenas pelo pensamento perturbador de que isto diminuiria a liberdade do doador tão certamente quanto eliminaria os mais fracos da raça. A miséria e a desgraça não são simplesmente miséria e desgraça, mas os degraus de uma escada pela qual o homem ascende. Procurar mitigar a miséria era pôr em suspenso as disposições fundamentais pelas quais a natureza assegurava o progresso. «O que pode ser um absurdo mais extremo do que propor a melhoria da vida social através da violação da lei fundamental da vida social.»([40])

Embora Spencer fosse inglês, o darwinismo social obteve grande parte do seu grande sucesso nos Estados Unidos. Aqui, em William Graham Sumner (1840–1910), de Yale, encontrou o seu maior profeta. Também aqui encontrou

([39]) Herbert Spencer, *Social Statics* (New York: D. Appleton, 1865), p. 413.
([40]) Herbert Spencer, *Principles of Ethics,* Vol. II (Nova Iorque: D. Appleton & Co., 1897), p. 260.

um grande número de seguidores menores. Os próprios livros de Spencer foram lidos por um largo número de pessoas, ou pelo menos amplamente discutidos, nas décadas finais do século XIX e nos anos de abertura do século atual. Quando visitou os Estados Unidos em 1882, foi recebido pelos fiéis, como convém a um messias. Em 1904, quando o Supremo Tribunal de Justiça derrubou uma lei do Estado de Nova Iorque que limitava as horas de trabalho dos padeiros a dez por dia, o juiz Holmes observou que «A Décima Quarta Emenda não decreta a Estática Social do Sr. Herbert Spencer»([41]), o que era uma opinião dissidente.

Havia uma série de razões para esta popularidade na nova república. Na altura de Spencer, a Inglaterra já se estava a afastar da regra não adulterada do mercado. Os sindicatos, a inspeção das fábricas, a regulamentação das horas de trabalho das mulheres e das crianças tinham ganhado aceitação. Nos Estados Unidos, a corrida estava a ser melhorada de forma ainda mais implacável.

E havia muitos que desejavam ver a melhoria continuar, com tudo o que isso implicava para aqueles que tinham sido selecionados. «A condição peculiar da sociedade americana», disse Henry Ward Beecher a Spencer já em 1866, «tornou os seus escritos muito mais dinâmicos aqui do que na Europa.»([42]) De facto, as ideias nunca estiveram tão maravilhosamente ao serviço das circunstâncias.

([41]) Lochner v. New York, 1904.

([42]) Citado por Richard Hofstadter, *Social Darwinism in American Thought* (Boston: Beacon Press, 1955), p. 31.

A ascensão do darwinismo social nos Estados Unidos coincidiu com a ascensão das grandes fortunas. Foi uma época não só de heroica desigualdade, mas também de incrível ostentação. Grandes mansões de pedra eram erguidas na cidade de Nova Iorque. Em Newport estavam a ser construídas cúpulas de recreio ainda mais imponentes. A Sr.ª William K. Vanderbilt deu o seu baile de 250 000 dólares em 1883. O dos Bradley Martins em 1897 foi bastante mais luxuoso. Para isso, o salão de baile do antigo Waldorf-Astoria foi transformado numa réplica do de Versalhes. Um convidado apareceu num fato com uma armadura dourada avaliada em cerca de 10 000 dólares. Um pouco antes, na Delmonico's — onde Spencer tinha sido recebido — os convidados tinham recebido cigarros embrulhados em notas de 100 dólares, que acenderam com uma legítima sensação de abundância.

Foi também uma época de pobreza e degradação generalizada. Os trabalhadores distantes que estavam na base desta riqueza viviam em bairros de lata ruidosos. Havia muitos mendigos por perto. Nem sempre se podia dizer que a riqueza estava a ser conquistada sem custos para os demais. As técnicas eram por vezes muito rudes. Mas nada disto tem de pesar na consciência de ninguém. Era a seleção natural em ação. Os ricos podiam considerar-se como o produto do seu trabalho — como Chauncey Depew teve o prazer de recordar àqueles que assistiram a um dos grandes jantares dos bem-sucedidos em Nova Iorque. Assim como os seus filhos, um ponto importante a notar, tendo em conta que as qualidades superiores eram transmitidas geneticamente. Isto legitimava a riqueza herdada, dado que simplesmente abençoava os que eram biologicamente superiores. O problema da pobreza, entretanto, estava a ser resolvido pelo único meio pelo qual podia ser resolvido. Os inaptos estavam a ser eliminados. A ajuda pública ou mesmo privada, que, se compelida pela compaixão, podia ser inconvenientemente cara, era proibida não por insensibilidade, mas por uma adesão perspicaz às leis da natureza. «A lei da sobrevivência dos mais aptos não tinha sido feita pelo homem. Só podemos, interferindo com ela, produzir a sobrevivência do inapto.»([43]) Era muito melhor resistir aos impostos e à caridade e, já agora, manter o seu dinheiro. Ainda hoje, o homem que recusa esmola a um mendigo e observa de forma justa: «Consta que é a pior coisa que se pode fazer», continua a achar útil a fórmula inspirada de Spencer e Sumner.

Nem é preciso refletir, desconfortavelmente, sobre os métodos pelos quais o crescimento tinha sido alcançado e a riqueza adquirida. Como John D. Rockefeller explicou a uma afortunada turma de catequese: «O crescimento de um grande negócio é apenas a sobrevivência dos mais aptos... A rosa *American Beauty* só pode ser produzida no esplendor e na fragrância que traz alegria a quem a vê sacrificando os primeiros botões que crescem à sua volta». O que acontecia com a rosa, também acontecia com a Standard Oil Company. «Esta não é uma tendência perversa nos negócios. É apenas o exercício de uma lei da natureza e de uma lei de Deus.»([44]) Isto alinhava Deus e a rosa *American Beauty* com reembolsos de impostos às

---

([43]) William Graham Sumner, *Essays in Political and Social Science* (Nova Iorque: Henry Holt, 1885), p. 85.

([44]) Citado por Hofstadter, *Social Darwinism in American Thought*, p. 45.

ferrovias, controlo exclusivo de oleodutos, discriminação sistemática de preços, e algumas outras práticas comerciais notavelmente agressivas.

V

Em 1956, o presidente aposentado da Associação Nacional de Produtores apelou solenemente, em nome de Herbert Spencer, aos trabalhadores do país que rejeitassem a escravatura dos seus sindicatos e aos empresários que renunciassem ao paternalismo de Washington. Em relação a este último, afirmou numa frase dinâmica: «Antes de podermos construir solidamente o futuro glorioso, essa é outra parte pouco sadia da nossa estrutura da qual teremos de nos livrar, ainda que nos cause grande sofrimento a nós, empresários, renunciar às muletas federais em que temos estado a apoiar-nos». Nem os trabalhadores nem os empresários tomaram quaisquer medidas concretas em resposta ao seu apelo.

De facto, os nomes de Spencer e Sumner tinham há muito deixado de evocar uma resposta. Tanto a democracia como a corporação moderna lhes tinham infligido golpes devastadores. As massas populares tinham mostrado uma marcada relutância em votar a favor das políticas de autodestruição que contribuiriam para o seu próprio afastamento. Indivíduos avançavam constantemente ideias para abreviar a luta e depois ganhar eleições nesta plataforma. Aqueles que manipulavam, por muito cautelosamente que fosse, a virtude spenceriana, como Barry Goldwater aprendeu em 1964, sofreram uma rejeição massiva. Para que o darwinismo social funcionasse, tinha de haver, obviamente, alguma restrição do governo popular. Para impor a aquiescência na desgraça, também era necessário haver uma força policial cuja lealdade, muito provavelmente, só poderia ser assegurada pela segurança social e pela antiguidade.

As empresas desferiram um tipo diferente de golpe. A luta competitiva, como dispositivo para separar os fortes dos fracos, tinha, pelo menos, elementos de plausibilidade no mundo do empresário individual. E, concebivelmente, os traços robustos que permitem a sobrevivência neste concurso são passados adiante para fortalecer as gerações que se seguem. Não é tão fácil aplicar este raciocínio ao caso da General Electric ou da General Motors. Estes mostram sinais marcados de imortalidade. E não é claro como funciona a seleção através da reprodução para trazer uma nova geração de empresas jovens e vigorosas refletindo as fortes linhas de sangue dos seus pais corporativos. Talvez se possa argumentar que a seleção natural opera para trazer ao topo aqueles que são mais eficazes na luta pela promoção — que recompensa com sobrevivência aqueles que são mais habilidosos nos talentos duros, complexos e engenhosos que tal avanço tantas vezes exige. Se assim fosse, então o darwinismo social funcionaria de forma igualmente seletiva no governo, onde a luta burocrática é alegadamente severa. Isto não poderia ser.

No entanto, o darwinismo social foi importante para as atitudes que os americanos introduziram na era da abundância. Este era o país onde a riqueza estava a crescer mais rapidamente. Era o país onde a tranquilidade da tradição central poderia parecer mais plausível. Aqui, mais que em qualquer outro lugar, o homem comum tinha uma oportunidade. Talvez tivesse, mas também tinha de enfrentar o facto de que toda a vida económica era uma luta mortal. Podia ganhar, mas também podia perder, e para o homem comum, aceitar todas as consequências da perda — fome, privação e morte — era uma necessidade social. A pobreza e a insegurança tornaram-se assim inerentes à vida económica, mesmo no país mais favorecido. O mesmo podia ser dito, é claro, da desigualdade, e isto foi firmemente santificado pelo facto de que aqueles que a viviam eram melhores. Se a observação sugeria que a vida económica poderia ser menos severa nos Estados Unidos, o darwinismo social enfatizava o contrário.

Isto levou a outro efeito duradouro. O pensamento americano foi sempre propenso a atribuir uma mística especial ao mercado. Mais do que mera eficiência, está envolvido numa operação sem restrições de oferta e procura. Outros valores estão em jogo. Os darwinistas sociais identificaram o vigor da corrida com o mercado. Esta noção acabou por murchar e desaparecer. Mas outros associaram ainda outros valores igualmente estranhos com o mercado e alertaram, em conformidade, para as consequências generalizadas de tudo o que, em nome do bem-estar ou da compaixão, pudesse interferir com o livre exercício das forças do mercado. O progresso biológico já não é ameaçado por medidas que diminuem os perigos da vida económica para o indivíduo. Mas a liberdade ainda o é. O mesmo se podia dizer, numa perspetiva bastante substancial, do cristianismo, em oposição ao socialismo secular ou comunismo. Em grande medida, foi o darwinismo social que liderou o caminho da ampliação da reivindicação a favor do mercado. Ao fazê-lo, reduziu o âmbito das medidas sociais destinadas a salvar o indivíduo da privação ou a protegê-lo dos perigos da vida económica.

VI

Não diríamos que este capítulo esgota as influências que têm influenciado de forma distinta as atitudes económicas americanas. Como referido, a fronteira e o Ocidente tiveram o seu próprio modo expansivo. Tal como, de um modo geral, aconteceu a uma boa parte do debate político americano na última parte do século passado e nas primeiras décadas do atual. Sem dúvida, grande parte destas ideias exprimia a convicção de que qualquer americano — no mínimo, qualquer americano devidamente enérgico de antecedentes anglo-saxónicos e protestantes — poderia, pelos seus próprios esforços, ser confortavelmente opulento. Mas as ideias que eram ensinadas e lidas, e pelas quais os devidamente qualificados se guiavam, estavam longe de ser animadoras. Os críticos mais influentes ou eram misantrópicos ou comprometidos com a necessidade de uma reforma profunda. Os homens estabelecidos e respeitáveis da direita retrataram e elogiaram uma luta que só superou a de Ricardo por ser mais heroica e espetacular e por se regozijar com a imolação dos desafortunados.

6.

O manto marxista

Na descendência de Ricardo, os darwinistas sociais formavam um desvio à direita. Marx foi uma erupção massiva para a esquerda. Mas as raízes de Marx estavam profundamente ancoradas na tradição central. Havia socialistas antes de Marx, mas houve muitos mais desde então. Uma razão é que Marx construiu o socialismo sobre o arranjo ordenado das ideias económicas de Ricardo e, em particular, sobre a sua ousada conceção do problema da distribuição de rendimentos. Pelo menos em parte como resultado, a sua obra carregava uma autoridade e convicção que eram incomparavelmente maiores do que a de qualquer dos seus antecessores socialistas.

Durante 75 anos após a sua morte, os admiradores de Ricardo preocupavam-se em defendê-lo da acusação, levantada por Ruskin e outros, de que Ricardo era um corretor de bolsa de sangue-frio que tinha uma visão totalmente desinteressada da miséria que previa para toda a eternidade. A acusação pode ter sido injusta, mas ninguém tinha sugerido que Ricardo era um homem de paixão. Karl Marx (1818–1883) era um homem de paixão e de ira joviana, e esta é uma questão primordial. Esta questão coloca-se porque as conclusões ricardianas — o empobrecimento inevitável das massas, o enriquecimento progressivo daqueles que possuem os meios naturais de produção, o inevitável conflito entre salários e lucros e a prioridade destes últimos para o progresso — poderiam tornar-se, nas mãos de um homem enfurecido, um apelo à revolução. Como foi referido, a conceção de Marx do capitalismo não era mais sombria do que a de Ricardo ou de Malthus. Mas ao contrário de Ricardo e de Malthus, a missão de Marx era identificar falhas, atribuir culpas, incitar à mudança e, acima de tudo, alistar uma crença disciplinada. Neste último, o seu sucesso excedeu o de qualquer homem desde Mohammed.

II

A lei de ferro dos salários continuou em Marx, mas de uma forma modificada. Os trabalhadores mantêm-se à beira da indigência não tanto porque se reproduzem até esse ponto, mas por causa da sua total fraqueza em lidar com o empregador capitalista, e porque o sistema não funcionará se os trabalhadores forem bem pagos. Ocasionalmente, podem receber mais do que o mínimo necessário, mas pela mesma razão pela qual o dono da vacaria alimenta as suas vacas com mais do que a porção mínima de ração— por lhe darem mais leite. A posição de negociação do trabalhador face ao empregador é a mesma que a das vacas face ao dono da vacaria.

Isto acontece em parte porque a força de trabalho é um reservatório no qual, com o passar do tempo, artesãos e agricultores independentes são também forçados a entrar.

Este desamparo é assegurado pelo exército de reserva da indústria — pela margem de desemprego que aumenta e diminui, mas que se mantém, e que faz parte do sistema. Qualquer trabalhador, a qualquer momento, pode ser lançado nesta reserva, o que garante a sua cooperação e a aceitação do salário que lhe é oferecido.

O avanço das artes e a acumulação de capital não traz qualquer benefício para o homem comum. Pelo contrário, segundo a prosa característica de Marx, eles «...mutilam o trabalhador e transformam-no num fragmento de homem, degradam-no ao nível de apêndice de uma máquina, destroem tudo o que restava de encanto do seu trabalho e transformam-no em labuta odiosa... [trazem] miséria, agonia de labuta, escravatura, ignorância, degradação mental...([45])

Recorrendo a um dispositivo ao qual muitos outros já deram utilidade, Marx arranjou um adversário cândido para o ajudar a defender a sua posição. Um conservador proeminente, Destutt de Tracy, tinha constatado: «Nos países pobres as pessoas estão confortáveis, nas nações ricas as pessoas são geralmente pobres.»([46])

Além disso, e dada a sua grande influência, talvez o mais importante de tudo, o sistema tinha uma tendência inerente para a depressão devastadora. Sismondi, o grande historiador, filósofo e economista suíço, tinha publicado no início do século um livro que refletia muita da atitude esperançosa de Adam Smith. Dezasseis anos mais tarde e após extensas viagens pela Europa Ocidental,

([45]) Karl Marx, *Capital* (Londres: William Gliesher, 1918), pp. 660–661.

([46]) Citado em *Capital*, p. 664.

voltou ao assunto impressionado com a importância das crises industriais e persuadido de que estas iriam piorar ainda mais. O problema era que o poder de compra dos trabalhadores não se mantinha a par do que produziam. Consequentemente, acumularam-se bens para os quais não existiam compradores. Uma crise tornou-se inevitável. A visão de Marx sobre as depressões, a qual ainda estava a elaborar quando morreu, era mais ou menos semelhante, tal como, em tempos recentes, tem sido a de quase toda a gente.

No entanto, Marx salientou também outras causas. À medida que o capital se acumulava, a taxa de retorno cairia. Isto enfraqueceria os incentivos e conduziria a períodos de torpor e estagnação. Além disso, em tempos de expansão, o exército de reserva industrial — os desempregados — seria reduzido, e a competição resultante pela mão-de-obra forçaria o aumento das taxas salariais e, consequentemente, dos custos de produção, o que poria fim à expansão.([47]) Nada sugere tão bem o pessimismo intransigente de Marx sobre as perspetivas para os trabalhadores sob a égide do capitalismo como isto. Uma melhoria temporária da sua posição é a causa de um rápido agravamento da mesma. As depressões são causadas tanto pela pobreza dos trabalhadores (e pelo seu insuficiente poder de compra) como, de igual forma, pelasmelhorias temporárias no seu bem-estar.

([47]) A explicação de Marx sobre o ciclo económico está dispersa pelo seu trabalho e é, em alguns aspetos, como o professor Schumpeter observou, bastante casual. Este resumo deve muito ao livro indispensável de Joan Robinson, *An Essay on Marxian Economics* (Londres: Macmillan, 1952).

Uma vez que, para Marx, o governo servia a burguesia, havia pouca probabilidade de que fosse impelido a apoiar os desempregados, criando para eles postos de trabalho. Mas se o fizesse, o efeito seria apenas a redução do exército de reserva da indústria, o aumento dos custos salariais, e o aparecimento de uma depressão. Para corrigir a deficiência de poder de compra — a deficiência que impedia os trabalhadores de comprar os produtos do seu trabalho — através de medidas públicas para colocar mais poder de compra nas mãos do povo, como por exemplo, gastando em obras públicas, seria fútil pelas mesmas razões. Além disso, existem perturbações mais profundas no processo de «produção e reprodução» que tais superficialidades deixam intocadas e que as tornam inúteis.([48]) Este ponto é de considerável importância para Marx e ainda mais para os seus seguidores. Se fosse possível evitar depressões compensando o poder de compra deficiente do trabalhador com, digamos, despesa pública, então o capitalismo poderia ser viável. Em vez de revolução, haveria um défice orçamental. Os marxistas agudos viram o perigo e negaram a possibilidade de uma fuga tão fácil. Sucedeu-se um daqueles acontecimentos que fazem da economia um estudo tão cativante sobre os mais improváveis companheiros de leito: os marxistas juntaram-se a esta contenda aos conservadores mais obstinados.

Com a perspetiva marxista de longo prazo, quase toda a gente está familiarizada. A concentração capitalista

---

([48]) Talvez deva lembrar ao leitor que estou aqui envolvido numa caracterização da posição marxista e do seu impacto nas atitudes e não numa crítica. As críticas ao marxismo ainda são muito, muito longas.

prossegue; as fábricas produtivas e os recursos passam a ser propriedade de cada vez menos pessoas com uma riqueza cada vez maior. O capitalista de Marx tem uma perspicácia infinita ou astúcia em tudo, exceto em assuntos relacionados com a sua própria sobrevivência. Sobre estes, o capitalista não recebe educação. Continua deliberada e fidedignamente no caminho da sua própria destruição. O trabalhador, pelo contrário, a quem ele degrada e espreme até ao tutano, é dotado de uma perceção rápida e da capacidade de aprender. O trabalhador é reforçado por «...novos elementos de iluminação e progresso» dos sectores da classe dominante que são excluídos pelo processo de concentração capitalista.([49]) No final, a centralização da produção produz uma fraqueza irremediável face às massas de trabalhadores que por esta altura já se tornaram um exército industrial disciplinado. Depois, o toque de finados e os expropriadores são expropriados. Na fase seguinte, Marx junta-se aos otimistas. O caminho está agora aberto a um *laissez-faire* mais completo do que o de Ricardo, já que o governo foi ocasionado pelas necessidades do capitalismo e pela mentalidade aquisitiva que o capitalismo produziu. Sem mais necessidade de policiar as massas ou refrear o saque, que é a manifestação de modos de pensamento aquisitivos, o Estado pode começar a definhar. Mas primeiro, infelizmente, houve a revolução. Um elevadíssimo número de pessoas nunca foi capaz de projetar as mentes muito para lá desta perspetiva desagradável. E como Marx disse — «...o derrube forçado

([49]) Karl Marx, *Communist Manifesto.*

de toda a condição social existente. As classes dirigentes que comecem a tremer...»([50]) — era desconfortável.

III

Nunca nada foi tão mal compreendido como a influência de Marx. Que apreendeu as mentes de milhões é, naturalmente, consensual. Mas presume-se amplamente que a influência de Marx terminou com estes fiéis. Na sabedoria convencional, as suas ideias eram uma espécie de infeção, como a varíola. Ou os homens a apanhavam e ficavam com cicatrizes permanentes, ou escapavam por causa de alguma inoculação eficaz e ficavam intocados. Nada podia estar mais longe da verdade. Marx afetou profundamente aqueles que não aceitaram o seu sistema. A sua influência estendeu-se àqueles que menos supunham estar sujeitos a ele.

Em parte, isto foi o resultado da grandiosidade deslumbrante da realização de Marx como um exercício de teoria social. Nunca, ou desde então, alguém havia tomado tantas vertentes do comportamento humano e as entrelaçou — classes sociais, comportamento económico, a natureza do Estado, imperialismo e guerra estavam todas presentes num grande fresco que retratava desde o passado ao futuro. Sobre os conflitos de classe, ou o imperialismo, ou as causas das guerras nacionais, Marx estava destinado a ser influente, dado que era o único homem que tinha oferecido uma explicação plenamente

---

([50]) *Communist Manifesto.*

integrada com o resto da experiência humana. Assim, todo o pensamento americano foi profundamente influenciado por uma visão marxiana do imperialismo. A rutura com o imperialismo britânico veio em questões económicas. A principal alternativa para explicar o imperialismo em termos de interesse próprio económico é argumentar a benevolência do poder imperial, o seu compromisso com o fardo do homem branco, o seu sentimento de que os nativos não estão prontos para a independência, a sua necessidade de os proteger do comunismo. Embora este último ponto de vista tenha sido breve e prejudicial na Indochina em meados do século XX, mesmo ali, a suspeita de que poderia haver um motivo económico por trás da intervenção americana nunca foi completamente dissipada.

«Enquanto teórico económico, Marx era, antes de mais, um homem muito instruído.»([51]) Os seus objetivos eram os de um revolucionário, mas o seu método era o de um estudioso e cientista. Consequentemente, os seus conceitos ajudaram todos os cientistas sociais na sua perceção da realidade. Num mundo ainda pouco afastado da pobreza, e onde a riqueza era muito valorizada, era inevitável que a maioria dos conflitos tivesse uma causa económica. Quase nada mais valia a pena discutir. Mesmo onde houvesse alguma outra causa ostensiva — amor, honra, patriotismo ou religião — uma visão mais penetrante ou cínica poderia permitir discernir algum motivo económico. Esta, esboçada de forma simples, era a conceção materialista de Marx da história. Embora não fosse sua conceção original — tal

([51]) Joseph A. Schumpeter, *Capitalism, Socialism ands Democracy,* 2.ª ed. (Nova Iorque: Harper, 1947), p. 21.

como clarificou —, Marx tornou-a famosa. É algo que até o conservador moderno, talvez especialmente ele, aceita. Quando vê alguém empenhado na mudança, quer no seu país ou no estrangeiro, pergunta, quase automaticamente: «O que é que ele ganha com isso?» Suspeita que as cruzadas morais de reformadores, benfeitores, políticos liberais e funcionários públicos, não obstante todos os seus nobres protestos, se baseiam, em última análise, no interesse próprio. «Qual», pergunta, «é o seu estratagema?»

Marx previu, no processo de concentração capitalista, a tendência de o controlo dos recursos de capital da comunidade passar para um número cada vez menor de mãos. Como a visão materialista da motivação humana é fundamental no conservadorismo americano, a concentração capitalista é um princípio fundamental do liberalismo americano. É Marx, pelo menos em medida considerável, que ainda milita pela aplicação das leis *antitrust*.

Na tradição central da teoria económica, a existência de classes sociais — capitalistas, classe média e proletários — só foi reconhecida sub-repticiamente, se é que o foi de todo. No entanto, as classes obviamente existiam; bem como algo que de modo suspeito se parecia com um conflito de classes. Para uma perceção destes assuntos, o mundo também dependia de Marx.

Finalmente, Marx ganhou influência ao anunciar uma depressão verdadeiramente aterradora. Na tradição central, como foi referido, a depressão era uma aflição de rotina. Para Marx, era um facto cada vez mais devastador da vida capitalista. Em última análise, uma depressão acabaria por destruir o (ou pelo menos marcar a destruição do) sistema. Especialmente sobre este assunto, era difícil dizer que Marx estava errado, pois claramente, na década de 1930, as depressões não eram rotineiras. Em 1934, no terceiro ano da grande depressão, John Strachey, então o mais articulado marxista inglês contemporâneo, fez um levantamento da situação económica atual e concluiu, não sem satisfação, que «todo o mundo capitalista está a caminho da barbárie»([52]). Mas o parecer do mais ortodoxo dos economistas ingleses no mesmo ano, excetuando o tom de lamento, não foi diferente. *Sir* Arthur Salter concluiu que «os defeitos do sistema capitalista têm vindo a roubar-nos cada vez mais dos seus benefícios. Estão agora a ameaçar a sua existência.»([53])

IV

Se Marx tivesse estado maioritariamente errado, a sua influência ter-se-ia evaporado rapidamente. Os milhares que dedicaram a sua atenção à demonstração dos seus erros teriam dirigido a sua atenção para outro lado. Mas em muito Marx estava notavelmente certo, especialmente em relação ao seu tempo. Este último ponto merece ser enfatizado. A maioria dos filósofos económicos só precisava de ter razão no que diz respeito ao seu próprio tempo. Ninguém defende Adam Smith na sua convicção de que as empresas — sociedades anónimas conjuntas — não têm futuro. Mas os marxistas requeriam que Marx,

([52]) John Strachey, *The Coming Struggle for Power,* 4.ª ed. (Londres: Gollancz, 1934), p. 8.

([53]) Arthur Salter, *Recovery: The Second Effort* (Londres: G. Bell & Sons, 1934), p. 209.

com algum ajustamento, tivesse razão não só para o seu próprio tempo, mas para todo o sempre. Este foi um teste verdadeiramente formidável.

E foi porque Marx estava tão manifestamente certo em algumas coisas que poucos podiam suprimir a questão insistente: não poderia Marx ter razão noutras coisas — incluindo na prospeção do próprio capitalismo? Será que Marx enfrentou factos enquanto outros procuravam o abrigo duvidoso do pensamento ilusório? Tais considerações, tal como a convicção dos seus convertidos, foram a medida da influência de Marx. Nos que resistiram à crença, Marx teve ainda uma capacidade inigualável para inspirar dúvidas. À espreita mesmo abaixo da superfície na mente de todos os não-marxistas — pelo menos de todos os que eram sensíveis a qualquer forma de pensamento — estava a questão: serei eu um *Pangloss*?

E para esta dúvida contribuíram também os convertidos. Enquanto aqueles que permaneceram na tradição central da economia se interrogavam, os marxistas não o fizeram. Estavam convictos. Nenhum desejo de um futuro confortável e não violento pairava nos *seus* pensamentos. Estavam dispostos a enfrentar a perspetiva do empobrecimento progressivo das massas, do agravamento das crises económicas e, no final, de uma revolução sangrenta. A fealdade destas perspetivas, e o facto de estarem a ser enfrentadas, estabeleceu o marxista como o realista profundo, o homem que estava completamente desprovido de ilusões. Este realismo evidente era reforçado pela paixão moral. «A qualidade religiosa do marxismo... explica uma atitude característica do marxista ortodoxo em relação aos opositores. Para ele, como para qualquer crente numa fé, o oponente não comete apenas um erro, mas também peca. A dissidência é desaprovada não só intelectualmente, mas também moralmente».([54]) Alguém que discutisse com um marxista estaria sempre a atacar uma fortaleza de pedra com um malho de borracha.

Por último, era sempre possível descartar aqueles que acreditavam que Marx estava errado como sendo culpados de falta de compreensão. Marx não é fácil de entender. Aqueles que pensavam que estava errado não o tinham logrado. Assim, um dos motivos de Marx para a crise capitalista, como foi referido, era a tendência para a queda da taxa de lucro com a contínua acumulação de capital. Marx insistiu tanto na importância do lucro para o investimento e produção como qualquer presidente da Associação Nacional de Fabricantes. A queda da taxa de lucro levaria a interrupções recorrentes de expansão e estas seriam de severidade e duração crescentes.

Neste século, os lucros não têm mostrado tendência a diminuir, e a acumulação de capital tem continuado a um ritmo acelerado. Consequentemente, a taxa de lucro em queda não pode ser levada a sério enquanto causa de depressão. Um dos simpatizantes intérpretes modernos de Marx foi levado a concluir que «a sua explicação sobre a tendência decrescente dos lucros não explica absolutamente

([54]) Schumpeter, *Capitalism, Socialism and Democracy,* p. 5. Na tradição central, pelo contrário, tal crença fervorosa era considerada inconsistente com o racionalismo científico. Não exclusivamente, sem dúvida. Marx afirmou certa vez com alguma justiça que «os economistas são como os teólogos... Cada religião que não a sua é uma invenção do homem, enquanto a sua marca particular de religião é uma emanação de Deus». (De *The Misery of Philosophy*, citado por Strachey em *The Coming Struggle for Power*).

nada»([55]). Mas poucos marxistas fazem esta concessão. Marx não estava errado; nem foi por ter baseado a sua observação no século passado, quando a taxa de retorno parecia estar a mostrar uma tendência para decrescer. Pelo contrário, o dissidente não conseguiu abarcar toda a subtileza e complexidade da argumentação de Marx. De alguma forma, simplificou demasiado ou vulgarizou a posição de Marx.

Muito tem sido escrito sobre a atração dos intelectuais por Marx. Como poderia, em particular, uma doutrina que tinha adquirido tão obviamente a posição de um dogma ser atrativa para as mentes inquiridoras e racionais? A resposta é complexa. Além do facto óbvio de Marx representar para os marxistas a sabedoria convencional, havia o aparente realismo, a certeza e segurança dos defensores e a grande componente da verdade viva. Mas grande parte da força de Marx esteve sempre na alegação dos seus seguidores de que aqueles que o achavam errado eram, eles próprios, obtusos, simples ou literais. Eram acusações terríveis; inúmeros intelectuais não estavam dispostos a arriscar. Era muito melhor persuadir-se a si próprio e aos outros da sua capacidade de ver abaixo da superfície. Isto podia significar concordar que Marx quis dizer o que não disse, mas era a prova de que não se era incapazmente obtuso. Assim, aceitar Marx não se tornava uma questão de vontade de seguir o dogma até à irrealidade e erro óbvios. Pelo contrário, era uma questão de saber

([55]) Joan Robinson, *An Essay on Marxian Economics,* p. 42. Para uma modificação diferente ver Paul Baran e Paul M. Sweezy, *Monopoly Capital* (Nova Iorque: Monthly Review Press, 1966).

se o indivíduo estava disposto a aventurar-se no subtil e invertido como algo diferente das implicações superficiais das palavras de Marx, e se tinha a capacidade de o fazer. Para os intelectuais, o atrativo era forte. Também era esta uma das fontes da influência de Marx.

V

Chegou o momento de fazer um resumo. Até, digamos, a meados da década de 1930, o amplo impacto das ideias económicas é claro. Não havia como não deixar um homem com uma sensação de profundidade, omnipresença e peso do problema económico e, de um modo geral, com a improbabilidade de um resultado feliz. «Garanto-vos», observou o Dr. Johnson, «quando um homem sabe que vai ser enforcado dentro de 15 dias, concentra maravilhosamente a sua mente.»([56]) Pelos mesmos motivos, as mentes dos homens estavam concentradas nos perigos da vida económica.

Em particular, embora a lição da tradição económica central já não fosse que os homens passassem fome, também não o era que fossem muito bem-sucedidos. A privação ainda era normal. Os homens podiam elevar-se a si próprios através do aumento do seu produto marginal; com o aumento da eficiência e do fornecimento de capital, a produtividade marginal e, consequentemente, os salários

([56]) O ditado deve a sua fama moderna a Winston Churchill, que notou que a sua mente tinha assim estado concentrada pela perspetiva da invasão da Grã-Bretanha em 1940.

podiam aumentar. Mas ninguém podia imaginar que o resultado pudesse ser mais do que meramente adequado. Certamente ninguém poderia supor que qualquer oportunidade para tal melhoria poderia ser negligenciada. Pelo contrário, relaxar ao mínimo tal esforço seria um enorme desleixo social. A privação, já de si grande, seria maior — e desnecessária. O homem de consciência e compaixão deve ver que a eficiência está a ser aumentada por todos os meios possíveis. Fazer menos seria ser profundamente insensível, ou mesmo cruel.

A privação é também reforçada pela desigualdade intransigente dos rendimentos. O consumo miserável dos pobres é, em parte, o resultado das exigências ostensivas dos ricos. Não há o suficiente para ambos, e os últimos recebem muito mais do que precisam. Se possível, algo deveria ser feito em relação à desigualdade, pois nenhum homem sensível poderia ser indiferente às tensões e conflitos sociais que estava a produzir e parecia provável que o proletariado se tornasse cada vez mais consciente da sua posição inferior. Mas haveria algo de sério que pudesse realmente ser feito a esse respeito?

Finalmente, havia o problema enervante da insegurança. O modelo competitivo tornou o desemprego episódico para o trabalhador, e a insolvência ocasional para o agricultor ou empresário, uma parte do sistema.

Esta insegurança foi reforçada pela crescente gravidade das depressões e depois, nos anos 1930, pela depressão mais devastadora de todas. Esta última foi especialmente problemática porque a teoria contemporânea considerava-a autocorretora. Se era autocorretora era inevitável, e se era inevitável, era intolerável.

Era evidente que havia motivos de sobra para trazer a produtividade, a desigualdade e a insegurança para o centro do pensamento dos homens e para torná-los uma inquietação preocupante. E se havia alguma tendência na tradição central da economia para concluir que tudo acabaria por correr pelo melhor, também havia vozes das alas a dizer que não podia ser assim. Vindo da direita, o eco dos darwinistas sociais dizia que a luta não só era inevitável como boa. Do mundo marxista, em tons de convicção trovejante, veio o aviso de que a desigualdade e a insegurança iriam aumentar continuamente até que, no final, as suas vítimas iriam destruir todo o edifício e, implicitamente, bastantes dos seus habitantes favorecidos.

Estas — a produtividade, a desigualdade e a insegurança — eram as antigas preocupações da economia. Nunca tinham sido preocupações tão grandes como na década de 1930, quando o assunto se encontrava num grande vale virado, sem o saber, para uma montanha crescente de bem-estar. Tivemos agora essa ascensão montanhosa. Em muito grande medida, as preocupações mais antigas permanecem. Não devemos ficar surpreendidos. Esta é uma ocasião em que se espera que a sabedoria convencional perca o contacto com a realidade. Não nos tem desapontado.

Isto não quer dizer que a mudança não tenha tido qualquer efeito sobre as atitudes convencionais. Especialmente sobre a desigualdade e a insegurança, houve modificações importantes. A estas me dirijo em seguida.

7.

Desigualdade

Pouquíssimas coisas têm produzido mais controvérsia ao longo dos tempos do que a sugestão de que os ricos devem, por um dispositivo ou outro, partilhar a sua riqueza com aqueles que não o são. Com exceções comparativamente raras e geralmente excêntricas, os ricos têm-se oposto. Os motivos têm sido muitos e variados e têm sido principalmente notados pela rigorosa exclusão da razão mais importante, que é simplesmente a indisponibilidade para renunciar ao usufruto daquilo que possuem. Os pobres têm sido geralmente a favor de uma maior igualdade. Nos Estados Unidos, esta adesão tem sido atenuada pela tendência de alguns dos pobres para reagir favoravelmente aos clamores dos ricos por causa dos seus impostos e de outras coisas, na esperança de que um dia, em breve, eles próprios possam ser ricos.

Como os últimos capítulos têm demonstrado, a preocupação económica e social com a desigualdade está profundamente enraizada. Na sociedade competitiva — a sociedade da tradição central da economia descendente de Ricardo — presumiu-se que a eficiência era premiada. O empresário e o trabalhador competentes eram automaticamente recompensados. Os restantes, como que automaticamente, eram punidos pela sua incompetência ou preguiça. Se o trabalho, o capital e a terra fossem empregues com elevada eficiência, então, nada mais, ou pouco mais que isso, poderia ser obtido da economia a curto prazo por via de produto. E o progresso a longo prazo não beneficiava necessariamente o homem médio; na doutrina original, os seus frutos revertiam a favor de outros.

Assim, se as pessoas eram pobres, como de facto eram, a sua única esperança residia numa redistribuição do rendimento, e especialmente no que era produto da riqueza acumulada. Muito embora Ricardo e os seus seguidores pudessem discordar, havia sempre alguém — e o número cresceu de forma constante — que acreditava que a redistribuição poderia ser possível. (Ricardo e aqueles que o seguiram na tradição central nunca ficaram imunes à suspeita de que estavam a invocar um interesse especial). Todos os marxistas tomavam como certa a necessidade de uma redistribuição drástica. Consequentemente, ao longo do século XIX, os radicais sociais não tiveram outra escolha senão defender a redistribuição da riqueza e dos rendimentos por um ou outro dispositivo. Se queriam mudar as coisas, este era o único rumo. Evitar esta questão era evitar todas as questões.

A defesa conservadora da desigualdade tem variado. Houve sempre o argumento subjacente de que, por uma questão de direito natural e de equidade, o que um homem recebeu, salvo por furto comprovado, é seu por direito. Para Ricardo e os seus seguidores imediatos, os rendimentos luxuosos dos senhorios e dos capitalistas eram a disposição inevitável das coisas. Era possível adulterá-lo, mas apenas ao preço final de perturbar o sistema e tornar a sorte de todos (incluindo a dos pobres) muito pior.

Esta era essencialmente a defesa passiva. Com o tempo (e a agitação), os argumentos a favor da desigualdade tornaram-se muito mais funcionais. O usufruto sem perturbações dos rendimentos era considerado essencial como um incentivo. O esforço e o engenho resultantes trariam maior produção e maiores recompensas para todos. Em tempos recentes, um limite de impostos sobre os rendimentos auferidos foi praticamente canonizado.

A desigualdade tem também vindo a ser considerada como quase igualmente importante para a formação de capital. Se os rendimentos fossem amplamente distribuídos, seriam gastos. Mas se fosse canalizado num fluxo concentrado para os ricos, uma parte seria certamente poupada e investida.

Há outros argumentos. A igualdade excessiva contribui para a uniformidade cultural e a monotonia. Os homens ricos são essenciais para que a educação e as artes sejam subsidiadas. A igualdade é uma característica do comunismo e, por conseguinte, do ateísmo e, por isso, é espiritualmente suspeita.

Os infortúnios culturais decorrentes de uma igualdade excessiva não podem ser exageradamente instigados. Como Tawney observou: «Aqueles que temem um nível absoluto de rendimento ou riqueza... não temem, ao que parece, um nível absoluto de lei e ordem, e de segurança de vida e propriedade. Não se queixam de que pessoas dotadas pela natureza de qualidades invulgares de força, audácia, ou astúcia sejam impedidas de colher todos os frutos destes poderes.»([57]) E, de facto, na sabedoria convencional, a defesa da desigualdade assenta primariamente no seu papel funcional como incentivo e como fonte de capital.

Daí que o limitado igualitarismo da atual estrutura federal dos impostos sobre o rendimento tenha sido considerado durante muito tempo um sério entrave ao esforço individual, à iniciativa e à inspiração ou em perigo de o vir a ser. «Destrói a ambição, penaliza o sucesso, desencoraja o investimento para criar novos empregos, e pode muito bem transformar uma nação de empreendedores arriscados numa nação de fracos...»([58]) «Destrói o incentivo das pessoas para trabalhar... Torna cada vez mais difícil, se não impossível, para as pessoas poupar... Tem um efeito mortal sobre o espírito empreendedor... que formou a América.»([59])

No entanto, este argumento não é impecavelmente consistente. Não há muitos empresários que não estejam a dar o seu melhor devido a um incentivo pecuniário insuficiente. O típico executivo de negócios chega ao topo sendo promovido acima dos seus semelhantes. Estaria a pôr em perigo a sua hipótese de progressão se fosse suspeito de ter andado a fingir que trabalha, tudo devido ao seu ressentimento por causa da inadequação dos seus rendimentos após a dedução de impostos. Espera-se que dê o seu melhor à sua empresa, e normalmente é o que faz.

([57]) R. H. Tawney, *Equality,* 4.ª ed., rev. (Londres: Allen & Unwin, 1952), p. 85.

([58]) «Taxes and America's Future». Discurso de Fred Maytag II, perante a Associação Nacional de Fabricantes, 1 de dezembro de 1954.

([59]) «The Relation of Taxes to Economic Growth». Discurso de Ernest L. Swigert, perante a Associação Nacional de Fabricantes, 6 de dezembro de 1956.

Dar a indivíduos grandes rendimentos para encorajar a poupança também tem elementos ilógicos. O homem rico poupa porque é capaz de satisfazer todos os seus desejos e depois ainda sobrar algum. Tal poupança, por outras palavras, é o resíduo após o consumo luxuoso. Esta não é obviamente uma forma especialmente eficiente de promover a formação de capital. Além disso, a evidência empírica sobre o efeito do igualitarismo na formação de capital é incerta. A Inglaterra é frequentemente citada como um exemplo infeliz. Mas a Noruega, um país ainda mais igualitário, teve, após a Segunda Guerra Mundial, uma das mais elevadas taxas de formação de capital e de crescimento económico de qualquer país do mundo não comunista.([60]) Repúblicas latino-americanas com uma distribuição de rendimentos altamente desigual não têm um registo notável de formação de capital.

A atitude liberal *formal* face à desigualdade pouco mudou ao longo dos anos. Os liberais aceitaram parcialmente o ponto de vista dos abastados de que é um pouco tosco incitar a uma política de fazer pagar os ricos. No entanto, em geral, o homem rico continua a ser o antagonista natural dos pobres. A legislação económica, sobretudo a política fiscal, continua a ser uma competição, por mais desigual que seja, entre os interesses dos dois. Nenhuma outra questão de política económica é tão importante como o efeito de uma medida sobre a distribuição do rendimento. O teste do bom liberal continua a ser que ele nunca é enganado, que nunca cede em questões que

([60]) Alice Bourneuf, *Norway: The Planned Revival* (Cambridge, Mass.: Harvard University Press, 1958).

favorecem os ricos. Outras questões ocupam a sua atenção ativa, mas esta é a questão constante. Atrás dele, sempre a desafiá-lo, está o cínico sussurro marxista a sugerir que o que quer que ele faça pode não ser suficiente. Apesar dos seus esforços, os ricos tornam-se mais ricos e mais poderosos. Perdem batalhas, mas ganham guerras.

II

No entanto, poucas coisas são mais evidentes na história social moderna do que o declínio do interesse pela desigualdade enquanto questão económica. Isto tem sido particularmente verdadeiro nos Estados Unidos. E parece ser, entre os países ocidentais, menos verdadeiro no Reino Unido. Embora continue a ter um grande papel ritualista na sabedoria convencional dos conservadores e liberais, a desigualdade deixou de preocupar as mentes dos homens. E mesmo a sabedoria convencional tem feito algumas concessões a este novo estado de coisas.

Sobre o facto em si mesmo — de que a desigualdade é uma preocupação decrescente — é apenas necessário observar que durante muitos anos não foi feito nenhum esforço sério para alterar a atual distribuição do rendimentos([61]) Embora na semântica do liberalismo americano haja frequentemente um silêncio prudente sobre o assunto, uma

([61]) A chamada guerra contra a pobreza da administração Johnson foi instrutiva: a redistribuição de rendimentos deveria ser limitada aos muito pobres. A melhoria mais importante dos rendimentos dos pobres deveria provir do aumento da produtividade desse grupo. A capacidade de todos os matizes da opinião política apoiarem aspetos deste programa sugere a suavidade do esforço.

vez que nada agita tanto a ira conservadora, o principal dispositivo público para a redistribuição do rendimento é o imposto progressivo sobre o rendimento. Mas o imposto sobre o rendimento nos anos que se seguiram à Segunda Guerra Mundial regrediu bastante enquanto instrumento de redistribuição do rendimento.

O declínio da preocupação com a desigualdade não pode ser explicado com o triunfo da igualdade. Embora isto seja regularmente sugerido na sabedoria convencional dos conservadores, e possa facilmente ser deduzido das queixas dos empresários, a desigualdade é grande e está a aumentar. Em 1970, a décima parte das famílias e indivíduos com os rendimentos mais baixos recebeu em bruto cerca de 2% do total dos rendimentos monetários do país; a décima parte com os rendimentos mais elevados recebeu 27% do total, o que quer dizer que os seus rendimentos eram, em média, 14 vezes mais elevados do que a décima parte mais baixa. A metade das famílias com os rendimentos mais baixos recebeu, antes da dedução de impostos, apenas 23% de todos os rendimentos monetários. A metade com os rendimentos mais elevados recebeu 77%. Em 1972, apenas cerca de 7% de todas as unidades familiares tinham rendimentos brutos de mais de 25 000 dólares. Receberam, no entanto, 21% do rendimento total. No outro extremo, 17% tinham rendimentos brutos de menos de 5 000 dólares e recebiam apenas 4% do rendimento.([62]) Nos anos que se seguiram, a percentagem que ia para os muito ricos aumentou significativamente. As leis

([62]) U.S. Department of Commerce, *Statistical Abstract of the United States.* Os valores de 1970 são da p. 324 da edição de 1972; os valores de 1972 são da p. 382 da edição de 1974.

atuais são notoriamente favoráveis às pessoas que já têm riqueza, em oposição às pessoas que apenas a auferem. Com um pouco de engenho, o homem que já é rico pode normalmente tomar o seu rendimento sob a forma de ganhos de capital e limitar um pouco a sua obrigação fiscal. Além disso, ao contrário do homem que tem de a ganhar, não se vê obrigado a adquirir uma participação de capital, seja para a velhice, para a família, ou pela mera satisfação que isso lhe possa trazer, uma vez que já o tem. Consequentemente, não precisa de poupar. No entanto, nenhuma destas questões nem as numerosas lacunas mais graves dos impostos federais sobre o rendimento suscitam o tipo de preocupação que leva da retórica à ação.

III

O primeiro motivo pelo qual a desigualdade esmoreceu como questão é, sem grande dúvida, que embora tenha continuado e aumentado, não tem mostrado a tendência esperada para promover reações violentas. E assim, a previsão marxista, que no início deste século parecia tão amplamente confirmada pela observação, já não inspira o mesmo grau de medo. Na ausência de alarme, a desigualdade é mais facilmente aceite do que os reformadores sociais do passado supunham. A emulação ou, quando esta é frustrada, a inveja há muito que desempenha um grande papel na visão comum da motivação humana([63]) Enquanto um indivíduo tivesse mais do que outro, presumia-se que o segundo estava insatisfeito com a sua sorte. Esforçar-se-ia

([63]) Ver Capítulo 11.

por se aproximar do seu contemporâneo mais favorecido; estaria profundamente descontente se falhasse. Contudo, estes traços são menos cósmicos do que se supunha. A inveja funciona, quase sempre, de maneira eficiente apenas no que diz respeito aos vizinhos próximos. Não é dirigida aos longínquos ricos. Se os rendimentos dos indivíduos estão a aumentar, o facto de uns desconhecidos nova-iorquinos, texanos ou empresários informáticos da Costa Oeste serem excessivamente ricos não é, provavelmente, uma questão de primeira urgência. Torna-se fácil, ou pelo menos conveniente, aceitar o caso da sabedoria convencional, que é a de que os ricos na América são simultaneamente membros funcionais e também bastante perseguidos da sociedade. E, como foi referido, comentar a riqueza dos ricos, e certamente propor a sua redução, passou a ser considerado de mau gosto. O indivíduo cujo rendimento próprio está a aumentar não tem qualquer razão real para incorrer no opróbrio desta discussão. Porquê identificar-se, ainda que remotamente, com oradores inflamados, descontentes, agitadores e outros indesejáveis?

IV

A outra razão para o declínio do interesse pela desigualdade, quase certamente, é a posição política e social drasticamente alterada dos ricos nos últimos tempos. Em termos gerais, existem três benefícios básicos da riqueza. O primeiro é a satisfação do poder que confere ao indivíduo. O segundo é a posse física das coisas que o dinheiro pode comprar. O terceiro é a distinção ou a estima que advém para o homem rico como resultado da sua riqueza. Todos estes benefícios da riqueza foram grandemente circunscritos nos últimos 75 anos e de uma forma que também reduz enormemente a inveja ou ressentimento dos ricos ou até o conhecimento da sua existência.

Ainda recentemente, na década de 1920, o poder das grandes empresas era primordial nos Estados Unidos e a empresa, por sua vez, era a personificação do indivíduo que a dirigia. Homens como Morgan, os executivos Rockefeller, Hill, Harriman e Hearst tinham um grande poder no sentido significativo do termo, ou seja, eram capazes de dirigir as ações e comandar a obediência de inúmeros outros indivíduos.

Nos últimos 75 anos, o poder e o prestígio do governo dos Estados Unidos aumentaram. Quanto mais não fosse pelo processo de divisão, isto diminuiu o prestígio do poder atribuído à riqueza privada. Mas, além disso, significou também alguma rendição de autoridade a Washington. Além disso, os sindicatos invadiram o poder dos empresários por outro flanco. Mas mais importante, os gestores e executivos retiraram aos homens de riqueza o poder que está implícito na gestão de um negócio. Há 75 anos, Morgan, Rockefeller, Hill, Harriman e os outros eram os senhores incontestáveis dos negócios das empresas que possuíam, ou estava indiscutivelmente em seu poder sê-lo. Os seus filhos e netos ainda são detentores da riqueza, mas com raras exceções o são do poder implícito na gestão da empresa que passou para os profissionais.([64])

([64]) Mais precisamente, à agregação de talentos técnicos e de planeamento que tenho noutros lugares chamado a tecnoestrutura. Cf. *The*

Quando os ricos não eram apenas ricos, mas tinham o poder que decorria da gestão ativa das empresas, é óbvio que a riqueza tinha mais atrativos do que agora. Pelas mesmas razões, suscitava mais antagonismo. J. P. Morgan responsabilizava-se não só pela sua riqueza pessoal, mas também pelo comportamento da United States Steel Corporation, que Morgan tinha montado e que, em última análise, controlava. Na sua qualidade de homem de poder corporativo, gozava também de grande visibilidade. Atualmente, nenhuma infração de empresas semelhantes é atribuída aos seus proprietários, dado que estes últimos não gerem a empresa e quase ninguém sabe quem eles são. Quando se perdeu o poder que decorria da gestão ativa das empresas, perdeu-se igualmente a hostilidade.

O poder que outrora estava associado à riqueza foi prejudicado de uma forma mais íntima. Em 1194, o cavaleiro das cruzadas Henri de Champagne fez uma visita à sede dos Assassinos no castelo de al-Kahf, num pico escarpado nas montanhas Nosairi. Os Assassinos, embora fossem uma seita muçulmana fanática, tinham, em geral, mantido boas relações com os cristãos, a quem frequentemente prestavam, por acordo, o útil serviço de resolução de disputas através da eliminação de um dos litigantes. Henri foi sumptuosamente recebido. Num dos divertimentos mais impressionantes, uma sucessão de membros leais do culto, a uma palavra do xeque, imolavam-se magistralmente. Antes, e desde então, a obediência voluntária

---

New Industrial State, 2.ª ed., rev. (Boston: Houghton Mifflin, 1971), Capítulos VI, VII e *Economics and the Public Purpose* (Boston: Houghton Mifflin, 1973).

de um grupo seleto de empregados domésticos tem sido uma fonte de satisfação assim semelhante para aqueles com capacidade para o comandar. A riqueza tem sido o dispositivo mais proeminente através do qual tem sido obtida. Como pode muito bem ter sido o caso em *al-Kahf*, nem sempre o mestre foi apreciado pelos homens que lhe prestaram serviço.

Em qualquer caso, tal serviço requer uma reserva de indivíduos adequadamente obedientes ou servis. O esgotar dessa reserva, não menos do que a perda da própria riqueza, pode privar a riqueza das suas prerrogativas. O aumento da segurança e dos rendimentos dos americanos nos níveis de rendimento mais baixos reduziu efetivamente — e, em muitos casos, eliminou — a classe servil. E, mais uma vez, a contrapartida é a de que aqueles que já não trabalham para os ricos (ou que o fizeram ou que temem ser forçados a fazê-lo) já não sentem o ressentimento que tal dependência induzia.

V

O prazer de desfrutar da posse física das coisas parece ser uma das prerrogativas da riqueza que tem sido pouco prejudicada. Presumivelmente nada aconteceu que impeça o homem que o possa pagar de desfrutar dos seus *Rembrandts* e das suas orquídeas cultivadas em casa. Mas o gozo das coisas esteve sempre intimamente associado à terceira prerrogativa da riqueza, que é a distinção que ela confere. Num mundo em que quase todos eram pobres, esta distinção era muito grande. Era a consequência natural da raridade. Em Inglaterra, é amplamente aceite, as famílias ducais não são todas superiores de modo uniforme. Há uma incidência aproximadamente normal de inteligência e estupidez, bom gosto e mau gosto, e moralidade, imoralidade, homossexualidade e incesto. Mas muito poucas pessoas são duques ou mesmo duquesas, embora estas últimas se tenham tornado bastante mais numerosas com a moderna flexibilização das leis do divórcio. Por conseguinte, ainda que possam ser intrinsecamente pouco excecionais, são encaradas com algum respeito residual. Durante muito tempo, assim foi com os ricos. Se os duques fossem numerosos, a sua posição deteriorar-se-ia irremediavelmente. À medida que os ricos se tornaram mais numerosos, tornaram-se inevitavelmente numa moeda desvalorizada.

Além disso, a riqueza em si nunca foi suficiente fonte de honra. Tem de ser publicitada, e o meio normal de o fazer é através de bens ostensivamente caros. Na segunda metade do século passado nos Estados Unidos, esta publicidade era realizada com virtuosismo. Habitação, veículos, adornos femininos e atividades recreativas eram todos colocados ao seu serviço. O dispêndio era fortemente enfatizado. «Dizem-nos agora que o "iate de 500 000 $ do Sr. Gould" entrou num determinado porto, ou que o Sr. Morgan partiu numa viagem na sua "carruagem de luxo de 100 000 $", ou que a "casa de 2 000 000 $ do Sr. Vanderbilt" está prestes a ser concluída, com os seus "50 000 quadros" e as suas "portas de bronze de 20 000 $".»([65]) As grandes casas, os grandes iates, os grandes

([65]) Matthew Josephson, *The Robber Barons* (Nova Iorque: Harcourt, Brace, 1934), p. 330. Josephson está a parafrasear W. A. Croffut, biógrafo do Comodoro Vanderbilt, escrevendo em 1885.

bailes, as cavalariças e os expansivos decotes incrustados de joias eram todos utilizados para identificar o indivíduo como alguém que tem direito às honras da riqueza.

Estas exibições já passaram de moda. Houve uma causa externa que contribuiu para tal. Os ricos americanos há muito que são sensíveis ao medo da expropriação — um medo que pode estar relacionado com a tendência para que mesmo as medidas reformistas mais suaves sejam vistas, na sabedoria conservadora convencional, como presságios de revolução. A depressão e especialmente o *New Deal* causaram aos ricos americanos um sério susto. Uma das consequências foi o início de um período de marcada discrição nas despesas pessoais. Acreditava-se que despesas puramente ostensivas, especialmente em habitações, iates e respetivas mulheres, eram suscetíveis de incitar as massas à violência. Eram censuradas como pouco sensatas e impróprias pelos mais discretos. Era muito mais sensato assumir o papel protetor do cidadão útil, do estadista industrial ou mesmo do homem comum.([66])

Contudo, estavam em ação causas mais profundas. Cada vez mais, no último quarto de século, a ostentação de bens caros, como um dispositivo para sugerir riqueza, tem sido censurada como vulgar. O termo é preciso. Vulgar significa: «De ou pertencente ao povo comum, ou ao

---

([66]) Cf. C. Wright Mills, *The Power Elite* (Nova Iorque: Oxford University Press, 1956), p. 117. O Sr. Mills sugere que, nos anos de depressão, este esforço para proporcionar uma coloração protetora levou ao recrutamento de técnicos e gestores empresariais como homens de frente, atrás dos quais os abastados podiam sobreviver em paz. Não é incaracterístico, penso eu, que o Sr. Mills tenha tomado demasiadas medidas para tal mudança.

rebanho ou multidão». E isto explica o que aconteceu. As despesas exuberantes podiam ser financiadas por tantos que deixaram de ser úteis como uma marca de distinção. Um automóvel comprido, ricamente estofado e extremamente potente não transmite qualquer impressão de riqueza numa época em que são produzidos em massa aos milhares. Uma casa em Palm Beach não é uma fonte de distinção quando as tarifas de um milhar de quartos de hotel em Miami Beach rivalizam com a sua manutenção diária. Outrora, uma exibição suficientemente impressionante de diamantes poderia chamar a atenção mesmo para o corpo mais obeso e repelente, pois significava ser membro de uma casta altamente privilegiada. Agora os mesmos diamantes são comprados por uma estrela de televisão ou por uma meretriz talentosa. Os modernos meios de comunicação de massas, especialmente o cinema e a televisão, asseguram que a população em geral verá os corpos não só das filhas dos ricos, mas também das filhas dos mineiros de carvão e dos viajantes comerciais que enriqueceram com os seus próprios talentos ou algum fac-símile deles. Na América do Sul, no Médio Oriente, até certo ponto na Índia, e por viajantes em Nice, Cannes e Deauville, a ostentação por parte dos ricos continua a ser praticada. Isto está de acordo com as expectativas. Nestes países, a maioria das pessoas são ainda, na sua maioria, pobres e incapazes de pagar os bens que anunciam a riqueza. Por conseguinte, a ostentação continua a ter um propósito. Por não ser acessível a demasiadas pessoas, ainda não se tornou vulgar.

O americano rico não é totalmente desprovido de vantagens na sua busca por distinção. A riqueza ainda chama a atenção se dedicada a atividades culturais e técnicas ou a passatempos com um caráter utilitarista. Um americano abastado pode ganhar em estima por uma quinta admiravelmente gerida, embora nunca por uma propriedade admiravelmente bem cuidada. Apesar de a riqueza ajudar a uma carreira pública, aqueles que dependem dela de forma demasiado patente são considerados como cidadãos públicos ligeiramente inferiores. Um Rockefeller ou um Kennedy que é eleito para um cargo público goza de um prestígio muito superior ao de um Aldrich ou um Annenberg cuja nomeação para um cargo de embaixador, por muito justificada que seja pelo seu mérito, poderia ter sido menos certa na ausência de consideráveis contribuições para a campanha eleitoral. Em suma, embora as despesas ostensivas e elaboradas, em conjunção com a riqueza que as sustentava, tenham sido outrora uma fonte segura de distinção, já não o são. Os efeitos sobre as atitudes face à desigualdade serão evidentes. As despesas ostensivas centraram a atenção dos pobres na riqueza dos ricos, pois este era obviamente o seu objetivo. Com o declínio da ostentação, ou a sua vulgarização, a riqueza e, consequentemente, a desigualdade deixaram de ser anunciadas de forma flagrante. Sendo menos publicitados, os ricos eram menos notados e menos ressentidos. Tinham ajudado a fazer da desigualdade um problema. Agora já não se sentiam impelidos a fazê-lo.

Surgiram consequências semelhantes pelo facto de o homem rico ter agora de competir pela estima. Em tempos, os intelectuais, políticos ou homens de ambição viam o homem rico conquistar a distinção sem esforço, o que contrastava com os seus próprios esforços. Reagiam ajudando a concentrar o ressentimento da comunidade em geral. Agora assistiam ao homem de riqueza forçado a competir pelas suas honras. Nesta competição, o homem rico reteve vantagens indiscutíveis, mas não se distinguia automaticamente. Nada poderia funcionar mais eficazmente para secar a oferta de indivíduos que de outra forma fariam carreira do ataque à desigualdade. Ao graduar-se nas fileiras dos gestores profissionais, e depois de subir na hierarquia da empresa moderna, o homem ambicioso poderia esperar competir em condições toleravelmente iguais com o neto do fundador.

Seria irrefletido sugerir que o homem de riqueza não tem vantagens especiais na nossa sociedade. Tais afirmações são as maravilhas da sabedoria convencional que duram um dia, e aqueles que as oferecem têm uma reputação de profetas sociais breve, mas de cortar a respiração. Isto, por si só, sugere que tais descobertas aplacam algum sentimento de culpa. Mas parece claro que o prestígio e o poder estão agora muito mais intimamente associados àqueles que, independentemente da riqueza pessoal, administram a atividade produtiva. O alto funcionário da empresa é inevitavelmente um homem de consequência. O homem rico pode ser bastante inconsequente e muitas vezes é-o. A sua necessidade de alcançar o sucesso na profissão nominalmente popular de governo é elucidativa.

VI

No mundo ricardiano, como foi referido, o progresso requeria lucros, e os seus frutos revertiam a favor dos senhorios. O avanço económico — a expansão da produção ,— geralmente, não ajudava o homem comum. A sua única esperança residia em reformas que Ricardo e os seus seguidores teriam considerado altamente destrutivas ou, alternativamente, numa drástica destruição do sistema. O avanço económico ainda tem poucas promessas de melhoria para o homem comum em muitos países. Nas fazendas andinas, pouco importa para o homem que cultiva a terra se o produto aumenta. A sua própria parte é ínfima; um aumento do produto não é importante se a totalidade, à exceção da sua fração diminuta, for para outra pessoa. E a situação pode ser pior: qualquer excedente em relação às necessidades mais elementares pode ser absorvido, como resultado de uma revisão *ad hoc* das regras, pelo senhorio, comerciante ou prestamista. Este é ainda o mundo ricardiano, e nele a esperança óbvia de melhoria reside numa distribuição diferente do rendimento baseada numa estrutura social diferente. Pela mesma razão, até que a quota do homem comum no produto seja aumentada, o seu incentivo para aumentar a produção — para adotar melhores métodos de cultivo, por exemplo — é ligeiro ou nulo. As pessoas de numerosos países pobres ouviram frequentemente dos seus presumíveis mentores mais avançados nas suas terras economicamente mais avançadas que deveriam ser pacientes quanto à reformação social, com todas as suas implicações perturbadoras e mesmo revolucionárias, e concentrar-se no aumento da produção. Este pode ser um conselho notavelmente inapropriado. A reforma não é algo que se possa fazer para esperar por um avanço produtivo. Pode ser um pré-requisito para tal avanço.

Em contrapartida, no país avançado, o aumento da produção é uma alternativa à redistribuição. E, como indicado, tem sido o grande solvente das tensões associadas à desigualdade. Ainda que esta última persista, o conflito incómodo que a sua correção implica pode ser evitado. É muito melhor concentrar-se no aumento da produção, um programa em que tanto ricos como pobres podem concordar, uma vez que beneficia ambos.

Talvez não seja inteiramente surpreendente que entre aqueles que possam estar sujeitos à redistribuição esta doutrina tenha algo que se aproxime do estatuto da revelação divina. Durante muitos anos, a relação dos empresários com os economistas nos Estados Unidos foi caracterizada por um certo grau de acrimónia. O economista tinha mostrado uma predisposição para favorecer as tarifas baixas, o imposto sobre o rendimento, as leis *antitrust* e, com bastante frequência, os sindicatos. Isto fez dele, no mínimo, um amigo inconveniente. Mas o aumento da produção como substituto para uma maior igualdade foi a base para uma aproximação notável. «Do ponto de vista dos dólares e cêntimos, é bastante óbvio que ao longo de um período de anos, mesmo aqueles que se encontram no extremo mais magro da desigualdade têm mais a ganhar com um crescimento mais rápido do que com qualquer redistribuição de rendimentos concebível.»([67])

([67]) «Learning to Multiply and to Divide». Discurso de Roger M. Blough, presidente do Conselho de Administração da United States Steel Corporation, citando o professor Henry C. Wallich da Universidade de Yale, mais tarde do Conselho de Governadores do Sistema da Reserva Federal, 15 de janeiro de 1957.

Estas declarações ainda levantam algumas suspeitas. Ao longo dos séculos, aqueles que foram abençoados com riqueza desenvolveram muitas justificações engenhosas e persuasivas da sua boa sina. O instinto do liberal é olhar para estas explicações com uma visão bastante inabalável. No entanto, neste caso, nos países avançados, os factos são inescapáveis. Foi o aumento da produção nas últimas décadas, e não a redistribuição do rendimento, que trouxe o grande aumento material do bem-estar de uma pessoa média. E, por muito suspeito que seja, os liberais acabaram por aceitar o facto. Em resultado disso, o objetivo de uma economia em expansão também se tornou profundamente enraizado na sabedoria convencional da esquerda americana. Os efeitos benéficos de uma tal economia, além disso, são considerados abrangentes. Não só haverá uma melhoria material para o homem médio, mas também um fim da pobreza e das privações para todos. Esta última é falsa. O aumento da produção agregada deixa uma margem de pobreza que se perpetua na própria base da pirâmide de rendimentos. Isto passa em grande parte despercebido, porque é o destino de uma minoria sem voz.([68]) E os liberais há muito que estão habituados a esperar que os pobres falem com os tons

([68]) Embora na medida em que está associada à raça, uma minoria mais militante do que aqui foi sugerido. Parece justo atribuir à discussão que se seguiu à primeira publicação deste volume e ao trabalho posterior de Michael Harrington, Robert Lampman, Charles C. Killingsworth e os associados ao Office of Economic Opportunity alguma influência para tornar esta pobreza menos anónima do que era em 1958. Contudo, o declínio evidente da pobreza como fonte de preocupação não é muito encorajador.

retumbantes de uma vasta maioria. Será necessário regressar a estas questões.

De momento, basta notar que, como preocupação económica e social, a desigualdade tem vindo a diminuir em urgência, o que tem tido o seu reflexo na sabedoria convencional. O declínio tem sido por diversas razões, mas, de uma forma ou de outra, todas elas estão relacionadas com o facto de se aumentar a produção. A produção tem eliminado as tensões mais agudas associadas à desigualdade. E tornou-se evidente, tanto para os conservadores como para os liberais, que o aumento da produção agregada é uma alternativa à redistribuição ou mesmo à redução da desigualdade. A mais antiga e mais agitada das questões sociais, se não estiver resolvida, está, pelo menos em grande parte, em suspenso, e os concorrentes concentraram a sua atenção, em vez disso, no objetivo de aumentar a produtividade. Esta é uma mudança de grande importância. A nossa crescente preocupação com a produção nos tempos modernos seria, por si só, notável. Mas também previu o campo outrora ocupado por aqueles que disputavam sobre quem devia ter menos e quem devia ter mais.

8.

Segurança económica

Pouquíssimas matérias relacionadas com a vida económica têm sido tão mal compreendidas como o problema da segurança económica. E, em grande medida, o mal-entendido persiste.

No modelo da sociedade competitiva, tal insegurança era inerente. O produtor individual ou o trabalhador poderia, a qualquer momento, sofrer um súbito declínio na sua fortuna. Isto poderia decorrer de preguiça ou incompetência, em virtude da qual perderia os seus clientes ou o emprego. Mas o melhor dos homens poderia sofrer com uma súbita mudança nos gostos dos consumidores ou como resultado não da sua própria inadequação, mas sim da do seu empregador. Estas mudanças imprevisíveis na fortuna eram inevitáveis e úteis. Eram inevitáveis, porque faziam parte da capacidade do sistema para se acomodar à mudança. À medida que os requisitos e desejos mudavam, os homens eram empregados em novos lugares e desempregados nos antigos. O capital era procurado nas novas indústrias e anulado como uma perda no antigo. A insegurança era útil porque levava os homens — empresários, funcionários, trabalhadores independentes — a prestar o seu melhor e mais eficiente serviço, uma vez que severas punições recairiam sobre aqueles que não o faziam.

No entanto, esta insegurança, por muito valiosa que parecesse em princípio, era apreciada quase exclusivamente na segunda pessoa ou em abstrato. A sua necessidade era considerada urgente para inspirar os esforços de outras pessoas ou populações em geral. Raramente parecia vital para o próprio indivíduo. As restrições à concorrência e à livre movimentação de preços, a maior fonte de incerteza para as empresas, foram principalmente deploradas por professores universitários em nomeações vitalícias. A segurança das suas posições é considerada essencial para um pensamento frutuoso e incessante. As preocupações dos trabalhadores com os subsídios de desemprego ou pensões de velhice têm geralmente parecido mais indolentes e degeneradas aos executivos, que não seriam atraídos por empresas em que estivessem sujeitos a uma dispensa arbitrária ou onde não dispusessem de acordos adequados em matéria de pensões. Os agricultores têm sido regularmente censurados pela sua falta de fidelidade ao sistema de preços livres por empresários que há alguns anos não registam reduções nos preços que eles próprios praticam.

Na sabedoria convencional dos conservadores, a busca moderna por segurança há muito que é considerada como a maior ameaça singular ao progresso económico. Estes receios eram mais fortes numa altura em que grandes avanços na segurança social coincidiam com uma grande expansão económica. Para os liberais mais antigos, a perspetiva de encontrar novas formas de proteção social com grande apelo às massas continua a ser a maior esperança para a conquista tanto do progresso social como do sucesso político. Quando os políticos liberais nos Estados Unidos lamentam, como fazem regularmente, a sua falta de novas ideias, referem-se, quase invariavelmente, à falta de novas formas politicamente atrativas de segurança social. Isto é desconcertante para os conservadores que também supõem que um número infindável de novas ideias para proteger o indivíduo do infortúnio económico está à espreita ao virar da esquina. Há muitos anos que existem poucas propostas realmente novas.

II

O primeiro passo para atravessar esta confusão é reconhecer que embora o risco fosse de facto inerente à sociedade económica da tradição central, há muito que quase ninguém o encara com equanimidade. E todos os que estavam sujeitos à insegurança, mais cedo ou mais tarde, começaram a eliminá-la, na medida em que esta os afetava. Em grande medida, foram bem-sucedidos. Os dispositivos através dos quais o fizeram variaram muito. Isto levou aqueles que estavam a utilizar um dispositivo a vê-lo como uma precaução necessária enquanto lamentavam as medidas iníquas concebidas por outros. E, como será agora pouco surpreendente, embora a insegurança tenha sido eliminada no mundo real, sobreviveu mais ou menos intacta na base ideológica da sabedoria convencional e continuou a desempenhar o seu papel quase indispensável.

A eliminação da insegurança económica foi introduzida pelas empresas no que diz respeito às suas próprias operações. A maior fonte de insegurança, como referido, residia na concorrência e no movimento livre e imprevisível de preços de mercado competitivos. Desde o início da sociedade capitalista moderna, os empresários têm-se debruçado sobre a eliminação ou a atenuação desta fonte de insegurança. O monopólio ou o controlo total da oferta, e portanto do preço, por uma única empresa era a segurança suprema. Mas havia muitas opções a meio caminho também elas muito apetecíveis. Acordos de preços e de produção ou cartéis, fixação de preços por lei, restrições à entrada de novas empresas, proteção por tarifas ou quotas, e muitos outros dispositivos tiveram todos o efeito de mitigar a insegurança inerente à economia competitiva. O mais importante, quando o número de empresas é pequeno, uma característica das indústrias modernas, a interdependência é reconhecida e respeitada, e as empresas evitam firmemente um comportamento de preços que aumentaria a incerteza para todos.

Estes esforços têm sido longos e largamente comentados. No entanto, a tendência destas medidas para se concentrarem direta ou indiretamente no preço, o que, como referido, é a maior fonte de incerteza, levou os economistas a considerar a gestão dos preços como sendo de singular importância. E relacionaram muito mais frequentemente essa gestão com a maximização dos lucros do que com a minimização dos riscos. O espectro que durante muito tempo assombrou os economistas era o monopólio em busca de ganhos extorsivos à custa do público. Isto dominava os seus pensamentos. A figura menos dramática do empresário que busca proteção contra as vicissitudes da economia competitiva estava muito menos presente na sua mente. Isto é lamentável, pois o desenvolvimento da empresa moderna só pode ser entendido como um esforço abrangente para reduzir o risco. Não estarei a ir longe demais se afirmar que não pode ser entendido noutros termos.

Especificamente, compete às grandes empresas modernas atenuar ou eliminar muitos dos riscos mais importantes aos quais as empresas estavam anteriormente sujeitas. O gosto e a procura dos consumidores podem mudar. As grandes empresas modernas resistem a isto através da publicidade. O gosto do consumidor é assim, em parte, submetido ao seu controlo. O seu tamanho torna possível uma linha diversificada. Isto proporciona uma maior proteção. Existe o perigo de que as mudanças tecnológicas tornem obsoleto um produto ou método de produção. As empresas modernas são capazes, através da investigação e recursos tecnológicos, de assegurar que estarão a par de tais mudanças. Por conseguinte, a mudança tecnológica ocorrerá sob os seus próprios auspícios ou dentro do seu alcance. Uma medida de controlo sobre os preços significa uma medida de controlo sobre os ganhos. Isto significa pelo menos uma independência parcial do mercado de capitais para fundos. Além disso, uma empresa grande diversifica em muito as suas oportunidades de angariação de fundos. Nas grandes organizações, mesmo os riscos associados à seleção da liderança são reduzidos. A organização substitui a autoridade individual; nenhum indivíduo é suficientemente poderoso para causar muitos danos. Caso contrário, a bolsa de valores prestaria muita atenção às reformas, mortes e substituições nas fileiras executivas das grandes empresas. De facto, ignora sobretudo tais detalhes num reconhecimento tácito de que a organização é independente de qualquer indivíduo.([69])

A redução substancial do risco inerente ao desenvolvimento da empresa moderna está longe de ter sido plenamente apreciada. Isto deve-se em parte ao facto de a empresa, ao contrário do trabalhador, agricultor ou outro cidadão individual, ter sido em grande parte capaz de reduzir a sua insegurança sem procurar abertamente a ajuda do governo. Exigiu uma organização elaborada, mas este tem sido o produto de uma evolução contínua em relação à empresa original. Os agricultores, trabalhadores e outros cidadãos, pelo contrário, tiveram de procurar abertamente a assistência do governo ou (como no caso dos sindicatos) tiveram de se organizar especialmente com o objetivo de reduzir a insegurança. Consequentemente, a sua procura de maior segurança tem sido notória. Pelo contrário, os executivos empresariais, em tempos os pioneiros no combate à insegurança, têm podido supor que a segurança é algo com que apenas os trabalhadores ou os agricultores estão preocupados.

O mito também tem desempenhado um papel na dissimulação do esforço das empresas modernas para minimizar a insegurança. Existe uma convicção viva, mesmo da parte dos executivos das maiores empresas, de que vivem perigosamente. Quase nenhuma grande corporação industrial nos Estados Unidos, que também seja grande na sua indústria, falhou ou esteve seriamente em perigo de

([69]) Na primeira edição, notei que «estes são assuntos que espero tratar em muito maior detalhe num próximo livro sobre as empresas e a personalidade corporativa». Fi-lo em *The New Industrial State* (Boston: Houghton Mifflin, 1967 e edições posteriores).

insolvência durante muitos anos. Quando houve perigo, o governo veio em seu socorro. A segurança nos cargos dos executivos das corporações é notavelmente elevada. Tal como a sua remuneração. Seguramente que não têm qualquer comparação com a insegurança da fortuna dos empresários do modelo competitivo. As decisões individuais de gestão das empresas podem ainda revelar-se erradas. Mas nas empresas grandes e diversificadas — em contraste com as empresas pequenas e mais especializadas — tais decisões raramente são fatais.

O risco da vida empresarial moderna é, de facto, a presunção inofensiva do executivo moderno, e é por isso que é vigorosamente proclamado. Precisamente porque vive uma vida cuidadosa, o executivo é levado a identificar-se com o arrojado empresário da literatura económica. Por muitas das mesmas razões, o comandante de uma divisão blindada, viajando num atrelado e preocupando-se com o abastecimento de gasolina, vê-se a si próprio a liderar uma antiga carga de cavalaria. Nada foi mais central para o propósito da General Motors ou da General Electric do que compreender e eliminar os perigos a que os empresários de outrora estavam presumivelmente sujeitos. Nada seria mais prejudicial para a reputação de um executivo na General Motors ou General Electric do que lançar um produto sem testar o mercado, ser apanhado de surpresa por um desenvolvimento tecnológico, estar desprevenido no fornecimento de uma matéria-prima ou ser apanhado numa guerra de preços insensata. Estes eram outrora os riscos comuns do empreendedorismo.

Mas as grandes empresas têm sido apenas o líder no afastamento do risco. Quase toda a gente participou dentro das suas possibilidades, e na década de 1930 houve um esforço especialmente generalizado para mitigar os perigos económicos para o homem ou mulher comum. O governo federal interveio pela primeira vez com fundos de alívio e de assistência social para proteger o indivíduo do infortúnio económico. Seguiu-se a segurança social — seguro de desemprego([70]) e pensões de velhice e de sobrevivência. Os agricultores, através de pagamentos públicos e preços de apoio, foram protegidos de alguma da insegurança associada a preços de mercado competitivos. Os sindicatos desenvolveram-se rapidamente durante esta década. Juntamente com o seu poder de negociação, proporcionaram aos trabalhadores proteção contra despedimentos por capricho, imprevistos ou despromoção, aumentando assim a sua segurança no emprego. Pensões, seguro de saúde, subsídio complementar de desemprego contribuíram para a proteção. Mesmo os pequenos empresários, através da Lei Robinson-Patman, as leis do comércio justo, legislação contra vendas abaixo do custo, e através de associações comerciais, ganharam uma medida de segurança contra as incertezas da concorrência do mercado, para a qual partilhava do desagrado universal.

As medidas anteriores eram microeconómicas. Protegiam o indivíduo, empresa ou grupo contra as adversidades específicas a que estava sujeito. Mas a atenuação eficaz da insegurança exigia outro esforço paralelo de um tipo muito

---

([70]) N. do E: Em Portugal, os seguros de desemprego funcionam num regime privado, via seguradoras, através do pagamento de uma mensalidade que permitirá uma ativação do seguro em caso de perda de emprego. Atribui-se à rede de apoio da Segurança Social, em caso de desemprego, a expressão «subsídio de desemprego».

mais generalizado. A posição do trabalhador que é protegido contra despedimentos arbitrários por um sólido sistema de senioridade está longe de ser ideal se o despedimento for devido exclusivamente a uma insuficiência de procura do produto que está a fabricar. Isto é especialmente verdade se uma escassez geral da procura o impedir de encontrar um emprego noutro local. Embora o subsídio de desemprego seja melhor do que nada, um emprego é ainda melhor. Mesmo com uma aplicação eficaz das leis que impeçam a discriminação de preços — como quando uma grande empresa recorre ao seu tamanho para oferecer preços que os pequenos concorrentes não conseguem igualar — a posição competitiva do pequeno retalhista numa época de depressão não é feliz. Independentemente das condições de concorrência, é muito melhor quando a procura do produto é boa. Os preços de apoio às explorações agrícolas são uma proteção útil contra súbitos movimentos adversos de preços. Mas uma procura de produtos agrícolas que mantenha tais preços de forma fiável acima dos níveis de apoio será preferida por qualquer agricultor racional.

Numa altura, como durante os anos 1930, em que havia grande interesse nas medidas microeconómicas para aumentar a segurança, teria sido, de facto, surpreendente se não tivesse havido um esforço macroeconómico dotado de maior eficiência para o mesmo fim. Os dois esforços seriam, no mais alto grau, complementares. Na realidade, a redução da insegurança através de medidas macroeconómicas era central na política económica da época. Os esforços para eliminar ou mitigar o ciclo económico e estabilizar a economia tornaram-se um objetivo principal da política pública. Depois, como desde então, a estabilização económica foi considerada como um fim por si só, mas será agora claro que era apenas uma parte dos esforços gerais para escapar à insegurança que se supunha ser inerente à vida económica. A mudança de atitudes sobre a segurança macroeconómica durante os anos 1930 foi notável. No início da década, assumiu-se quase uniformemente que as flutuações cíclicas com as incertezas de preços e de emprego que as acompanhavam eram inevitáveis. Muitos esperavam que não fossem violentas. Mas não havia confiança geral de que as depressões pudessem ser atenuadas pela ação governamental sem o risco de eliminar as características autocorretoras do ciclo ou simplesmente de piorar as coisas. No final da década, sob a influência combinada de John Maynard Keynes e do espírito otimista e experimental gerado pelo New Deal, havia uma crença generalizada de que as depressões poderiam ser, pelo menos parcialmente, evitadas. A noção de que lhes devia ser permitido correr o seu curso estava virtualmente extinta.

III

A década de 1930 foi um período notável e as mudanças para aumentar a segurança neste período ainda exigem reflexão. Foram numerosas e profundas no seu efeito, e concentraram-se no breve período de alguns anos. (Embora seja conveniente falar de uma década, a maior parte do impulso para aumentar a segurança económica ocorreu nos cinco anos entre 1933 e 1938). Tanto os conservadores como os liberais analisaram as medidas, e a aprovação em massa que evocaram, e concluíram que tinha sido acrescentado algo de novo e diferente em termos de motivação económica. Os conservadores que lutavam para conciliar este impulso de segurança com a inerente e aparentemente indispensável insegurança da sociedade competitiva, ficaram profundamente alarmados. Talvez pela primeira vez na história, preocupavam-se não com as ambições turbulentas das massas, mas com o seu anseio de paz e contentamento. Os liberais, observando a magia política deste desejo de segurança, aceitaram-na e racionalizaram-na. A vida industrial moderna, concluíram, era algo de excecional perigo; o trabalhador vivia em constante perigo de ser despedaçado pela máquina social cada vez mais complexa que servia. Dada esta imagem, era possível argumentar que o trabalhador precisava de uma proteção muito mais elaborada do que na sociedade económica mais simples assumida pelos economistas anteriores. Estes homens não podiam ter previsto os riscos do capitalismo industrial avançado. Com mais avanço, seria necessária uma proteção cada vez maior.

Desde então, temos vindo a ver o assunto de uma forma mais clara. Nesta época de mudança, o homem médio estava simplesmente a mostrar a reação comum à insegurança do sistema competitivo. Ao fazê-lo, estava a seguir um caminho no qual tinham sido pioneiras as empresas modernas. Estava a mostrar, como sempre, que a insegurança é algo que só é acarinhado pelos outros.

Era inevitável que os agricultores e os trabalhadores em geral fossem os últimos a preocupar-se com a segurança. Antes de um homem tentar proteger-se de mudanças súbitas na sua fortuna económica, tem de ter alguma fortuna a proteger. Os empresários foram os primeiros a desenvolver uma participação na sociedade económica. Foram os primeiros, como resultado, a preocuparem-se com os meios, explícitos ou não reconhecidos, para salvaguardar essa participação. No mundo sombrio de Ricardo e Malthus, o cidadão comum não poderia ter qualquer interesse na segurança social no sentido moderno. Se o salário de um homem mal chega para se sustentar, este não se preocupa muito com o sofrimento acrescido do desemprego. A vida é um fardo pesado em qualquer dos casos. Os homens que estão envolvidos numa luta diária pela sobrevivência não pensam na velhice, pois não esperam presenciá-la. Quando a esperança média de vida é muito baixa, a doença e a morte são riscos normais. Um homem de 80 anos não subscreve um seguro de vida. Concilia-se o melhor que pode com a perspetiva de morte. Para um trabalhador sem terras de uma aldeia indiana, o desemprego nem sequer é uma desgraça. É o seu destino normal.

Com o aumento do bem-estar, todas as pessoas se tornam conscientes, mais cedo ou mais tarde, de que têm algo a proteger. Nas fases muito iniciais da evolução de uma preocupação empresarial, o empresário não se preocupa muito com a segurança. Tem pouco capital para conservar. Só mais tarde é que ele ou os seus descendentes começam a falar das suas responsabilidades para com os seus acionistas. Henry Ford e James Couzens podiam apostar na ideia ainda não testada de produzir o carro mais barato possível para as pessoas. Foi um passo de cortar a respiração. Mas não tinham muito a perder. Os executivos da Ford estariam agora condenados se arriscassem de forma semelhante os presentes bens da Ford Motor Company. Ninguém critica o esforço das empresas modernas para minimizar o risco. Seria negligente nas suas responsabilidades se não o fizessem.

Os acontecimentos no mercado de trabalho são semelhantes. À medida que os salários dos trabalhadores aumentam e também à medida que o emprego se torna mais certo, o desemprego e a ausência de rendimentos adquirem o seu horror contrastante. Com o aumento do rendimento, torna-se também possível pensar na velhice; o indivíduo espera sobreviver, e a velhice sem rendimento é marcada, como não o era antes, pela perspetiva de desconforto. E à medida que os perigos para a saúde e os riscos de acidente diminuem, os homens passam a pensar neles como aflições anormais em vez de normais. Não são os agricultores pobres, mas os abastados que consideram onerosas as incertezas do mercado. No interior das montanhas do Kentucky e Tennessee, uma depressão não é um perigo grave. Os agricultores têm pouco para vender; a sua propriedade tem pouco valor. Por conseguinte, são pouco afetados pelo declínio dos preços e não estão muito preocupados com o declínio do valor da propriedade. Nas regiões prósperas, as coisas são diferentes. Na década de 1930, foram os agricultores relativamente ricos de Iowa que ameaçaram com uma corda os juízes que presidiram aos processos de execução hipotecária. Destas fazendas surgiram as exigências de alívio agrícola. Ao contrário dos do planalto Apalachiano, estes agricultores tinham algo a perder.

Assim, a noção, tão santificada pela sabedoria convencional, de que a preocupação moderna com a segurança é a reação aos riscos peculiares da vida económica moderna dificilmente poderia estar mais errada. Pelo contrário, é o resultado de uma melhoria do nível de vida — de passar de um mundo onde as pessoas tinham pouco para um mundo onde tinham muito mais a proteger. No primeiro mundo, o infortúnio e o sofrimento eram endémicos e inevitáveis. No segundo, tornaram-se episódicos e evitáveis. E à medida que se tornaram episódicos e evitáveis, os homens razoáveis viram o mérito de medidas para os evitar e as possibilidades de o fazer.

O aumento do bem-estar económico não foi a única causa do aumento do interesse pela segurança económica. Devem ser tomadas em consideração as diferenças de temperamento nacional e de desenvolvimento político. Estas podem muito bem explicar a razão pela qual um sistema abrangente de segurança social surgiu pela primeira vez na Alemanha Imperial e por que, nas terras não comunistas, teve o seu maior desenvolvimento na Escandinávia e no Reino Unido. A grande depressão que atingiu com especial gravidade os Estados Unidos e o Canadá, trouxe a estes países o interesse pela segurança económica a par do interesse nas nações industriais europeias.

A grande depressão tem, de facto, sido frequentemente citada como prova da crescente insegurança da vida industrial moderna. Diz-se que não existia, antes da Revolução Industrial, nenhum perigo comparável. Isto é, evidente agora, uma visão superficial. A grande depressão era grave, em parte porque havia tanta riqueza e rendimentos a perder. O perigo era maior nos Estados Unidos e no Canadá, onde a riqueza *per capita* era maior. E a depressão estimulou a preocupação pela segurança económica precisamente da mesma forma que uma conflagração estimula um interesse pelo seguro contra incêndios ou uma inundação pelo controlo das cheias. Estes também têm um efeito nos indivíduos que é aproximadamente proporcional à quantidade dos seus bens que se encontram na trajetória das chamas ou da água.

IV

Os homens de posses — os Forsytes do mundo — sempre souberam que é tão importante salvaguardar a sua riqueza como aumentá-la. Mas nunca igualaram os dois. A propriedade pode ser aumentada sem limites; os esforços para a salvaguardar estão sujeitos a um retorno acentuadamente decrescente. Tendo seguro contra incêndio, roubo e ventos fortes, uma pessoa elimina os maiores perigos associados aos seus bens. A proteção contra terramotos e queda de aviões também pode valer a pena, mas não é de igual urgência e não traz um aumento equivalente de paz de espírito.

O problema da segurança económica é muito idêntico. Há perigos mais graves e menos graves; quando os mais graves estão cobertos, há uma diminuição do sentido de urgência sobre os menos graves e, na verdade, também sobre todo o problema da segurança económica. Para o trabalhador, no passado, o maior perigo era a perda do seu emprego e do seu rendimento. Posteriormente, podemos presumir que as incertezas da velhice, doença, acidente e morte se seguiram em importância. À medida que estes riscos foram mitigados, embora outros tenham permanecido, nenhum outro assumiu importância comparável. Para o agricultor, a proteção contra um acentuado declínio nos seus preços era (e continua a ser) de extrema urgência. Um tal declínio ameaça tanto os seus rendimentos como os seus bens. Em seguida, dependendo da região, vem o perigo de seca e fracasso das colheitas. Não há outros perigos de importância semelhante. Para o empresário, a situação é praticamente a mesma. A incerteza esmagadora refere-se aos preços e mercados dos produtos. Isto explica a atenção que tem recebido dos economistas, e, de facto, por que razão, na teoria do comportamento do mercado, os esforços para remover esta dimensão de risco têm sido considerados mais ou menos únicos e também, não poucas vezes, como singularmente censuráveis. Existem outros perigos — mudanças tecnológicas, movimentos de custos, fornecimentos de matérias-primas, relações laborais — que é desejável eliminar, mas o seu potencial para causar danos pode ser menos devastador. Outras fontes de incerteza são ainda menos importantes.

O significado disto é que a eliminação da insegurança na vida económica pode ser um assunto encerrado. Nada é mais completamente aceite na sabedoria convencional do que o *cliché* de que a vida económica é infinita e inerentemente incerta. De facto, as grandes incertezas da vida económica (sujeitas a alguma prudência no que diz respeito ao controlo da depressão e da inflação) já foram eliminadas. As que subsistem são de urgência muito reduzida.

O corolário é que os partidos e os governos não podem, como a sabedoria convencional tão devotamente assume, continuar a «inventar» novos tipos de segurança. Isto seria possível se fosse apenas uma questão de invenção ou se os perigos da vida económica moderna estivessem a aumentar. Mas os perigos são em número finito; aumentam apenas no sentido de que as pessoas têm mais a perder. Isto não quer dizer que não continue a existir insegurança económica. Para muitos indivíduos em idade ativa nos Estados Unidos, a doença — que pode representar grandes despesas numa altura em que não há rendimentos — continua a ser um perigo. As pequenas empresas e a agricultura continuam a ser setores inseguros. No entanto, e sempre desde que depressões e inflações graves sejam evitadas, as preocupações com novas formas de segurança económica acabaram. Nenhum perigo permanece que seja comparável em importância com os que foram cobertos. E a proteção, uma vez alcançada, é rapidamente considerada como um dado adquirido. Deixa de ser um assunto de discussão ou mesmo de reflexão. Doravante, na busca do objetivo de maior segurança económica, estaremos a completar e aperfeiçoar uma estrutura que em todas as suas principais características já existe.

No entanto, nunca é demais salientar que, para que a segurança económica seja considerada um assunto encerrado, ou em grande parte um assunto encerrado, a depressão e a inflação devem ser evitadas. Uma depressão pode sempre quebrar as micro-medidas que foram tão laboriosamente erigidas por (ou para) empresários, trabalhadores, agricultores e outros cidadãos para sua proteção. Os acordos empresariais para modificar e controlar a concorrência no interesse da estabilidade do mercado transformam-se então em concorrência feroz. O seguro de desemprego não se torna uma proteção transitória para o trabalhador que muda de emprego, mas sim um meio de subsistência inadequado. Os apoios aos preços agrícolas tornam-se baixos preços máximos em vez de altos preços mínimos. Da mesma forma, a inflação reduz o poder de compra das poupanças e prejudica outras medidas através das quais as pessoas seguraram os seus rendimentos futuros. A prevenção da depressão e da inflação continua a ser uma condição *sine qua non* para a segurança económica.

V

O desejo de segurança económica foi durante muito tempo considerado o grande inimigo do aumento da produção. Esta atitude assentava firmemente na crença de que a insegurança do modelo competitivo era essencial para a eficiência. Juntamente com a cenoura da recompensa pecuniária tem de vir a vara do desastre económico pessoal. Ambos eram essenciais. Remover a vara, que deve ser a consequência do aumento da segurança económica, seria remover metade dos incentivos que inspiraram os homens.

No entanto, a noção de que a insegurança económica é essencial para a eficiência e o avanço económico foi um grande erro de cálculo — um dos maiores da história das ideias económicas. Foi o erro de cálculo comum aos economistas marxistas e ortodoxos. Marx e os seus seguidores estavam profundamente persuadidos de que o capitalismo seria incapacitado pelos esforços para o civilizar. A compensação do desemprego, por exemplo, arruinaria o funcionamento do exército de reserva industrial na regulação dos salários. De facto, os anos de crescente preocupação com a segurança económica têm sido anos de avanço sem paralelo em termos de produtividade. As vozes mais alarmadas com os efeitos debilitantes da procura de segurança comentaram muitas vezes sobre as melhorias de produtividade que ocorreram ao mesmo tempo.

Os dados sobre o que aconteceu à produção na era da segurança dificilmente poderiam ser mais impressionantes. Nos 20 anos anteriores aos anos 1990, as décadas em que o problema da segurança se tornou pela primeira vez uma fonte de preocupação convencional, a produtividade da mão-de-obra — rendimento nacional produzido por homem/hora — aumentou de 89,6 cêntimos em 1900 para 113,3 cêntimos em 1929. Isto foi um total de 23,7 cêntimos ou a uma taxa de cerca de 1,2 cêntimos por ano. Nos 10 anos seguintes aos anos 1930, o aumento total foi de 131,5 cêntimos para 179,2 cêntimos, ou seja, 47,7 cêntimos. Isto foi em média 4,8 cêntimos por ano ou quatro vezes o montante do período anterior. Os aumentos continuaram nas décadas seguintes. A preocupação crescente com a segurança, longe de estar em conflito com o aumento da produtividade, era consistente com uma taxa de avanço muito acelerada.([71]) Os aumentos mais impressionantes da produção na história tanto dos Estados Unidos como de outros países ocidentais ocorreram desde que os homens começaram a preocupar-se em reduzir os riscos do sistema competitivo.

No entanto, na sabedoria convencional, tais provas empíricas não são necessariamente decisivas. As consequências

---

([71]) As estimativas são feitas a preços de 1950. São de *America's Needs and Resources, A New Survey*, de J. Frederic Dewhurst and Associates (Nova Iorque: Twentieth Century Fund, 1955), p. 40.

verdadeiramente retratadas pela sabedoria convencional estão, dizem, à espreita, mas fora de vista. Respeitar as evidências é apenas demonstrar uma mente insegura. No entanto, neste caso, a realidade é de certa forma difícil de ignorar. O aumento da segurança económica e o aumento do produto económico são factos consumados. O conflito entre a segurança e o progresso, outrora anunciado como o conflito social do século, não existe.

VI

Não só não há incoerência entre a atenuação da insegurança e o aumento da produção, como os dois estão indissoluvelmente ligados. Um elevado nível de segurança económica é essencial para uma produção elevada. E um elevado nível de produção é indispensável para a segurança económica. Temos de levar mais longe o nosso exame desta relação recíproca entre a produção e a segurança económica.

A maior ameaça à produção nos nossos dias não é, como os expoentes mais nostálgicos da sabedoria convencional ainda tão afeiçoadamente imaginam, o operário preguiçoso e maldoso ou o patrão inexperiente. Estes desperdícios existem inquestionavelmente. Os subsídios concebidos para colmatar períodos de desemprego involuntário providenciam modestamente alguma ociosidade totalmente voluntária na Flórida. Existem sindicatos manipuladores e trabalhadores que fingem que trabalham e supranumerários preguiçosos em toda a parte. De facto, é possível que a antiga arte de escapar ao trabalho tenha sido levada no nosso tempo ao seu mais alto nível de sofisticação, para não dizer de elegância. Não se deve supor que seja uma realização de qualquer classe, ocupação ou profissão em particular. Além das universidades onde a sua prática tem o estatuto de rito académico, a arte da ociosidade distinta e elaboradamente dissimulada pode muito bem atingir o seu nível mais elevado de desenvolvimento nos altos cargos executivos das empresas modernas.

A perda de produção deste convencional e acalentado comportamento ocioso é pequena em comparação com o que se pode perder com a ociosidade involuntária dos trabalhadores e a frustração muito mais impiedosa da iniciativa empresarial como resultado da depressão. Pela mesma razão, o ganho potencial na produção resultante da eliminação de tal ociosidade involuntária, e do alargamento das oportunidades para as empresas através da expansão dos mercados, é muito maior do que tudo o que se poderia esperar do reforço mais generalizado dos incentivos individuais, resultando no aumento mais radical da vontade dos indivíduos de trabalhar ou despender energia executiva.

Entre 1929 e 1932, o PIB, aproximadamente a produção total da nação, expressa em dólares constantes (de 1958), diminuiu em 54 mil milhões de dólares de 197,1 mil milhões para 143,0 mil milhões.([72]) Nenhuma diminuição na energia ou iniciativa dos trabalhadores ou dos seus empregadores poderia ter um efeito comparável a este aumento massivo do ócio forçado por indivíduos

([72]) U.S. Department of Commerce, *Historical Statistics of the United States* (Washington: U.S. Government Printing Office, 1961), p. 139.

que de longe prefeririam trabalhar. (Entre 1929 e 1932, o desemprego aumentou de 1,55 milhões para 12,1 milhões; o emprego não agrícola diminuiu de 35,1 milhões para 28,8 milhões).([73]) Esta foi uma demonstração da magnitude histórica da ineficiência da depressão. Mas houve manifestações mais modestas, se bem que ainda marcantes. Em finais de 1953 e 1954, houve uma ligeira depressão e, neste último ano, a produção foi ligeiramente inferior à do ano anterior. (360,5 mil milhões de dólares comparado com 364,5 mil milhões. Os preços eram os mesmos.) O desemprego aumentou de 1,6 milhões em 1953 para 3,2 milhões em 1954. Se em vez deste ligeiro declínio tivesse havido o aumento normal dos anos imediatamente anteriores, que a força de trabalho poderia ter sustentado, a produção teria sido cerca de 20 mil milhões de dólares mais elevada. Isto equivalia a quase um terço dos gastos do governo federal na altura e aproximava-se do total de todos os gastos estaduais e locais. Ninguém sentiu falta desta produção e, de facto, a sua perda foi pouco notada. Nos anos de recessão de meados dos anos 1970, esta experiência repetiu-se com uma semelhante ausência de pesar. Veremos mais tarde que havia muito boas razões para tal equanimidade — os bens então sacrificados não eram, de facto, de alta urgência. Mas os números mostram a ineficiência, mesmo da depressão mais suave.

A causa imediata, embora não seja a causa principal da depressão, é uma queda na procura agregada — ou seja, no poder de compra disponível e a ser utilizado — para

---

([73]) *Economic Indicators,* Historical and Descriptive Supplement, 1955. Joint Committee on the Economic Report.

comprar os produtos da economia. O seguro de desemprego significa que o poder de compra de um homem é parcialmente protegido quando este perde o seu emprego. Cai, mas já não para zero. Assim, uma medida concebida para reduzir a insegurança associada ao desemprego também atua para contrariar a perda de produção — a ineficiência económica da depressão. E, para confusão da sabedoria convencional, atua sobre uma causa central da ineficiência, muito mais importante do que falsas baixas por doença isoladas que o seguro de desemprego pudesse ter encorajado.

Este efeito, evidentemente, não é exclusivo do seguro de desemprego. Os preços de apoio agrícola, que obrigam a despesas públicas compensatórias quando os preços agrícolas, os rendimentos e o poder de compra caem, têm o mesmo efeito. O mesmo acontece com as prestações sociais públicas. O seguro de velhice e de sobrevivência assegura um fluxo modesto, mas constante de poder de compra por parte daqueles que já não podem trabalhar. Este fluxo não é afetado por um refluxo da atividade económica e atua assim como uma influência estabilizadora. No conjunto, estas medidas para minimizar a insegurança compreendem uma parte considerável do que os economistas chamam os «estabilizadores incorporados» da economia. Assim, medidas consideradas pela sabedoria convencional como sendo hostis à produtividade, apoiam-na no seu ponto mais crucial.

Mas o efeito recíproco é igualmente claro e as pressões que lhe estão associadas são muito mais exigentes. Como acima referido, um elevado nível de produção é essencial para a segurança económica dos trabalhadores, agricultores e empresários. Com ele, existe um nível tolerável de segurança para todos. Sem um elevado nível de produção, as medidas microeconómicas, pelo menos na sua forma atual, são apenas uma opção menos boa. Além disso, embora tenha sido um ponto a favor de compensações de desemprego, pensões de velhice e outras medidas de segurança microeconómica o facto de reforçarem a estabilidade económica, este nunca foi o seu objetivo central. Foram concebidas de forma centralizada tendo em mente o beneficiário individual.

Em contrapartida, em grande medida nos últimos tempos, tem sido procurado um aumento da produção não pelos bens envolvidos, mas pelo efeito na segurança económica. Quer necessitemos ou sequer desejemos os bens que são produzidos, a sua produção assegurada representa um rendimento garantido para aqueles que os produzem. Isto serve o objetivo da segurança económica. Nada mais o serve tão bem. Falhar na produção, embora essa produção sirva a mais insignificante das exigências, é expor alguns indivíduos algures à perda de emprego e de rendimentos. Isto não pode ser permitido.

Estes factos são uma questão de observação comum. Na vida política dos países ocidentais — os Estados Unidos, o Reino Unido, as antigas Commonwealths britânicas, a Europa Ocidental — nada pesa tanto contra um governo como permitir o desemprego desnecessário. Não é a produção perdida que é mencionada. É sempre o desemprego. O remédio é, evidentemente, mais emprego e maior produção. Assim, o esforço para aumentar a segurança económica torna-se a força motriz por trás da produção.

O leitor dificilmente precisa de ser lembrado do ponto a que este ensaio chegou. As antigas preocupações da vida económica — com igualdade, segurança e produtividade — reduziram-se agora a uma preocupação com produtividade e produção. A produção tornou-se o solvente das tensões outrora associadas à desigualdade, e tornou-se o remédio indispensável para os desconfortos, ansiedades e privações associadas à insegurança económica. Aqui temos a explicação, ou mais precisamente o início da explicação, de um paradoxo moderno: porque é que, com o aumento da produção nos tempos modernos, a preocupação com a produção também parece ter aumentado? A produção tornou-se o centro de uma preocupação que até então tinha sido partilhada com a igualdade e a segurança. Por estas razões, e apoiada, como veremos, por um reforço elaboradamente sintético, a produção conseguiu, pelo menos, superficialmente manter o prestígio que inevitavelmente tinha no mundo pobre de Ricardo. A natureza da presente preocupação com a produção, e os dispositivos pelos quais esta preocupação é sustentada, são a próxima ordem de trabalhos.

9.

A posição suprema da produção

Há alguns anos, estadistas americanos, defendendo a sua gestão sob um pesado ataque da oposição, foram movidos a protestar que o ano em curso foi o segundo melhor da história. Não foi, em todos os aspetos, uma defesa feliz. Muitos disseram prontamente que o segundo melhor não era suficientemente bom — certamente não para os americanos. Mas ninguém, em nenhum dos partidos políticos, mostrou a menor disposição para desafiar o padrão pelo qual se decidia que um ano era melhor do que outro. Também não se sentiu que fosse necessária qualquer explicação. Ninguém seria tão excêntrico a ponto de supor que o segundo melhor significava o segundo melhor no progresso das artes e das ciências. Ninguém presumiria que se referia à saúde, educação ou à luta contra a delinquência juvenil ou mesmo crimes violentos. Não foi sugerido que um ano melhor ou pior fosse um ano em que as hipóteses de sobrevivência no meio do equipamento radioativo mundial tivessem aumentado ou diminuído. Apesar de uma preocupação acentuada e algo ostensiva com as observâncias religiosas na altura, ninguém foi levado a supor que o ano em questão fosse o segundo melhor, medido pelo número de pessoas que tinham encontrado um consolo espiritual duradouro.

O segundo melhor poderia significar apenas uma coisa — que a produção de bens era a segunda maior da história. Tinha havido um ano em que a produção era mais elevada e que, portanto, era melhor. Esta medida de realização era aceitável para todos. É um alívio encontrar ocasionalmente uma conclusão superior às fações, na verdade, superior ao debate. Sobre a importância da produção como teste de desempenho, não há diferença entre republicanos e democratas, direita e esquerda, brancos e negros minimamente prósperos, católicos e protestantes. É uma base comum para o presidente dos Americanos para a Ação Democrática, o presidente da Câmara de Comércio dos Estados Unidos e o presidente da Associação Nacional de Fabricantes.

É certo que nos é dito regularmente que a produção não é tudo. Não nos esquecemos de que há um lado espiritual na vida; àqueles que no-lo recordam, é garantida uma audição respeitosa, mas não necessariamente atenta. Mas é significativo que estes sejam sempre lembretes; trazem-nos à mente o que normalmente é esquecido. Ninguém duvida que no decurso geral da vida se deve ser sensato e prático. De facto, é um índice do prestígio da produção nas nossas atitudes nacionais o facto de se identificar com o sensato e prático. Não se pode elogiar mais a inteligência direta de qualquer empresário do que dizer-lhe que entende a produção. Os cientistas não são desprovidos de prestígio no nosso tempo, mas para serem realmente úteis, continuamos a pressupor que devem estar sob a direção de um homem da produção. «Qualquer dispositivo ou regulamento que interfira, ou que se possa conceber como interferindo, com o fornecimento de mais e melhores coisas, é resistido com horror irracional, tal como os religiosos resistem à blasfémia, ou ao pacifismo bélico.»([74])

A importância da produção transcende as nossas fronteiras. É-nos dito regularmente — na sabedoria convencional é a justificação mais frequente da nossa civilização, até mesmo da nossa existência — que o padrão de vida americano é «a maravilha do mundo». Em grande medida, é.

II

Como Tawney referiu, raramente estamos conscientes da qualidade do ar que respiramos. Mas em Los Angeles, onde a qualidade é má, levamo-la a sério. Do mesmo modo, aqueles que residem em terras reclamadas ao deserto veem na água dos canais provas do triunfo artificial sobre a natureza. E alguém de Chicago que vá para Sarasota vê na sua barriga bronzeada a prova da sua inteligência em escapar ao seu *habitat* escuro e gelado. Mas nos locais onde o sol e a chuva são abundantes, embora não sejam menos importantes, são considerados como um dado adquirido. No mundo de Ricardo, as mercadorias eram escassas. Estavam também estreitamente relacionados, se não com a sobrevivência, pelo menos com o conforto elementar do homem. Alimentavam-no, cobriam-no quando estava

([74]) Geoffrey Gorer, *The Americans* (Londres: Cresset Press, 1948), p. 121.

no exterior e mantinham-no quente quando estava no interior. Não é surpreendente que a produção através da qual estes bens eram obtidos fosse central no pensamento dos homens.

Agora os bens são comparativamente abundantes. Embora haja muita desnutrição no mundo, nos Estados Unidos morrem mais pessoas por excesso de alimentos do que por escassez. Ninguém sugere com seriedade que todo o aço que vai para os nossos automóveis é da maior urgência. O seu tamanho, de facto, é agora deplorado. Para muitas mulheres e alguns homens, o vestuário deixou de estar relacionado com a proteção contra as intempéries e tornou-se, tal como a plumagem, quase exclusivamente erótico. No entanto, a produção continua a ser central no nosso pensamento. Não há tendência a tomá-la, como fazemos com o sol e a água, como um dado adquirido; pelo contrário, a produção continua a medir a qualidade e o progresso da nossa civilização.

A nossa preocupação com a produção é, de facto, a consequência culminante de poderosas forças históricas e psicológicas — forças às quais só por um ato de vontade podemos ter a esperança de escapar. A produtividade, como vimos, tem-nos permitido evitar ou atenuar as tensões associadas à desigualdade e aos seus remédios inconvenientes. Tornou-se central aos nossos esforços para reduzir a insegurança. E, como iremos observar nos próximos capítulos, a sua importância é reforçada por uma teoria altamente duvidosa, mas amplamente aceite e defendida pelos desejos do consumidor e por um poderoso interesse adquirido. Assim, o nosso sentido da importância da produção como objetivo é abrangente, e a primeira reação a qualquer questionamento desta atitude será: «O que mais existe?» A produção ocupa um lugar tão grande no nosso pensamento que só podemos supor que um vácuo permanecerá se for relegada para um papel menor. Felizmente, como veremos nos capítulos conclusivos, há outras coisas. Mas primeiro temos de examinar mais de perto a nossa preocupação atual com a produção, dado que nada melhor sugere até que ponto é que a nossa preocupação se baseia na tradição e no mito social do que as atitudes altamente estilizadas com que a abordamos e, em particular, a ênfase tradicional e altamente irracional que damos aos diferentes métodos de expansão do produto económico.

III

A produção — o produto do sistema económico — pode, por princípio, ser aumentada de cinco maneiras diferentes. Estas são dignas de enumeração formal e são as seguintes:

(1) Os recursos produtivos disponíveis, em particular a mão-de-obra e o capital (incluindo as matérias-primas disponíveis), podem ser utilizados de forma mais completa. Por outras palavras, a ociosidade pode ser eliminada.

(2) Dado o avanço tecnológico, estes recursos podem ser utilizados de forma mais eficiente. O trabalho e o capital podem ser utilizados na combinação mais vantajosa, um com o outro, e os dois podem ser distribuídos com a maior vantagem, tendo em

conta os gostos dos consumidores, entre a produção de várias coisas e a prestação de vários serviços.

(3) A oferta de mão-de-obra pode ser aumentada.

(4) A oferta de capital, que também serve de substituto para a mão-de-obra, pode ser aumentada.

(5) Os conhecimentos atuais podem ser melhorados pela inovação tecnológica. Por conseguinte, é possível obter mais produção de uma determinada oferta de trabalho e capital e o capital será de melhor qualidade.

Por razões puramente *a priori*, não há razão para supor que qualquer um destes métodos de aumentar a produção seja mais eficaz do que qualquer outro.([75]) Um esforço sério para aumentar a produção daria ênfase aos cinco. No entanto, é um facto verdadeiramente notável que nos preocupamos formalmente em economia com apenas um destes métodos de aumentar a produção

([75]) O estudo do efeito comparativo destas cinco vias de mudança não produz resultados inequívocos. As mudanças estão intimamente interrelacionadas. Um estudo inicial, o do período entre 1869–73 e 1944–53, mostra que a produção nacional líquida aumentou a uma taxa média anual de 3,5%, dos quais cerca de metade (1,7%) pode ser atribuída ao aumento da oferta de capital e de mão-de-obra. O restante pode ser razoavelmente atribuído ao melhoramento tecnológico do capital e ao melhoramento paralelo das pessoas que concebem o melhor equipamento de capital e o operam. Em tempos recentes, uma parte crescente do aumento é atribuível a esse avanço tecnológico e uma parte decrescente a meros aumentos na oferta de capital e de mão-de-obra. Cf. Moses Abramovitz, *Resources and Output Trends in the United States Since 1870*, e John W. Kendrick, *Productivity Trends: Capital and Labor*, documentos ocasionais 52 e 53 do National Bureau of Economic Research, Nova Iorque, 1956.

e damos, no máximo, atenção apenas a outros dois ou três.

Assim, mesmo na sabedoria convencional, ninguém questiona a importância dos avanços tecnológicos para aumentar a produção (e também multiplicar os produtos) a partir dos recursos disponíveis. Estes ganhos são vistos regularmente com grande e até extravagante orgulho. As melhorias na tecnologia não se fazem por acaso. São o resultado de investimentos em conhecimentos e competências científicas e de engenharia altamente organizados. No entanto, fazemos muito pouco de uma forma sistemática para aumentar o volume deste investimento, exceto quando algum objetivo de urgência militar fornece a desculpa. Pelo contrário, aceitamos qualquer investimento em tecnologia que esteja atualmente a ser feito e aplaudimos o resultado.

O investimento quase certamente poderia ser muito maior e muito mais racional. Mesmo numa visão muito superficial, os recursos científicos e de engenharia pelos quais a tecnologia moderna avança estão distribuídos de forma bastante desigual entre as indústrias. Nas indústrias onde as empresas são poucas e comparativamente grandes — petróleo, metalurgia, automóveis, químicos, borracha, engenharia pesada — o investimento no avanço tecnológico é considerável. O trabalho de investigação e desenvolvimento do qual depende este avanço é bem financiado e abrangente. Mas em muitas indústrias onde as empresas são numerosas e pequenas — construção de casas, fabrico de vestuário, indústria têxtil de fibras naturais, indústrias de serviços — o investimento em inovação é insignificante. Nenhuma empresa é suficientemente grande para o suportar numa escala apreciável; para tais empresas há uma questão real sobre se vale a pena.([76]) Ao contrário da agricultura, onde a inovação é amplamente apoiada pelos governos federal e estaduais, há pouca ou nenhuma investigação e desenvolvimento com financiamento público. Contudo, a ausência de investimento em inovação nestas indústrias, muito embora valorizemos os seus frutos noutras indústrias onde ocorre, não desperta a mínima atenção. Atribuímos profunda importância ao facto de algumas indústrias avançarem. Atribuímos quase nenhuma importância ao facto de que outras não o fazem.

É fácil ignorar a ausência de um avanço apreciável numa indústria. As invenções que não são feitas, como os bebés que não nascem, raramente fazem falta. Na ausência de novos desenvolvimentos, os antigos podem parecer muito impressionantes durante bastante tempo. Até ao aparecimento da ceifeira-debulhadora, a ceifeira-atadeira era a maravilha mecânica da indústria de maquinaria agrícola há 40 anos. Mas se levássemos a sério o aumento da produção, seríamos muito mais diligentes nestas matérias. Certamente consideraríamos a ausência de investimento em inovação numa indústria como intolerável. Mas, de facto, um grande número de indústrias faz pouco ou nenhum investimento, tem pouco ou nenhum feito em seu nome, e nós permanecemos bastante tranquilos.

([76]) Discuti este ponto com algum pormenor no meu *American Capitalism: The Concept of Countervailing Power* (Boston: Houghton Mifflin, 1952, 1956), pp. 84–94.

IV

No discurso económico quotidiano, nada é mais frequentemente tomado como um índice de crescimento económico do que o volume de formação de capital. Este é o produto da poupança do consumo corrente e do investimento que o acompanha. Tal como com o avanço tecnológico, contentamo-nos com qualquer volume de formação de capital que recebemos. Ocasionalmente, um académico pode observar que não estamos a investir o suficiente — possivelmente que a proporção do rendimento atual investido por algum outro país é superior. Temos sermões regulares sobre as virtudes da parcimónia. Porém, não se assume que nada disto exija qualquer ação prática. Pelo contrário, existe uma convicção mais geral de que o atual volume de investimento na economia americana nunca é menos do que adequado e raramente é menos do que notável.

Tal como com o capital, o mesmo acontece com a força de trabalho. Outrora era costumeiro que príncipes e senhores feudais que desejassem aumentar a riqueza produtiva dos seus domínios importassem artífices. A maior limitação atual na taxa de crescimento da economia americana, é a dimensão e a composição da força de trabalho. (A substituição de capital por mão-de-obra é normalmente possível com um ligeiro efeito no custo sobre uma gama considerável de produção, mas é necessário algum tempo). O mundo contém um grande número de potenciais recrutas para a nossa força de trabalho. Mas nada é visto com mais desconfiança do que este método de expansão da produção. Mesmo sugerir que sejam feitos esforços para expandir a força de trabalho através do aumento da taxa de natalidade doméstica pareceria um pouco artificioso. A resistência resulta, em parte, da crença, não totalmente justificada, de que um aumento da população poderia aumentar a produção total, mas não *per capita*. Jamais algum ponto filosófico foi tão decisivamente resolvido como este: que aqueles que não foram concebidos não sentem a falta do prazer de consumir os bens de que não chegaram a nascer para desfrutar. Mas qualquer que seja o efeito do aumento da população sobre o nível de vida, é evidente que não estamos suficientemente interessados no aumento da produção, ou suficientemente racionais sobre os meios de a obter, para a procurar através do aumento da oferta de mão-de-obra.

Mesmo a produção que se perde durante uma depressão — e, como foi observado no último capítulo, até a perda de um ligeiro contratempo pode ser considerável — embora seja objeto de um certo pesar erudito por parte dos economistas não é uma questão de preocupação geral. A ameaça das depressões não é o sacrifício da produção, mas a perda de postos de trabalho e rendimentos, em suma, a ameaça à segurança económica.

Por outro lado, levamos muito a sério a perda de produção que é o resultado da detenção deliberada de mão-de-obra ou capital fora da produção ou que é o resultado de qualquer ineficiência na combinação e utilização destes. Condenamos os trabalhadores que fingem estar doentes. Ficamos profundamente revoltados com os sindicatos que inventam postos de trabalho. Um monopólio conduz, em teoria, a um emprego menos que ideal de mão-de-obra e capital numa determinada indústria e, portanto, a um preço mais elevado do que o necessário para o produto. Os recursos não empregados na indústria monopolizada são empregados em maior quantidade e com menor vantagem noutras indústrias, o que significa que a sua distribuição é menos do que ideal. Ainda se pode despertar algum entusiasmo por medidas que aumentem a produção através da eliminação de monopólios. Os economistas há muito que lideram este esforço.([77]) Existe igual antipatia e uma preocupação popular semelhante sobre a utilização ineficiente de recursos resultante de tarifas e investimento excessivo em indústrias inerentemente dispendiosas; sobre subsídios a indústrias ou empresas favorecidas, mas ineficientes; e sobre as formas de organização industrial que conduzem a pesados custos de publicidade ou de vendas ou semelhantes desperdícios aparentes. Embora, curiosamente, não haja uma preocupação especial quanto às indústrias que não fazem investigação e fazem poucos progressos tecnológicos de um ano para o outro, nada inspiraria indignação como uma empresa que, tendo feito uma invenção, a manteve fora de uso.

Nada disto está aqui para denegrir a preocupação com monopólios, tarifas, subsídios ou ociosidade organizada e sem arrependimento. Além disso, embora a eficiência produtiva seja o ponto central, não é a única questão que diz respeito a estes assuntos. Pelo contrário, o meu

---

([77]) Embora houvesse expressões competentes de dúvida quanto às perdas decorrentes do monopólio. Cf. em particular «Monopoly and Resource Allocation», por Arnold C. Harberger, *American Economic Review*, Proceedings, Vol. XLIV, N.º 2 (maio 1954), e «The Social Cost of Corporate Monopoly Profits», por Henry H. Villard, *Political Science Quarterly*, Vol. LXXII, N.º 3 (setembro 1957).

objetivo é mostrar quão parcial e mesmo excêntrica é a nossa preocupação com o aumento da produção. Nem as suas raízes são muito difíceis de desvendar. Há 150 anos, em meados do século XIX, na Grã-Bretanha, um economista que examinava as possibilidades de aumentar a produção nas suas ilhas teria encontrado uma coisa importante e duas ou três coisas muito menos importantes a recomendar. Mais obviamente e mais importante, ele insistia que, atacando os monopólios, baixando as tarifas e promovendo a concorrência e a livre e desimpedida circulação de trabalho e capital, a eficiência com que o trabalho e o capital eram empregues seria aumentada. Muito menos importante, insistia que as pessoas fossem parcimoniosas e poupadas, para que a taxa de formação de capital pudesse aumentar. Exortava os trabalhadores a serem diligentes. Condenava qualquer coisa que pudesse envolver restrições ao seu esforço ou prejudicar os seus incentivos.

Poucas das modernas possibilidades de aumentar a produção eram relevantes. Num mundo ainda sob a sombra de Malthus, dificilmente poderia propor a adição de mais pessoas. Presumia-se que houvesse tantos quantos o abastecimento alimentar pudesse sustentar. Isto era muito antes da era das grandes empresas industriais. Só com a chegada destas últimas é que as decisões de investimento foram retiradas das mãos de numerosos empresários independentes que respondiam individualmente aos incentivos do mercado, e foram sujeitas a medidas de administração empresarial. E até isto acontecer, não era realmente possível pensar na taxa de investimento e na consequente taxa de crescimento como algo que pudesse estar ao alcance do interesse e decisão social.

Os estudiosos do século XIX dificilmente se poderiam ter ocupado do volume de investigação e desenvolvimento de uma indústria. Este é um fenómeno moderno e também relacionado com o crescimento das empresas modernas. Na sua época, a invenção era um assunto em grande parte adventício, exceto se fosse encorajada pelo instituto de patentes. (O instituto de patentes era, apropriadamente, levado muito a sério.) A perda de produção durante as depressões não era uma questão num mundo em que faltavam boas estatísticas de desemprego e de produção e em que as depressões, de qualquer modo, eram consideradas inevitáveis.

A lição será evidente. A nossa preocupação operacional com o aumento da produção limita-se às medidas — para obter uma maior eficiência na utilização dos recursos e promover a parcimónia e a diligência — que eram relevantes há um século e mais atrás. As dimensões mais recentes nas quais poderia haver progresso atraem muito menos a nossa atenção específica e operativa. As deficiências e oportunidades aqui são, sem dúvida, grandes. Mas elas estão fora da preocupação formal e estilizada da sabedoria convencional quanto ao problema da produção.

Há uma interessante prova deste argumento no aumento da produção que, no passado, temos conseguido regularmente em tempo de guerra ou sob a ameaça de guerra. Sob o *stress* das circunstâncias, a sabedoria convencional é rejeitada. Empenhamo-nos em expandir a produção em todas as frentes relevantes. São feitos sérios esforços para expandir a força de trabalho. Torna-se admissível a importação de trabalhadores de pele escura que falam línguas ininteligíveis. A vontade de aumentar a poupança torna-se séria. Onde o investimento é inadequado, mais é feito. Não há ociosidade involuntária. Como no caso das ligas de aço, fabrico de borracha sintética, e construção naval na Segunda Guerra Mundial, a tecnologia é trazida para cena propositadamente para permitir a expansão da produção com os recursos disponíveis. É pelo menos divertido (embora não se deva atribuir demasiada importância à questão) que durante ambas as guerras mundiais a aplicação das leis *antitrust*, a conceção tradicional para assegurar uma maior eficiência na utilização dos recursos, tenha sido suspensa. Devido a uma preocupação racional com a produção, a guerra trouxe uma expansão espantosa da produção, e isto apesar da perda de mão-de-obra para fins militares.

Embora tenhamos ficado surpreendidos, não devíamos ter ficado. A nossa preocupação com a produção em tempo de paz, por muito central que seja para o nosso pensamento, é seletiva e tradicional. Assim, a qualquer momento, tanto a nossa produção total como a sua taxa de aumento são apenas uma pequena parte do que poderiam ser, talvez mesmo apenas uma pequena fração. Nem as medidas necessárias para expandir a força de trabalho, expandir a taxa de formação de capital, e, talvez mais importante, para impulsionar a tecnologia nas indústrias atualmente atrasadas, exigiriam qualquer mudança muito revolucionária no nosso sistema económico e político. Apenas exigiriam que a produção tivesse a prioridade em todas as políticas públicas que tem agora nas áreas tradicionais de utilização e combinação de recursos.

V

Há outro aspeto em que a nossa preocupação com a produção é tradicional e irracional. Curiosamente, não somos razoáveis nas distinções que fazemos entre diferentes tipos de bens e serviços. Temos orgulho em produzir alguns dos bens mais frívolos. Encaramos com pesar a produção de alguns dos serviços mais significativos e civilizadores.

No cálculo da produção total da economia — chegando ao agora familiar PIB — os economistas somaram o valor de todos os bens e serviços de todo o tipo de produtores. Não é feita qualquer distinção entre serviços públicos e privados. Uma maior oferta de serviços educacionais tem uma posição no total equivalente a um aumento dos recetores de televisão. Nada, porém, poderia estar mais em conflito com as atitudes tradicionais, e, de facto, é bastante surpreendente que os economistas não tenham sido censurados pelo número bastante considerável de indivíduos que, se entendessem bem a natureza do cálculo, considerariam a inclusão das despesas governamentais como subversivas.

Na opinião geral, é a produção privada que é importante, e quase exclusivamente. Isto contribui para o bem-estar nacional. O seu aumento mede o aumento da riqueza nacional. Os serviços públicos, em comparação, são uma incubadora. São necessários, e podem sê-lo em volume considerável. Mas são um fardo que deve, efetivamente, ser suportado pela produção privada. Se esse fardo for demasiado grande, a produção privada cambaleará e diminuirá.

Na melhor das hipóteses, os serviços públicos são um mal necessário; na pior das hipóteses, são uma tendência maligna contra a qual uma comunidade alerta deve exercer eterna vigilância. Mesmo quando servem os fins mais importantes, tais serviços são estéreis. «O governo é [considerado] impotente para criar algo na aceção em que as empresas produzem riqueza...»([78])

Tais atitudes conduzem a algumas contradições interessantes. Aplaudimos a expansão dos serviços telefónicos por melhorarem o bem-estar geral, mas, ocasionalmente, aceitamos a restrição dos serviços postais por representarem uma economia necessária. Damos grande importância ao aumento da riqueza privada, mas lamentamos as despesas adicionais para as forças policiais que a protegem. Os aspiradores que asseguram casas limpas são louváveis e essenciais para o nosso nível de vida. Os aspiradores de ruas que garantem a limpeza das ruas são uma despesa lamentável. Em parte por isso, as nossas casas são geralmente limpas e as nossas ruas geralmente imundas. No mais sofisticado da sabedoria convencional, esta distinção entre serviços públicos e privados é muito menos acentuada e, como tenho observado, não figura no cálculo do PIB. No entanto, nunca desaparece completamente. Mesmo entre economistas e filósofos políticos, os serviços públicos raramente perdem a sua conotação de fardo. Embora possam ser defendidos, o seu volume quase nunca é fonte de orgulho.

([78]) Francis X. Sutton, Seymour E. Harris, Carl Kaysen, e James Tobin, *The American Business Creed* (Cambridge, Mass.: Harvard University Press, 1956), p. 195.

VI

Há uma série de motivos para estas atitudes, mas mais uma vez a tradição desempenha um papel dominante. No mundo em que a economia nasceu, as quatro necessidades mais urgentes do homem eram alimentação, vestuário e abrigo, e um ambiente ordeiro em que os três primeiros pudessem ser assegurados. Os três primeiros prestavam-se à produção privada para o mercado; havendo um ambiente ordeiro, esta produção tem normalmente prosseguido com uma eficiência tolerável. Mas a ordem, que era a dádiva do governo, foi quase sempre fornecida com notável falta de fiabilidade. Com raras exceções, era também excessivamente dispendiosa. E o pretexto de fornecer ordem proporcionava frequentemente a ocasião para a apropriação voraz dos meios de sustento do povo.

Não surpreendentemente, as ideias económicas modernas incorporavam uma forte desconfiança em relação ao governo. O objetivo do liberalismo económico do século XIX era um Estado que proporcionasse ordem de forma fiável e pouco dispendiosa e que fizesse o mínimo possível. Até Marx pretendia que o Estado fosse enfraquecendo. Estas atitudes têm persistido na sabedoria convencional. E, mais uma vez, os acontecimentos infligiram-lhes uma série de golpes impiedosos. Uma vez que uma sociedade se tenha provido de comida, vestuário e abrigo, os quais se prestam tão fortuitamente à produção, compra e venda privada, os seus membros começam a desejar outras coisas. E um número notável destas coisas não se prestam a tal produção, compra e venda. Devem ser fornecidas a todos, para que possam ser fornecidas a qualquer pessoa, e devem ser pagas coletivamente, ou não se podem ter de todo. É o caso das ruas limpas e da polícia e das vantagens gerais da alfabetização em massa e do saneamento, do controlo de epidemias, e da defesa comum. Há uma forte possibilidade de que os serviços que devem ser prestados coletivamente, apesar de entrarem no esquema geral dos desejos posteriores às necessidades físicas imediatas, aumentem em urgência mais do que proporcionalmente com o aumento da riqueza. Isto é mais provável se o aumento da riqueza for acompanhado por um aumento da população e uma densidade populacional crescente. No entanto, estes serviços, embora reflitam desejos cada vez mais urgentes, permanecem sob o descrédito da falta de fiabilidade, incompetência, custo e interferência pretensiosa dos príncipes. O álcool, os livros de banda desenhada e os elixires bucais, todos eles gozam da reputação superior do mercado. Escolas, juízes, agentes de patrulha e piscinas municipais estão subordinados à má reputação de maus reis.

Além disso, maus reis num mundo mais pobre mostraram ser bastante capazes, na sua rapacidade, de destruir ou danificar a produção de bens privados, destruindo as pessoas e o capital que os produziu. As economias já não são tão vulneráveis. Os governos não são tão propensos a discriminar. Nos países ocidentais, nos tempos modernos, o crescimento económico e a expansão da atividade pública têm, com raras exceções, avançado em conjunto. Cada um tem servido o outro, como de facto têm de servir. No entanto, a sabedoria convencional está longe de se render à questão. Qualquer crescimento dos serviços públicos é uma manifestação de uma tendência intrinsecamente má.

Se não é o vigor da raça que está em perigo, é a liberdade pessoal. A estrutura da economia também pode estar em jogo. Num ramo da sabedoria convencional, a economia americana nunca está longe do socialismo, e o movimento em direção ao socialismo pode ser medido pelo aumento da despesa pública. Assim, mesmo o mais comum dos serviços públicos, para uma parte da população, encontra-se sob a considerável desvantagem de ser identificado com a revolução social.

Finalmente — também um ponto intimamente relacionado — o pagamento de serviços produzidos publicamente está há muito ligado ao problema da desigualdade. Fazendo os ricos pagar mais, os serviços foram prestados e ao mesmo tempo o objetivo de uma maior igualdade foi ficando mais próximo. Esta comunidade de objetivos nunca apelou àqueles que estavam a ser equiparados. Não é anormal que uma parte da sua oposição tenha sido dirigida aos próprios serviços públicos. Ao atacá-los, poderiam atacar as tendências de nivelamento da tributação. Isto ajudou a manter viva a noção de que os serviços públicos pelos quais pagam são intrinsecamente inferiores aos bens produzidos por privados.

Embora os serviços públicos tenham sido sujeitos a estas atitudes negativas, os bens privados não têm tido essa atenção. Pelo contrário, as suas virtudes têm sido exaltadas pelas trombetas massivas da publicidade moderna. Têm sido retratados como a riqueza última da comunidade. É evidente que a concorrência entre os serviços públicos e privados, além de qualquer questão das satisfações que proporcionam, é uma concorrência desigual. As consequências sociais desta discriminação — esta tendência para atribuir um prestígio superior aos bens privados e um papel inferior à produção pública — são consideráveis e mesmo graves.

VII

Em jeito de resumo, então, embora a produção seja agora um objetivo de importância preeminente nas nossas vidas, não é um objetivo que perseguimos de forma exaustiva ou até muito ponderada. Assumimos a produção como a medida da nossa realização, mas não nos esforçamos muito deliberadamente por alcançá-la. Os nossos esforços para aumentar a produção são estilizados. Salientamos os males da ociosidade e da má afetação de recursos que eram relevantes para os esforços para aumentar a produção há um século atrás. Fazemos pouco ou nada em tempo de paz para aumentar a taxa de formação de capital ou a taxa de progresso tecnológico nas indústrias de base, apesar da clara indicação de que estas são as dimensões ao longo das quais se esperam grandes aumentos na produção. Não lamentamos a produção que perdemos em períodos de depressão. Estamos muito mais protegidos contra esta perda pela ameaça da depressão à segurança económica. Por último, por razões antigas e tradicionais, relegamos uma classe importante de produção, a dos bens públicos, para uma cidadania de segunda classe.

A reação previsível de muitos leitores será a de que devemos, por todos os meios disponíveis, debruçar-nos sobre as medidas para aumentar a produção que estamos presentemente a ignorar. No entanto, é necessário um olhar mais atento. Precisamos de entender os motivos da nossa passividade nesta matéria. No passado, em condições de emergência, abordámos seriamente as medidas através das quais a produção é fortemente aumentada. Talvez não o façamos nas circunstâncias atuais, menos por ignorância ou inércia do que porque a produção adicional não é de urgência suficiente para justificar o esforço. A nossa preocupação com a produção, por outras palavras, pode ser uma preocupação com um problema de urgência bastante baixa. Não estamos suficientemente preocupados com isso para recorrer às medidas através das quais a produção poderia ser eficientemente aumentada. Estamos satisfeitos com o que obtemos, o que se aproxima de dizer que estamos profundamente preocupados com a produção apenas na medida em que o problema se resolve a si próprio. Damos grande importância ao fazer aquilo que, por assim dizer, decorre naturalmente.

Nada disto seria possível se os bens que produzimos fossem de grande e urgente importância. Então estaríamos a procurar vigorosamente formas de aumentar a oferta, em vez de, como acontece atualmente, encararmos com aprovação os aumentos que obtemos. Tudo isto se torna inteligível, e em certa medida até óbvio, quando contemplamos o mito elaborado no qual envolvemos a procura de bens. Isto permitiu-nos ficar persuadidos da extrema importância dos bens que temos sem estarmos minimamente preocupados com aqueles que não temos. Pois só temos desejos à margem na medida em que eles são sintetizados. Não fabricamos desejos para bens que não produzimos.

10.

Os imperativos da procura do consumidor

> Numa economia, como a dos Estados Unidos da América, onde o lazer quase não é moral, o problema de criar desejos suficientes (...) para absorver a capacidade produtiva pode tornar-se crónico num futuro não muito distante. Numa tal situação, o economista começa a ter uma existência furtiva.
>
> — W. Beckerman([79])

Quer a antiga preocupação com a produção, quer a procura moderna generalizada por segurança culminaram no nosso tempo com uma preocupação com a produção. O aumento dos rendimentos possibilitou que se contornasse de forma admirável o rancor associado aos esforços de redistribuição da riqueza. Um elevado nível de produção tornou-se a pedra angular de uma segurança económica eficaz. Resta, no entanto, a tarefa de justificar o fluxo de mercadorias resultante. A produção não pode ser uma

([79]) «The Economist as a Modern Missionary», *The Economic Journal,* março 1956.

despesa suplementar para a mitigação da desigualdade ou para a criação de empregos. Deve ter uma razão de ser em si própria. Foi neste ponto que os economistas e a teoria económica entraram em jogo. Tal como, ainda que de forma mais marginal, o prestígio competitivo que acompanha a expansão do produto nacional. O resultado é uma defesa elaborada e engenhosa da importância da produção enquanto tal. É uma defesa que torna a urgência da produção em grande parte independente do volume de produção. Desta forma, a teoria económica conseguiu transferir o sentido de urgência na satisfação das necessidades do consumidor que outrora se fazia sentir num mundo onde mais produção significava mais comida para os famintos, mais roupa para o frio e mais casas para os sem abrigo, para um mundo onde o aumento da produção satisfaz o desejo de automóveis mais elegantes, comida mais exótica, roupa mais erótica, entretenimento mais elaborado — na realidade, para toda a gama moderna de desejos sensuais, hedonistas e letais.

Embora a teoria económica que defende estes desejos e, consequentemente, a produção que os satisfaz tenha uma posição impecável (e, em grau espantoso, mesmo incontestada) na sabedoria convencional, é ilógica e ilusória e, de certa forma, até perigosa.

II

A racionalização começa com a peculiar urgência da produção não para a sociedade, mas para a ciência económica. Haverá ocasião mais tarde para analisar os interesses adquiridos na produção, mas pode notar-se aqui que o interesse do economista é ímpar. A importância da produção é central para o seu esquema de cálculo económico. Toda a pedagogia existente e quase toda a investigação dependem dela. Qualquer ação que aumente a produção a partir de determinados recursos é boa e implicitamente importante; qualquer ação que iniba ou reduza a produção é, consequentemente, errada. Ao optar entre dois impostos, há uma preferência quase imperiosa por aquele que menos prejudica a eficiência, ou seja, a produção de um dado *stock* de trabalho e capital. Se uma empresa parece estar a restringir a produção para aumentar os rendimentos, ou por qualquer outra razão, pode ser seguramente condenada como antissocial. Isto é, pelo menos, igualmente verdade relativamente aos sindicatos. O teste do efeito sobre a eficiência produtiva é quase universal.

Nem sempre é fácil avaliar o efeito de uma determinada ação ou medida, por exemplo uma nova regra sindical, sobre a produção. Pode haver uma complicada cadeia de causa e efeito sobre a qual as opiniões divergirão. O efeito a curto prazo pode ser diferente do efeito a longo prazo. E quando é necessário avaliar o efeito sobre um determinado tipo de produtos, ou sobre a produção total da economia, existem inúmeras dificuldades. Esta última tem de ser avaliada, e os preços a que os artigos individuais são avaliados refletirão a distribuição de rendimentos existente (os preços das peles de vison refletem a procura de uma minoria opulenta), ou, em alguns casos, a decisão mais ou menos arbitrária das empresas que administram os preços. Assim, traçar e comparar o efeito de diferentes políticas sobre a produção da economia pode ser infinitamente intrincado. Mas tudo isto representa muito do interesse da economia, bem como uma boa parte do seu emprego. E subjacente a tudo isto está o acordo de base sobre o objetivo e sobre a importância desse objetivo. Qualquer coisa que aumente o produto a partir de determinados recursos aumenta o bem-estar. É importante que isso seja feito. Esta é a âncora. Assim, lançar dúvidas sobre a importância da produção é pôr em causa os alicerces de todo o edifício. A ação deve então ser testada através de novos critérios —critérios esses que são necessariamente difíceis e subjetivos. Nada poderia ser menos bem-vindo. Pelo menos nas disciplinas sociais, a obsolescência e a irrelevância são um pequeno preço a pagar pelo privilégio de permanecer confortavelmente, mesmo que arcaicamente, com aquilo que é familiar, estabelecido e seguro.

E à profissão da economia não falta o instinto de autopreservação. A mãe ursa vê na ameaça aos seus filhotes a derradeira ameaça à sobrevivência da sua espécie. Reage com uma hostilidade furiosa. Nada é mais suscetível de produzir uma reação semelhante dos defensores da sabedoria económica convencional do que um ataque ao edifício que agora racionaliza a importância da produção e a urgência das necessidades dos consumidores.

O paralelo com o instinto materno é importante, dado que a defesa do atual sistema de valores no que diz respeito à produção é em grande medida intuitiva. Poucos economistas nos últimos anos devem ter escapado a um certo mal-estar sobre os tipos de bens que o seu sistema de valores insiste que devem maximizar. Têm-se interrogado sobre a urgência de numerosos produtos de grande frivolidade. Têm-se sentido inquietos quanto aos esforços a que tem sido necessário recorrer com a publicidade e as técnicas de venda para produzir um desejo por tais bens. Essa inquietação refletiu a fraqueza crucial da escrita teórica sobre este ponto.

A fraqueza, tal como a defesa final, reside na teoria da procura do consumidor. Esta é uma estrutura formidável; já demonstrou a sua eficácia na defesa da urgência da produção. Num mundo onde a abundância torna as velhas ideias obsoletas, continuará a ser o bastião contra a miséria das novas.

III

A teoria da procura dos consumidores, como é agora amplamente aceite, baseia-se em duas propostas genéricas, nenhuma delas completamente explícita, mas ambas extremamente importantes para o atual sistema de valores dos economistas. A primeira é que a urgência dos desejos não diminui significativamente à medida que um maior número deles é satisfeito ou, para ser mais preciso, na medida em que isso acontece, não é demonstrável e não é uma questão de qualquer interesse para os economistas ou para a política económica. Quando o homem tiver satisfeito as suas necessidades físicas, os desejos de base psicológica substitui-las-ão. Estes nunca poderão ser satisfeitos ou, em qualquer caso, nenhum progresso poderá ser provado. O conceito de saciedade tem muito pouco peso na economia. Não é considerado útil nem científico especular sobre os desejos comparativos do estômago e da mente.

A segunda proposta é que os desejos têm origem na personalidade do consumidor ou, em qualquer caso, que são dados adquiridos para os economistas. A tarefa destes últimos é apenas a de procurar a sua satisfação. Não têm a necessidade de perguntar como é que estes desejos são formados. A sua função é suficientemente cumprida através da maximização dos bens que suprem os desejos.

O exame destas duas conclusões deve agora ser feito. A explicação do comportamento do consumidor tem a sua ascendência num problema muito mais antigo, de facto, o mais antigo problema da economia, o da determinação dos preços.([80]) Nada se revelou originalmente mais problemático na explicação dos preços, ou seja, dos valores de troca, do que o facto indigestível de que algumas das coisas mais úteis tinham o menor valor de troca e algumas das menos úteis tinham o maior. Como afirmou Adam Smith: «Nada é mais útil do que a água; mas o seu valor de troca servirá para comprar pouco; quase nada se consegue em troca de água. Um diamante, pelo contrário, tem um escasso valor de utilização, mas pode ser trocado com frequência por uma quantidade muito grande de outros bens.»([81])

Ao explicar o valor, Smith pensou bem ao distinguir entre «valor de troca» e «valor de utilização» e procurou assim reconciliar o paradoxo da elevada utilidade e da baixa permutabilidade. Esta distinção suscitou dúvidas em vez

---

([80]) A proveniência da teoria do comportamento do consumidor é esboçada no interessante artigo de I. D. M. Little, «A Reformulation of Consumer Behavior», *Oxford Economic Papers*, New Series, Vol. 1, N.º 1 (janeiro de 1949), p. 99.

([81]) *Wealth of Nations.* Smith não previu o diamante industrial.

de as resolver e, durante mais 100 anos, os economistas procuraram uma formulação satisfatória. Finalmente, no final do último século — embora agora se reconheça que o seu trabalho tinha sido extensivamente antecipado — os três economistas da utilidade marginal (Karl Menger, austríaco; William Stanley Jevons, inglês; e John Bates Clark, americano) produziram mais ou menos simultaneamente a explicação que, em grande parte, ainda é válida. A urgência do desejo é uma função da quantidade de bens que o indivíduo tem à sua disposição para satisfazer esse desejo. Quanto maior for o *stock*, menor será a satisfação de um incremento. E menor, também, é a vontade de pagar. Uma vez que os diamantes para a maioria das pessoas são relativamente escassos, a satisfação de um adicional é grande, e a vontade potencial de pagar é igualmente elevada. O caso da água é precisamente o contrário. Decorre também que quando o fornecimento de um bem pode ser prontamente aumentado a baixo custo, o seu valor de troca refletirá essa facilidade de reprodução e a baixa urgência dos desejos marginais que assim se satisfaz. Isto acontece por mais difícil que possa ser (como no caso da água) dispensar por completo o bem em questão.

A doutrina da decrescente utilidade marginal, tal como estava consagrada nos manuais de economia, parecia colocar as ideias económicas à margem da importância decrescente da produção em condições de abundância crescente. Com o aumento dos rendimentos *per capita*, os homens estão em condições de satisfazer desejos adicionais. Estes são de uma ordem de urgência menor. Sendo assim, a produção que fornece os bens que satisfazem estes desejos menos urgentes deve também ser de menor (e decrescente) importância. Na Inglaterra de Ricardo, o fornecimento de pão para muitos era escasso. A satisfação resultante de um aumento no fornecimento de pão — de um rendimento monetário mais elevado, sendo o preço do pão o mesmo, ou o mesmo rendimento monetário, sendo o preço do pão mais baixo — era grande. A fome diminuiu; a própria vida podia ser prolongada. Certamente qualquer medida para aumentar a oferta de pão merecia o profundo e sério interesse do cidadão com espírito cívico.

Nos Estados Unidos da atualidade, o fornecimento de pão continua a ser abundante. A satisfação resultante de um incremento marginal no fornecimento é pequena. As medidas para aumentar a oferta de pão ou trigo não têm sido, portanto, uma preocupação socialmente urgente dos cidadãos com preocupações cívicas.([82]) Tendo alargado o seu consumo de pão ao ponto de a sua utilidade marginal ser muito baixa, as pessoas nos países industriais passaram a gastar os seus rendimentos noutras coisas. Desde que estes outros bens entraram no seu padrão de consumo depois do pão, há uma presunção de que também não são muito urgentes — que o *seu* consumo tenha sido levado, como no caso do trigo, ao ponto de a sua utilidade marginal ser pequena ou mesmo insignificante. Assim, deve presumir-se que a importância dos incrementos marginais de toda a

([82]) Edições anteriores, com mais previsão do que sempre manifestei, advertiram que «algumas possíveis circunstâncias de escassez mundial» poderiam aumentar esta preocupação. No que diz respeito às necessidades mundiais, foi o que aconteceu.

produção está baixa e em declínio. O efeito de aumentar a abundância é minimizar a importância dos objetivos económicos. A produção e a produtividade tornam-se cada vez menos importantes.

O conceito de diminuição da utilidade marginal era, e continua a ser, uma das ideias indispensáveis da economia. Uma vez que concedia tanto à noção de diminuição da urgência dos desejos, e consequentemente da produção, era, de facto, notável que a situação fosse recuperada. Isto aconteceu — e de forma brilhante. A diminuição da urgência da procura não foi admitida. Em parte, isto foi conseguido em nome de um método científico refinado que, como tantas vezes nos níveis mais elevados de sofisticação, provou ser um formidável baluarte da sabedoria convencional. As evidências óbvias, mas inconvenientes, foram rejeitadas com o argumento de que não podiam ser cientificamente assimiladas. Mas mesmo além disto, foi, por vezes, necessário simplesmente fechar os olhos a fenómenos que não podiam ser reconciliados com a conveniência.

IV

O primeiro passo, como já foi referido, foi o divórcio da economia de qualquer julgamento sobre os bens que lhe diziam respeito. Qualquer noção de bens necessários *versus* desnecessários ou importantes em relação a bens sem importância foi rigorosamente excluída do assunto. Alfred Marshall, que sobre isto, como sobre tantas outras coisas, estabeleceu as regras a que os economistas aderiram desde então, defende que «o economista estuda mais os estados mentais através das suas manifestações do que em si mesmos; e se achar que oferecem incentivos uniformemente equilibradosà ação, trata-os *prima facie* como iguais para os seus propósitos».([83]) Acrescentou quase de imediato que esta simplificação, que, de facto, prestou um serviço científico profundo à economia, foi apenas um «ponto de partida». Mas os economistas, desde então, têm-se contentado em conservar este ponto de partida e em fazer disso uma marca de contenção académica e de virtude científica. Nada está tão profundamente enraizado na mente dos jovens como a necessidade desta restrição. Nada na economia marca tão rapidamente um indivíduo como malformado como uma disposição para fazer a distinção entre a legitimidade do desejo por mais comida e a frivolidade do desejo por um automóvel mais caro.

Em seguida, a economia tomou conhecimento geral do facto de que uma variedade quase infinita de bens aguarda a atenção do consumidor. Nos níveis mais elementares (e também mais subjetivos) da análise económica, presume-se que, enquanto a utilidade marginal de um determinado bem diminui de acordo com a lei indubitável, a utilidade ou satisfação proveniente de um bem novo e diferente não é inferior às unidades iniciais dos anteriores. Desde que o consumidor acrescente novos produtos — procure variedade e não quantidade — pode, como um museu, ir acumulando sem diminuir a urgência dos seus desejos. Uma vez que o consumidor médio possui apenas uma fração dos diferentes tipos de bens que poderia

([83]) *Principles of Economics,* 8.ª ed. (Londres: Macmillan, 1927), p. 16.

eventualmente possuir, existe quase uma oportunidade ilimitada para adicionar tais produtos. As recompensas para os possuidores são mais ou menos proporcionais à oferta. A produção que fornece estes bens e serviços, uma vez que oferece uma utilidade que não diminui, continua a ter uma importância que igualmente não diminui.

Esta posição ignora o facto óbvio de que algumas coisas são adquiridas antes de outras e que, presumivelmente, as coisas mais importantes vêm primeiro. Isto, tal como observado anteriormente, implica uma diminuição da urgência da necessidade. No entanto, na teoria ligeiramente mais sofisticada, esta conclusão é rejeitada. A rejeição centra-se na negação de que algo muito útil possa ser dito sobre os estados de espírito comparativos e a satisfação do consumidor em diferentes períodos. Poucos estudantes de economia, mesmo no curso elementar, escapam agora à advertência contra o erro de comparações intertemporais da utilidade de determinados atos de consumo. No passado, o homem com um rendimento baixo, mas que tinha tendência a aumentar, colhia a satisfação que provinha de uma dieta decente e de um telhado que já não deixava que água lhe pingasse na cabeça. Hoje, após um grande aumento do seu rendimento, o seu consumo aumentou ao ponto de incluir a televisão por cabo e pantufas excêntricas. Mas dizer que a sua satisfação com estas recentes comodidades e recreações é menor do que com as calorias adicionais e a ausência de chuva em casa é totalmente impróprio. As coisas mudaram; é um homem diferente; não há um padrão real para comparação. É reconhecido que, a partir de um dado momento, um indivíduo obterá menos satisfação com os aumentos marginais a um determinado *stock* de bens, e por isso não pode ser induzido a pagar tanto por eles. Mas isto não nos diz nada sobre a satisfação de tais bens adicionais, e mais particularmente de bens diferentes, quando estes são adquiridos posteriormente. A conclusão é a seguinte. Não se pode ter a certeza de que a satisfação resultante deste aumento temporário no *stock* de bens do indivíduo diminua. Assim, não se pode sugerir que a produção que a abastece seja de urgência decrescente.

Vale a pena refletir um momento sobre o que foi alcançado. A noção de utilidade decrescente ainda serve o seu propósito indispensável de relacionar com a quantidade a urgência do desejo e a consequente disposição para pagar. Em qualquer momento, quanto mais o indivíduo possa ter, menor será a satisfação que obterá com as adições ao seu *stock* e menos estará disposto a pagar. As reações da comunidade serão o agregado das reações dos indivíduos que a compõem. Assim, quanto maior for a oferta, menor será a vontade de pagar por aumentos marginais e daí a curva da procura, familiar a todos os que se tenham aventurado, ainda que modestamente, na teoria económica. Mas, ao mesmo tempo, elide-se a questão da diminuição da urgência do consumo. Pois, embora a questão da vontade de pagar por quantidades adicionais se baseie numa hipótese de comportamento face a essas quantidades num determinado momento, um aumento do *stock* de bens de consumo, como resultado de um aumento dos rendimentos, só pode ocorrer ao longo do tempo. Sobre o retorno das satisfações daí resultantes, os economistas não têm nada a dizer. Em *prol* de um bom método científico, estão impedidos de dizer seja o que for.([84]) Há, no entanto, espaço para a suposição generalizada — dada a grande e sempre crescente variedade de bens que aguardam a atenção do consumidor — de que os desejos têm uma urgência sustentada. Em qualquer caso, pode concluir-se com segurança que mais bens, e não menos, irão satisfazer mais desejos. E o pressuposto de que o fornecimento de bens é algo importante e mesmo urgente vem incontestavelmente de trás, pois não foram os bens sempre importantes para aliviar a privação da

---

([84]) Na análise ainda mais técnica da procura do consumidor, a atenção foi ainda mais desviada da urgência cada vez menor do produto pela passagem da utilidade cardinal para a utilidade ordinal como instrumento de análise. A análise ordinal trata os desejos do consumidor estritamente em termos das preferências de um bem face a outro. Isto não significa que a noção de utilidade marginal decrescente de um bem ou a urgência decrescente de produtos adicionais desapareça. No mapa da indiferença, a diminuição da utilidade marginal é o que faz com que o consumidor esteja disposto, com um *stock* crescente, a ceder mais e mais de um produto para ter uma dada quantidade de outro. O lazer não entrará no sistema de preferências do consumidor, exceto em combinação com alguma quantidade mínima de alimentos. Os alimentos podem estar presentes sem a recreação.

No entanto, estas considerações não são contraditórias nem na análise nem na sua pedagogia. O facto muito mais evidente é o de que os alimentos, a gasolina e o jogo de *pinball* substituem-se uns pelos outros a diferentes ritmos e, portanto, são equiparados uns aos outros. O ponto mais enfatizado na pedagogia é o de que o consumidor encontrará sempre a sua maior satisfação na mais alta curva de indiferença que o seu rendimento lhe permite alcançar. O efeito de rendimentos mais elevados ou de um produto maior a preços mais baixos é colocar o consumidor numa curva mais alta. Este objetivo está implícito na análise. Assim, uma linha de pensamento que pode parecer estar a lançar dúvidas sobre a importância dos incrementos marginais para o *stock* de bens acaba por afirmá-la. Na prática, o aparelho analítico exclui da consideração a possibilidade de que o movimento para curvas de indiferença cada vez mais altas seja de urgência decrescente.

humanidade? Será evidente que a economia foi capaz de superar brilhantemente os perigos contra si própria e contra os seus objetivos que eram inerentes à diminuição da utilidade marginal.

Houve dissidência. Keynes salientou que as necessidades dos seres humanos «dividem-se em duas classes — as necessidades que são absolutas no sentido em que as sentimos seja qual for a situação dos nossos semelhantes, e as que são relativas apenas na medida em que a sua satisfação nos eleva acima, nos faz sentir superiores aos nossos semelhantes».([85]) No entanto, sobre esta conclusão, Keynes não fez quaisquer progressos. Na contenda com a sabedoria convencional, precisava, não menos do que os outros, do apoio das circunstâncias. E, ao contrário do que acontecia com seu remédio para as depressões, ele ainda não tinha esse apoio.

([85]) J. M. Keynes, *Essays in Persuasion,* «Economic Possibilities for Our Grandchildren» (Londres: Macmillan, 1931), pp. 365–66. Note-se que Keynes, como sempre pouco vinculado às regras convencionais, não hesitou em cometer o pecado imperdoável de distinguir entre categorias de desejo.

11.

O efeito de dependência

A noção de que os desejos não se tornam menos urgentes com o aumento da oferta é, em geral, repugnante ao senso comum. É algo em que só acreditam aqueles que desejam acreditar. No entanto, a sabedoria convencional deve ser enfrentada no seu próprio terreno. As comparações intertemporais do estado de espírito de um indivíduo assentam num terreno tecnicamente vulnerável. Quem pode dizer garantidamente que a privação que o aflige com a fome é mais dolorosa do que a privação que o aflige com a inveja do carro novo do seu vizinho? No tempo que decorreu desde a altura em que o indivíduo era pobre, a sua alma pode ter ficado sujeita a uma nova e mais profunda carência. E no que diz respeito a uma sociedade, as comparações entre a satisfação marginal quando esta é pobre e a satisfação marginal quando esta é abastada envolverão não só o mesmo indivíduo em momentos diferentes, mas também indivíduos diferentes em momentos diferentes. O estudioso que deseja acreditar que com o aumento da abundância não há redução da urgência dos desejos e dos bens não está desprovido de argumentos para debate. Por muito plausíveis que sejam os argumentos contra ele, não podem ser comprovados.

Na defesa da sabedoria convencional, isto representa uma espécie de invulnerabilidade.

No entanto, existe uma falha no argumento. Se os desejos do indivíduo forem urgentes, devem ser originados por ele próprio. Não podem ser urgentes se tiverem de forjados para si. E, acima de tudo, não devem ser induzidos pelo processo de produção pelo qual são satisfeitos. Pois isto significaria que o argumento da urgência da produção, com base na urgência dos desejos, cairia por terra. Não se pode defender a produção como meio de satisfação de desejos, se for essa mesma produção a criar os desejos.

Se fosse o caso de um homem que, ao levantar-se todas as manhãs, fosse acometido por demónios que lhe incutiam uma paixão ora por camisas de seda, ora por utensílios de cozinha, por bacios, ou por sumos de laranja, haveria todos os motivos para aplaudir o esforço por encontrar os bens, por mais estranhos que fossem, que apaziguariam esse fogo. Mas se a sua paixão fosse o resultado de ter sido o criador dos próprios demónios, e se também o seu esforço para a acalmar agitasse cada vez mais os demónios, haveria dúvidas quanto à racionalidade da sua solução. A não ser que fosse contido por atitudes convencionais, ele poderia questionar-se se a solução seria mais bens ou menos demónios.

Desta forma, se a produção cria os desejos que procura satisfazer, ou se os desejos emergem *pari passu* com a produção, então a urgência dos desejos já não pode ser usada para defender a urgência da produção. A produção apenas preenche um vazio que ela própria criou.

II

A questão é tão central que deve ser reiterada. Os desejos do consumidor podem ter origens bizarras, frívolas ou mesmo imorais, e ainda assim se pode admiravelmente justificar uma sociedade que procura satisfazê-los. Mas a justificação não pode ser mantida se é o processo de satisfação de desejos que cria os desejos. Assim, o indivíduo que insiste na importância da produção para satisfazer esses desejos está precisamente na posição do espectador que aplaude os esforços do *hamster* para se manter a par da roda que é propulsionada pelos seus próprios esforços.

O facto de os desejos serem, na verdade, fruto da produção será agora negado por poucos estudiosos honestos. E um número considerável de economistas, embora nem sempre com pleno conhecimento das suas implicações, têm admitido este facto. Na citação do final do capítulo anterior, Keynes referiu que as necessidades da «segunda classe», ou seja, aquelas que resultam de esforços para se manter a par ou à frente do semelhante, «podem, de facto, ser insaciáveis; quanto mais elevado for o nível geral, mais elevadas serão ainda».([86]) E a emulação desempenhou continuamente um papel considerável nas conceções de outros economistas em matéria de criação de desejos. O consumo de um homem torna-se o desejo do seu vizinho. Isto já significa que o processo pelo qual os desejos são satisfeitos é também o processo pelo qual os desejos

---

([86]) J. M. Keynes, *Essays in Persuasion*, «Economic Possibilities for Our Grandchildren» (Londres: Macmillan, 1931), p. 365.

são criados. Quanto mais desejos são satisfeitos, mais desejos nascem.

No entanto, o argumento foi ainda mais aprofundado. Um dos principais teóricos modernos do comportamento dos consumidores, o professor James Duesenberry, declarou explicitamente que «a nossa é uma sociedade em que um dos principais objetivos sociais é um nível de vida mais elevado... [Isto] é de grande importância para a teoria do consumo... o desejo de obter bens superiores ganha vida própria. Fornece um impulso para despesas mais elevadas, que pode até ser mais forte do que o decorrente das necessidades que se supõe serem satisfeitas por essas despesas».([87]) As implicações deste ponto de vista são impressionantes. A noção de necessidade independentemente estabelecida perde agora a sua relevância. Dado que a sociedade atribui grande importância à capacidade de produzir um elevado nível de vida, avalia as pessoas pelos produtos que possuem. O desejo de consumir é apadrinhado por um sistema de valores que enfatiza a capacidade da sociedade de produzir. Quanto mais se produz, mais se deve possuir para se manter o prestígio desejado. Este último é um ponto importante, pois, sem ir tão longe como Duesenberry ao reduzir os bens ao papel de símbolos de prestígio na sociedade da abundância, é evidente que o seu argumento implica de modo cabal que a produção de bens cria os desejos que se presume que os bens satisfazem.([88])

([87]) James'S. Duesenberry, *Income, Saving and the Theory of Consumer Behavior* (Cambridge, Mass.: Harvard University Press, 1949), p. 28.

([88]) Um estudo mais recente e definitivo sobre a procura dos consumidores adicionou ainda mais sustento a esta ideia. Os professores

III

A ligação ainda mais direta entre produção e desejos é facultada pelas instituições de publicidade e vendas modernas. Estas não podem ser reconciliadas com a noção de desejos determinados independentemente, tendo em conta que a sua função central é a de criar desejos — de concretizar desejos que anteriormente não existiam.([89]) Isto é realizado pelo produtor da mercadoria ou a seu pedido. Existe uma ampla relação empírica entre o que é gasto na produção de bens de consumo e o que é gasto na síntese dos desejos para essa produção. Um novo produto de consumo deve ser introduzido com uma campanha publicitária adequada para despertar o interesse pelo mesmo. O caminho para uma expansão da produção deve ser pavimentado por

---

Houthakker e Taylor, num estudo estatístico dos determinantes da procura, descobriram que para a maioria dos produtos o preço e o rendimento, os determinantes aceites, eram menos importantes do que o consumo anterior do produto. Este «*stock* psicológico», como lhe chamavam, reconhece a fraqueza da teoria tradicional; a procura atual não pode ser explicada sem o recurso ao consumo passado. Tal procura alimenta a necessidade do seu próprio aumento. H. S. Houthakker e L. D. Taylor, *Consumer Demand in the United States*, 2.ª ed., alargada (Cambridge, Mass.: Harvard University Press, 1970).

([89]) A publicidade não é um fenómeno simples. É também importante na estratégia competitiva, e a criação de desejos é, normalmente, um resultado complementar dos esforços para mudar a curva da procura de uma empresa à custa de outras ou (menos importante, penso eu) para mudar a sua forma, aumentando o grau de diferenciação do produto. Parte do fracasso dos economistas em identificar a publicidade com a criação de desejos pode ser atribuído à atenção indevida que a sua utilização em estratégia puramente competitiva tem atraído. Deve notar-se, contudo, que a manipulação competitiva do desejo do consumidor só é possível, pelo menos em qualquer escala apreciável, quando tal necessidade não é fortemente sentida.

uma expansão adequada no orçamento de publicidade. Os gastos para o fabrico de um produto não são mais importantes na estratégia das empresas modernas do que os gastos para o fabrico da procura do produto. Nada disto é novidade. Tudo isto seria considerado elementar pelo pior estudante da escola de administração de empresas mais primitiva do país. O custo desta criação da procura é formidável. Em 1987, as despesas totais com publicidade — embora, como foi referido, nem todas possam ser afetadas à síntese de desejos — ascenderam a aproximadamente 110 mil milhões de dólares. O aumento nos anos anteriores foi de cerca de seis mil milhões de dólares por ano. Obviamente, tais gastos devem ser integrados com a teoria da procura do consumidor. São demasiado grandes para serem ignorados.

Mas tal integração pressupõe o reconhecimento de que os desejos dependem da produção. Esta integração confere ao produtor a função tanto de produzir os bens como o desejo por eles. Reconhece que a produção, não só passivamente através da emulação, mas ativamente através da publicidade e atividades relacionadas, cria os desejos que procura satisfazer.

O empresário e o leitor leigo ficarão intrigados com a ênfase que eu dou a uma questão aparentemente óbvia. A questão é efetivamente óbvia. No entanto, os economistas têm-lhe resistido, e de forma singular. Pressentiram, de uma forma que os leigos não pressentem, os danos às ideias estabelecidas que se escondem nestas relações. Como resultado, incrivelmente, fecharam os olhos (e os ouvidos) ao mais intrusivo de todos os fenómenos económicos, nomeadamente, a moderna criação de desejos.

Isto não quer dizer que as provas que atestam a dependência dos desejos em relação à publicidade tenham sido completamente ignoradas. É uma das razões pelas quais a publicidade tem sido encarada há tanto tempo com tanta inquietação pelos economistas. Eis algo que não pode ser facilmente acomodado à teoria existente. Estudiosos mais permeáveis têm especulado sobre a urgência dos desejos que são tão obviamente fruto de tão dispendiosas campanhas para captar a atenção popular. Será um novo cereal de pequeno-almoço ou detergente tão desejado, se é preciso gastar tanto para obrigar o consumidor ao sentimento de carência? Mas tem havido pouca tendência para continuar a examinar as implicações disto para a teoria da procura do consumidor e ainda menos para a importância da produção e eficiência produtiva. Estas têm permanecido sacrossantas. Mais frequentemente, o mal-estar tem-se manifestado numa desaprovação geral da publicidade e dos publicitários, levando à sugestão ocasional de que eles não deveriam existir. Tais sugestões têm sido geralmente mal recebidas no negócio da publicidade.

E assim, a noção de desejos determinados independentemente ainda sobrevive. Face a todas as forças das modernas técnicas de vendas, prevalece ainda, quase sem mácula, nos manuais académicos. E continua a ser a missão do economista — e em poucos assuntos é a pedagogia tão firme — procurar inquestionavelmente os meios para satisfazer esses desejos. Sendo assim, a produção continua a ser da maior urgência. Temos aqui, talvez, o triunfo final da sabedoria convencional na sua resistência às evidências. Para igualá-lo, é preciso imaginar um humanitário há muito persuadido da grave carência de instalações hospitalares na cidade. Continua a importunar os transeuntes pedindo dinheiro para mais camas e recusa-se a notar que é o médico da cidade quem derruba habilmente os peões com o seu carro para manter a lotação do hospital.

E, ao deslindarmos aquilo que é complexo, devemos ter sempre o cuidado de não ignorar o óbvio. O facto de que os desejos podem ser sintetizados pela publicidade, catalisados pelas hábeis técnicas de vendas, e moldados pelas discretas manipulações dos persuasores, mostra que não são muito urgentes. Um homem que tem fome nunca precisa de ser informado sobre a sua necessidade de comida. Se for inspirado pelo seu apetite, é imune à influência dos senhores Batten, Barton, Durstine & Osborn. Estes últimos só são eficazes com aqueles que estão tão afastados das necessidades físicas que ainda não sabem o que querem. Só neste estado, os homens estão abertos à persuasão.

IV

A conclusão geral destas páginas é de tal importância para este ensaio que talvez seja melhor colocá-lo com alguma formalidade. À medida que uma sociedade se torna cada vez mais próspera, os desejos são cada vez mais criados pelo processo pelo qual são satisfeitos. Isto pode funcionar de forma passiva. O aumento do consumo, a contrapartida do aumento da produção, atua por sugestão ou emulação para criar desejos. A expectativa aumenta com os resultados alcançados. Ou os produtores podem proceder ativamente à criação de desejos através de publicidade e técnicas de vendas. Os desejos passam assim a depender da produção. Tecnicamente, já não se pode supor que o bem-estar é maior a um nível de produção mais elevado do que a um nível mais baixo. Pode ser o mesmo. O nível mais elevado de produção tem, simplesmente, um nível mais elevado de criação de desejos, o que requer um nível mais elevado de satisfação de desejos. Haverá ocasiões frequentes para referir a forma como os desejos dependem do processo pelo qual eles são satisfeitos. Será conveniente chamar-lhe o efeito de dependência.

Podemos agora contemplar brevemente as conclusões a que esta análise nos trouxe.

Claramente, a teoria da procura do consumidor é um amigo peculiarmente traiçoeiro dos atuais objetivos da economia. À primeira vista, parece defender como objetivo a urgência contínua da produção e a nossa preocupação com ela. Os economistas não se envolvem nos duvidosos argumentos morais sobre a importância ou virtude da satisfação dos desejos. Não pretendem comparar estados mentais de uma pessoa ou de pessoas diferentes em momentos diferentes e sugerir que um é menos urgente do que outro. O desejo está lá. Isso é suficiente para eles. Organizam-se de uma forma artesanal para satisfazer o desejo e, em conformidade, atribuem a devida importância à produção que o satisfaz. Tal como o das mulheres, o seu trabalho nunca termina.

Mas esta racionalização, por muito bem que pareça servir, vira-se destrutivamente sobre aqueles que a promovem, uma vez concedido que os desejos são eles próprios, tanto passiva como deliberadamente, os frutos do processo pelo qual são satisfeitos. Então a produção de bens satisfaz os desejos que o consumo destes bens cria ou que os produtores de bens sintetizam. A produção induz mais desejos e a necessidade de mais produção. Até agora, num grande *tour de force*, as implicações têm sido ignoradas. Mas esta é obviamente uma solução arriscada. Não pode sobreviver por muito tempo ao debate.

Entre os muitos modelos daquilo que é uma boa sociedade, ninguém exortou a roda do *hamster*. Além disso, como veremos atualmente, esta não é uma roda que gira com suavidade perfeita. À parte do seu duvidoso encanto cultural, existem sérias fraquezas estruturais que podem um dia envergonhar-nos. De momento, porém, é suficiente refletir sobre o terreno difícil que estamos a atravessar. No Capítulo 8, vimos como nos empenhámos profundamente na produção por razões de segurança económica. Não era a mercadoria, mas sim o emprego proporcionado pela sua produção que mais nos preocupava. Agora constatamos que a nossa preocupação com as mercadorias está ainda mais comprometida. Não surge da necessidade espontânea do consumidor. Pelo contrário, o efeito de dependência significa que cresce fora do próprio processo de produção. Para que a produção aumente, as necessidades têm de ser efetivamente forjadas. Na ausência desse artifício, o aumento não ocorreria. Isto não é verdade para todos os bens, mas o facto de ser verdade para uma parte substancial é suficiente. Isto significa que, uma vez que a procura desta parte não existiria se não tivesse sido forjada, a sua utilidade ou urgência, não excluindo a sua criação artificial, é nula. Se considerarmos esta produção como marginal, podemos dizer que a utilidade marginal da atual produção agregada, não excluindo a publicidade, é nula. Claramente, as atitudes e valores que fazem da produção a conquista central da nossa sociedade têm algumas raízes excecionalmente retorcidas.

Talvez o mais evidente de tudo seja o quão novos e variados se tornam os problemas que devemos ponderar quando quebramos o nexo com o trabalho de Ricardo e enfrentamos a economia de abundância do mundo em que vivemos. É fácil perceber porque é que a sabedoria convencional resiste tão firmemente a tal mudança. É muito, muito melhor e muito mais seguro estar firmemente ancorado em absurdos do que lançarmo-nos aos mares conturbados das ideias.

12.

Os interesses adquiridos na produção

A noção de um interesse adquirido tem uma flexibilidade cativante na nossa utilização social. Na sua aceção mais comum, é uma vantagem imprópria usufruída por uma minoria política à qual o próprio orador não pertence. Quando o próprio orador desfruta dela, deixa de ser um interesse adquirido e torna-se uma recompensa duramente conquistada. Quando um interesse adquirido não é desfrutado por uma minoria, mas sim por uma maioria, é um direito humano. Apesar destas armadilhas conceptuais, chegou o momento de fazer um levantamento dos interesses adquiridos nas nossas atuais atitudes em relação à produção. Quem está mais dependente da presente ilusão? Quem será mais afetado quando, sob a ofensiva das ideias, das circunstâncias e do próprio tempo, estes assuntos vierem à tona de forma mais clara? Tal como um general faz um reconhecimento das forças opositoras, o autor deve saber quem se insurge contra ele.

Sem dúvida que os indivíduos com maior interesse nos atuais objetivos económicos são os empresários — mais precisamente, talvez, os importantes executivos. Se a produção é de importância preocupante, enquanto homens com o direito tradicional e estabelecido ao título de produtor serão a figura dominante na constelação social. A sociedade dar-lhes-á um prestígio apropriado ao papel que desempenham; ainda que possa ser menos importante, os empresários serão capazes, sem dificuldade ou crítica, de obter um rendimento que esteja relacionado com o seu prestígio. À medida que a produção tem monopolizado cada vez mais as nossas atitudes económicas, os executivos têm crescido em estima. Enquanto a desigualdade foi motivo de grande preocupação, o empresário magnata tinha, na melhor das hipóteses, uma posição ambígua. Desempenhava uma função de urgência óbvia. Mas era também regularmente acusado de cobrar demasiado pelos seus serviços. Como a preocupação com a desigualdade diminuiu, esta reação desapareceu. O empresário já não está sujeito a qualquer tipo de desafio sério. Embora no seu papel hierárquico na grande empresa tenha, talvez, tido mais sucesso do que a maioria na eliminação da insegurança económica, tanto pessoal como institucional, conseguiu ainda manter uma certa aura de risco, um homem que vive perigosamente. Ninguém questiona a posição superior do empresário na sociedade americana. Mas ninguém deve duvidar que isso depende da nossa preocupação contínua com a produção.

O caso da água em condições de abundância ou escassez já foi anteriormente mencionado. Há muitos anos, a cidade de Nova Iorque sofria de uma escassez de água potencialmente problemática. Observavam-se ansiosamente as nuvens, na esperança de que pudessem aliviar o seu fardo. Com fanfarra, foi lançado um programa de conservação de água. A lavagem de automóveis, torneiras a gotejar, lavagem de ruas com jato de água e o arrefecimento do ar foi tudo proibido. Presidindo à considerável publicidade que estes resultados exigiam, estava o comissário da água de Nova Iorque, o Sr. Stephen J. Carney. Na altura, era o homem mais importante da metrópole. O seu nome estava na boca de todos. O Sr. Carney era uma figura pública. Depois vieram as chuvas, e os reservatórios encheram. Carney foi esquecido. Um dia, deixou de se falar dele. Ninguém reparou.

O título de produtor na nossa sociedade parece ser seguramente honorífico. O chefe de uma destilaria, de um casino ou de uma pista para cães é um produtor. Não é um produtor básico, o que seria melhor, mas ainda assim um produtor. Como tal, goza na comunidade de uma posição de um dos seus apoios ou pilares e fonte da sua riqueza, ainda que não seja necessariamente apreciada pelo diretor do liceu ou pelo pároco. É enquanto produtor que o presidente da General Electric apela ao presidente dos Estados Unidos da América. É considerado bom, no geral, que um departamento do governo seja dirigido por um homem da produção. Nada melhor pode ser dito sobre qualquer indivíduo do que o facto de ele saber de produção. Mas o prestígio do produtor é apenas o prestígio da produção. Se alguma vez a produção vier a ser um dado adquirido, então, em certa medida, o mesmo se passará com o produtor. O Sr. Carney é um aviso.

II

Os homens lutam pelo que é importante para eles, e o empresário que pressente o seu interesse próprio lutará vigorosamente por um sistema de valores que enfatize a importância da produção. De facto, e talvez mais intuitivamente do que o contrário, já o faz. A liturgia empresarial dá um lugar importante a afirmações ressonantes sobre o papel vital da produção. «Só os produtivos podem ser fortes. Só os fortes podem ser livres». «A produção fez a América...» «Deixemo-nos de brigas e produzamos».

O empresário, com muitas exceções, há muito que desconfia do Estado — ou pelo menos das atividades do Estado, excluindo a defesa nacional, que não lhe fornecem de forma útil mercados e apoio à investigação e desenvolvimento indispensáveis. Isto, algo que foi sempre pressuposto, deve-se ao facto de o empresário ser um contribuinte importante e vulnerável à regulamentação. Mas estamos demasiado viciados no nosso discurso social a este tipo de determinismo económico mecânico. O governo moderno é uma grande ameaça ao prestígio do empresário. É na medida em que os problemas de conservação, educação e bem-estar social são centrais para o nosso pensamento, que administradores, professores e outros funcionários públicos são as figuras populares. Como o seu prestígio tem aumentado, juntamente com o dos homens que estão associados aos problemas e desastres da política externa, os empresários têm reagido salientando que o governo não produz nada, que é uma prostituta estéril. «O governo é impotente para criar algo no sentido em que as empresas produzem riqueza e os indivíduos produzem ideias [e] invenções...»([90]) O argumento implica uma discussão

---

([90]) Francis X. Sutton, Seymour E. Harris, Carl Kaysen, e James Tobin, *The American Business Creed* (Cambridge, Mass.: Harvard University Press, 1956), p. 195.

algo forçada — classifica a educação como improdutiva e o fabricante de escrivaninhas escolares como produtivo —, no entanto, tem uma posição de destaque considerável, especialmente na liturgia empresarial mais antiga.

Uma tensão, talvez em última análise mais importante, também existe há muito tempo entre os empresários e os intelectuais. «A emergência de uma classe numerosa de... intelectuais frívolos é um dos fenómenos menos bem-vindos da era do capitalismo moderno. A agitação intrusiva que causam repele as pessoas com discernimento. São um incómodo.»([91]) Tal como no caso do governo, a base da tensão há muito que se assume como sendo económica. «Os homens cuja investigação deu origem a novos métodos de produção odeiam os empresários que estão meramente interessados no valor monetário do seu trabalho de investigação. É muito significativo que um número tão grande investigadores americanos de física simpatizem com o socialismo e o comunismo (...) Os professores universitários de economia também se opõem ao que eles depreciativamente chamam o sistema do lucro...»([92]) Contudo, embora o radicalismo social real ou suspeito dos intelectuais possa muito bem contribuir para a hostilidade entre empresários e intelectuais, existe de novo uma outra causa. Cientistas, escritores, professores, artistas são também importantes concorrentes dos empresários pela estima do público.

([91]) Ludwig von Mises, *The Anti-Capitalistic Mentality* (Princeton, N.J.: Van Nostrand, 1956), p. 107.

([92]) *The Anti-Capitalistic Mentality*, p. 20. O professor von Mises, convém observar com justiça, seria considerado por muitos empresários de hoje como sendo bastante extremo.

Esta concorrência é especialmente notável quando se comenta assuntos públicos — sobre política económica, política externa, o efeito das medidas governamentais na moral e comportamento populares. Talvez a função mais honorífica no nosso tempo seja a da profecia social. Ninguém goza de uma distinção tão grande como o homem que, de comum acordo, é autorizado a olhar para o futuro e aconselhar sobre o que devemos fazer para promover ou retardar uma determinada ocorrência. O intelectual assume naturalmente a sua autoridade sobre estas questões. É provável que seja muito mais dotado do que o empresário em erudição e capacidade oral. Essa vantagem é contraposta pelo empresário, que enfatiza a sua identificação com a produção. Não é um «teórico», mas sim um homem prático. Incorpora a abordagem direta do homem que sabe como fazer as coisas. Aprendeu sobre a vida fazendo; isto proporcionou-lhe uma visão única sobre como as coisas são no país em geral ou no mundo. Se algo acontecesse ao prestígio da produção, é evidente que o empresário, cuja mística é a sua identificação com a produção, sofreria severamente na sua concorrência com o intelectual para o papel de profeta social. Se deseja defender-se no seu papel atual, deve defender a importância da produção. É quase certo que se pode esperar que ele o faça.

Haverá ocasião para mais algumas palavras sobre a concorrência entre o empresário e o intelectual pela estima contemporânea.

III

Há muito que a política é conhecida por criar parceiros íntimos incongruentes. Porém, é ainda mais raro que aqueles que estão intimamente ligados estejam em grande parte inconscientes dessa sua improvável intimidade. Este é o estranho caso com os interesses adquiridos na produção. Apoiar o empresário na importante tarefa da produção de bens foi durante muito tempo a posição do liberal americano. O prestígio que o empresário deriva da produção foi reforçado pelo apoio quase total do discurso liberal americano. A razão para esta aliança, embora exija alguma explicação, não é essencialmente complexa. O homem que se agarra tenazmente a uma jangada salva-vidas pode estar sujeito a ser lançado sobre margens estranhas entre estranhos companheiros. Assim, é com aqueles que se agarram por tempo suficiente a uma ideia no meio de correntes e marés em mudança. Como tantas vezes acontece, o percurso dos desenvolvimentos na Grã-Bretanha, em amplo contorno se não em detalhe, tem sido o mesmo que nos Estados Unidos.

Até à década dos anos 1930, os liberais, no que diz respeito à produção total da economia, abordavam o problema da utilização eficiente dos recursos disponíveis em capital, mão-de-obra e materiais. Insistia, não sem paixão, que este objetivo não fosse derrotado por monopólios, tarifas, imobilidade laboral ou de capital, ou outras interferências com uma utilização otimizada.

Aumentar a produção através do aumento da taxa de formação de capital ou da expansão da força de trabalho total ou de um esforço sério para aumentar a taxa de inovação tecnológica não fazia parte das suas preocupações([93]) Mais importante do que tudo, a perda de produção como resultado de depressões não era uma preocupação particularmente liberal. Ninguém estava profundamente empenhado politicamente neste problema; os conservadores tinham um interesse igual ao dos liberais em «suavizar» o ciclo económico. Durante a década de 1920, a liderança política na discussão de possíveis meios para mitigar o ciclo económico foi assumida por Herbert Hoover.

O programa clássico dos liberais americanos, até à década dos anos 1930, procurava a redistribuição do rendimento existente, uma maior segurança económica e a proteção das liberdades e imunidades dos indivíduos e organizações face à distribuição altamente desigual do poder económico. O imposto progressivo sobre o rendimento; a criação de serviços governamentais; a proteção dos recursos públicos contra a apropriação privada; o alargamento da segurança social; a ajuda aos agricultores ou outros grupos especialmente desfavorecidos; o reforço dos sindicatos; e a regulamentação das empresas, todos serviam estes objetivos. Nenhuma destas medidas foi considerada como afetando muito a produção total da economia.

Tudo isto mudou muito durante a década dos anos 1930. A grande depressão levou a produção a um nível muito baixo. Entre 1929 e 1933, a produção bruta da economia privada diminuiu entre um terço e metade. A magnitude desta movimentação concentrou a atenção, como nunca, nos movimentos da produção total da economia e nas suas consequências de longo alcance para o futuro económico

---

([93]) Ver pp. 253–5.

e político. Caracteristicamente, o aumento da produção era menos central no pensamento dos homens do que a redução do desemprego. «A nossa principal tarefa é colocar as pessoas de volta ao trabalho», disse Roosevelt no seu primeiro discurso inaugural. Mas quer diretamente quer como subproduto do esforço para reduzir a insegurança económica, a expansão da produção começou a adquirir um significado crescente para o liberalismo político no seu sentido americano.

Depois, em 1936, surge John Maynard Keynes. No sistema keynesiano, a noção de uma procura agregada para o produto da economia, que determinava a produção total da economia, era central. Dependendo de vários fatores, a produção poderia encontrar o seu equilíbrio a um nível elevado ou baixo. Não havia uma tendência imutável para se instalar ao nível específico onde todos os trabalhadores interessados tinham uma hipótese de emprego. E ao manipular o nível da procura agregada — os dispositivos mais óbvios eram aumentar a procura através da despesa governamental em excesso de impostos, ou diminuí-la através de impostos por excesso de despesas — o governo podia influenciar o nível de produção.

As recompensas de uma operação de sucesso ao nível da produção eram arrebatadoras. Aumentar a produção permitia melhorar o desemprego, a insegurança agrícola, a ameaça de falência para os pequenos empresários, os riscos dos investidores, os problemas financeiros dos estados e cidades, até mesmo, um pouco, a superlotação resultante de quando as pessoas não podem adquirir ou alugar casa própria e têm de a partilhar. Quase nenhum problema social ficaria intocado. E, poucos anos após

Keynes, o nível de produção tornou-se o fator crítico na mobilização para a guerra. Foi principalmente o aumento da produção que proporcionou os requisitos militares da Segunda Guerra Mundial.

Consequentemente, a produção fez mais do que impressionar os liberais. Tornou-se o seu programa, e estabeleceu algo semelhante a um monopólio sobre as suas mentes. Aqui estava, talvez, o que mais se aproximava da alquimia que alguma vez se tinha visto no campo da política. O aumento da produção resolvia, ou parecia resolver, quase todos os problemas sociais da época. Além disso, pelo menos durante algum tempo, a preocupação prática com a produção total da economia era uma concessão liberal. Os conservadores hesitaram em abandonar o equilíbrio orçamental, durante tanto tempo um cânone da sabedoria convencional.([94]) No entanto, fazê-lo era essencial. Manipular o nível de produção significava também que o papel do governo devia ser alargado. Também isto era desagradável para os conservadores, pois conferia um prestígio ao governo que anteriormente era atribuído exclusivamente à produção privada.

Mais importante de tudo pela sua influência na mente liberal, a promessa de aumentar a produção e reduzir o desemprego vencia eleições. Do final dos anos 1930 ao início dos anos 1950, a promessa de manter uma produção elevada e, consequentemente, um emprego elevado, foi a principal reivindicação dos liberais aos votos nos Estados

---

([94]) Embora numerosos liberais, incluindo inquestionavelmente o próprio Roosevelt, também se tenham mostrado relutantes. E alguns optaram por se tornarem conservadores sobre a questão.

Unidos, e era imbatível. O mesmo se passou com a esquerda na Grã-Bretanha. A promessa de «pôr este país novamente em movimento», ou seja, de aumentar a produção a um ritmo mais rápido, ajudou John F. Kennedy a ganhar um cargo público em 1960. A promessa continua.

Há que notar aqui outra característica da posição dos liberais. A questão em que venceram durante os anos 1930 e que continuou a trazer-lhes vitórias por mais uma década foi a promessa do aumento da produção que eliminava o desemprego. Isto foi algo de enorme importância. Mas tendo descoberto a produção, mantiveram-se agarrados a ela. Continuaram a salientar a importância do aumento da produção em períodos em que isso implicava não a eliminação de desempregados, mas o aumento da produção dos já empregados. Em resumo, acreditavam que o aumento da produção continuava a ser a pedra de toque do sucesso político, mesmo quando isso envolvia acréscimos a um já opulento fornecimento de bens. Entre os aumentos de produção que visam resolver o desemprego generalizado e os aumentos de produção que aumentam a abundância, existe uma diferença não em grau, mas sim em espécie. Ao continuarem a enfatizar a produção, os liberais, que em tempos tiveram entre mãos uma grande questão, acabaram sem se aperceberem com uma muito menor. No entanto, isto não é surpreendente. Tal como todos os restantes, os liberais aceitaram a elaborada racionalização através da qual nos persuadimos da urgência continuada de aumentar o nosso *stock* de bens de consumo.

No entanto, isto é uma divagação. Para os fins ora expostos, basta observar que Keynes concentrou a atenção dos liberais na produção, e os seus sucessos políticos deram-lhes um interesse particular nela. As atitudes keynesianas tornaram-se, como sempre, a nova sabedoria convencional.([95])

IV

Ou tal era a sabedoria incontestada até há pouco tempo. Browning observou que «Jove derruba os Titãs, não quando atacam a sua montanha, mas quando outra pedra coroa o seu trabalho». É o que acontece com a produção. No momento em que a sua posição parecia invulnerável, quando era apoiada pelo profundo interesse dos executivos conservadores e intelectuais liberais, surgiram fissuras na fachada. Nestes últimos anos, estas fissuras alargaram-se. Não restam dúvidas de que a preocupação com a produção *qua* produção é ainda tremenda. Herdou a preocupação outrora sentida pela igualdade e pelos pobres. É ainda fortemente reforçada pelo serviço que presta à segurança económica. É ainda racionalizada por uma elaborada e tradicional, ainda que meritória, teoria da demanda do consumidor. Mas, para os empresários, a produção já não é sinónimo de prestígio seguro. Para os políticos liberais, já não é uma fórmula certa para a obtenção de cargos públicos.

O prestígio da produção depende do prestígio dos bens. Nos níveis sociais mais censuradores da sociedade

([95]) A seu tempo, deve ser observado, mesmo para os presidentes republicanos. Em 1969, o presidente Richard Nixon proclamou a sua conversão a Keynes. Tal como fez mais tarde, na política, se não na proclamação, o presidente Ronald Reagan.

americana, há muito que existe uma aversão à *gadgetry* na moda. (A própria palavra *gadget* é um termo pejorativo para bens duradouros.) Em tais círculos, lustrosas salas de jogos, churrasqueiras elaboradas, amplas telas de televisão e automóveis magníficos já não são aclamados. Podem mesmo invocar um ligeiro descrédito social. Procura-se agora um certo grau de desleixo no traje pessoal, e quase universalmente entre os jovens. Contrariando mais produção e mais empregos, o efeito sobre o meio ambiente é agora acentuado. Ocasionalmente, esse efeito é controlador. Temos aqui uma revolta ainda pequena, mas significativa contra os bens, e uma recusa em permitir que a emulação competitiva seja a fonte de desejos.

Ainda mais sugestiva é a crença do empresário de que a sua posição na comunidade está a resvalar.([96]) A ascensão da indústria de relações públicas, que atrai a sua clientela esmagadoramente de entre os executivos empresariais, mostra que o sucesso empresarial já não é, por si só, uma fonte de aclamação. No mínimo, o sucesso deve ser publicitado. Mas a primeira tarefa do homem de relações públicas, ao aceitar um cliente empresarial, consiste na «reengenharia» da sua imagem de forma a incluir algo além da produção de bens. O seu cliente deve ser um estadista, um patrono da educação, ou uma força cívica. Cada vez mais, alguma faceta artística ou intelectual da sua personalidade deve ser encontrada ou inventada.

([96]) Além disso, já não é chefe no velho sentido. Em vez disso, é presidente daquilo a que eu chamei noutro livro de tecnoestrutura. É o empresário que toma as decisões significativas. O nome do atual chefe da Exxon ou da IBM é desconhecido fora da indústria. Todo o mundo sabia quem eram Rockefeller e Watson.

Um empresário que leia a *Business Week* jamais conhecerá fama. Aquele que lê Proust está destinado à grandeza.

Estes requisitos adicionais para a estima estão inquestionavelmente relacionados com a mudança de atitudes em relação aos bens. Nos primeiros anos da era dos automóveis, era suficiente para Henry Ford e R. E. Olds o facto de terem sido fabricantes de automóveis. O que poderia, de facto, ser uma fonte de maior aclamação? Agora o automóvel tornou-se um lugar-comum. E, nas atitudes mais *recherché*, é até mesmo pouco funcional na sua forma e decoração. É fácil de perceber porque é que os fabricantes de automóveis modernos não desfrutam da eminência de um *Ford* ou de um *Olds*.

Como referido, os intelectuais, juntamente com os funcionários públicos e os políticos, são os concorrentes naturais dos empresários para aquilo a que se pode chamar a aclamação solene da comunidade.([97]) (Nenhum deles compete com *Hollywood*, futebol, comentadores de televisão ou alta sociedade, pelo que todos concordam ser o aplauso frívolo da comunidade). Na verdade, a posição do intelectual é agora muito mais segura do que a do empresário. Dificilmente ocorreria a um poeta ou cientista de sucesso contratar um homem de relações públicas, tal como dificilmente pareceria sensato que um bem-sucedido presidente de uma empresa não o fizesse. Embora o empresário deva, cada vez mais, mostrar que está à vontade com o mundo das ideias, não ocorre ao filósofo ou ao artista demonstrar ser também um bom

---

([97]) Para uma conclusão mais ou menos semelhante, ver Russell Lynes, *A Surfeit of Honey* (Nova Iorque: Harper, 1957).

empresário. Talvez o mais sugestivo de tudo seja o facto de os intelectuais americanos há muito tempo terem criado o que equivale a uma cidadania de segunda classe para os esforços intelectuais dos executivos. Ouvem os seus discursos, analisam os seus livros e acolhem as suas ideias com uma atenção respeitosa. Mas não os julgam como bons ou maus em si mesmos. São bons (ou, por vezes, maus) para um empresário. É bem entendido que este é um padrão muito inferior.

Por último, os liberais modernos já não identificam a produção com todo o sucesso político. Um aumento satisfatório do PIB continua a ser o primeiro teste de êxito. Ninguém deve duvidar da conveniência de uma simples medida aritmética de sucesso num mundo em que tantas coisas são subjetivas. Mas já não é invulgar perguntar sobre a qualidade de vida em oposição à quantidade da produção. E as gerações mais jovens têm-se preocupado com questões de igualdade racial, a qualidade do ambiente, o papel das grandes burocracias públicas e privadas nas nossas vidas e na formação das nossas crenças e das nossas perspetivas de sobrevivência, e tem havido um ardente interesse pela honestidade da expressão artística e intelectual.

Nada disto é ainda decisivo. O objetivo da sociedade continua a ser produzir. Esta continua a ser a sua tarefa séria. Ser produtor ainda é ser um homem verdadeiramente útil. O sucesso económico continua a ser o teste para saber se se deve confiar plenamente em Washington — ou no órgão dirigente de uma universidade. Ainda que a posição adquirida da produção já não seja completamente segura, podemos ainda maravilhar-nos com a forma como tem sobrevivido ao enorme aumento da produção de bens nos tempos modernos. Os homens, neste mundo, têm pouco em comum com a escassa e faminta existência dos dias de Ricardo. Mas a sua crença quanto ao que é importante é a mesma. É um tributo notável à capacidade do homem de proteger as crenças que são importantes para ele. Ao duvidar do poder supremo da produção, estamos ainda a desafiar um mito de poder heroico.

13.

Eis que chega o cobrador de dívidas

A situação é a seguinte. A produção em *prol* dos bens produzidos já não é muito urgente. A importância dos incrementos (ou decréscimos) marginais no fornecimento da maioria dos bens é ligeira para a maioria das pessoas([98]) Sustentamos um sentido de urgência apenas devido a atitudes que não se prendem com o mundo de hoje, mas com aquele em que nasceu a economia. Estas são reforçadas por uma teoria insustentável da procura do consumidor e por um sistema de interesses instalados que casam tanto os liberais como os conservadores com a importância da produção.

Ao mesmo tempo, a produção continua a ser importante e urgente pelo seu efeito na segurança económica. Quando as pessoas estão desempregadas, a sociedade não sente falta dos bens que não produzem. A perda aqui é marginal. Mas aqueles que estão sem trabalho sentem

---

([98]) A referência à maioria dos bens e à maioria das pessoas talvez deva ser enfatizada. Se os rendimentos fossem redistribuídos de forma a eliminar a atual estratificação de classe no consumo e a elevar todos a um elevado mínimo, o aumento da reivindicação de recursos produtivos para suprir a procura resultante seria grande. Este é um ponto que poderia ter sido enfatizado de forma mais adequada em edições anteriores.

falta dos rendimentos que já não ganham. Neste caso, o efeito não é marginal. Envolve a totalidade ou uma grande parte dos ganhos das pessoas e, portanto, a totalidade ou uma grande parte do que elas são capazes de comprar. E, notamos, uma produção elevada e estável é a base geral da segurança económica de praticamente todos os outros grupos — de agricultores, trabalhadores administrativos e tanto grandes como pequenos empresários. Uma recessão na procura e na produção continua a ser o maior risco sem cobertura das grandes empresas modernas.([99]) É por razões de segurança económica que devemos produzir ao máximo da capacidade.

Estas simples conclusões não são bem vistas pela sabedoria convencional. Insistir na importância da produção devido à sua influência sobre a segurança económica, e sugerir que o produto é de alguma forma incidental, é perturbador. Conduz a sociedade económica à beira do mundo duvidoso do faz-que-trabalha e dos elefantes brancos. Uma das fugas deste mundo é tornar todos os desejos urgentes, e sem dúvida que temos aqui outra razão para a racionalização obscurantista da procura do consumidor. Parece ainda mais satisfatório dizer que precisamos dos bens do que sublinhar o verdadeiro ponto, que é que o bem-estar social e o contentamento exigem que tenhamos produção suficiente para proporcionar rendimentos à mão-de-obra disposta a trabalhar. Mas se alguém tiver dúvidas sobre onde residem as verdadeiras prioridades, que aplique um teste simples. Presuma-se que um presidente, ou outro

([99]) As grandes empresas, tal como defendo atualmente, têm muito mais facilidade em adaptar-se à inflação.

candidato à reeleição para um cargo público importante, tem a oportunidade de defender um grande aumento na produtividade homem-hora que foi dividido igualmente entre um grande aumento da produção total e um grande aumento do desemprego. E que se presuma que, como alternativa, ele pode escolher uma produtividade inalterada que deixe todos empregados. Seria evidente tanto para o político mais sofisticado como para o mais primitivo, que o emprego integral é mais desejável do que o aumento da produção combinado com o desemprego.

As considerações anteriores fornecem a regra básica de procedimento para o resto do presente ensaio. Mostra que, na ausência de uma genuína melhoria dos rendimentos mais baixos, não precisamos de nos preocupar muito com o fornecimento de bens só por si. As urgências aqui são fundadas não na substância, mas sim no mito. E, de facto, o nosso objetivo último é ver as oportunidades que surgem à medida que este mito é dissipado. Mas em tudo isto devemos estar extremamente conscientes da importância da produção e a sua influência na segurança económica dos indivíduos. Como fonte de rendimento para as pessoas, a sua importância permanece inalterada. Esta função da produção deve ser cuidadosamente salvaguardada.

Mas raramente os mitos são benignos. E o sistema de ilusões que nos leva a atribuir tal importância à produção por si mesma é, por si só, prejudicial ou perigoso. E a forma como as atitudes atuais nos levam a enfatizar o fornecimento de bens e serviços privados como distintos de todos os bens e serviços é a fonte de perigos sociais mais profundos. O presente ensaio volta-se agora para estes problemas, a começar pelos inerentes aos atuais métodos de criação de desejos.

II

Um perigo na forma como os desejos são agora criados reside no processo a ele associado de criação de dívidas. A procura dos consumidores depende assim cada vez mais da sua capacidade e vontade de contrair dívidas.

Um aumento da dívida do consumidor está praticamente implícito no processo pelo qual os desejos são agora sintetizados. A publicidade e a emulação, as duas fontes dependentes de desejo, operam transversalmente em toda a sociedade. Operam sobre os que podem e os que não podem pagar. Aqueles que não dispõem dos meios, estão a um passo breve e óbvio de estimular o seu desejo através da publicidade e torná-lo eficaz no mercado com um empréstimo. A relação da emulação com o endividamento é ainda mais direta. Cada comunidade contém indivíduos com grandes diferenças na sua capacidade de pagamento. O exemplo daqueles que podem pagar tem consequências imediatas sobre aqueles que não podem. Têm de contrair dívidas se quiserem manter-se a par. O grande aumento do endividamento dos consumidores no nosso tempo tem sido geralmente visto como refletindo alguma mudança original ou única nas atitudes ou comportamentos populares. As pessoas mudaram a sua opinião sobre o endividamento. Assim, tem havido um inexplicável, mas muito real recuo do cânone puritano que exigia que um indivíduo poupasse primeiro e desfrutasse depois. Na realidade, como sempre, as peças da vida económica são partes de um todo. Seria, de facto, surpreendente se uma sociedade que está disposta a gastar milhares de milhões para persuadir as pessoas dos seus desejos não conseguisse dar o passo seguinte para financiar esses desejos, e se não persuadisse as pessoas da facilidade e conveniência de contrair dívidas para tornar esses desejos efetivos. Isto já aconteceu. O processo de persuadir as pessoas a contrair dívidas, e as providências para que o façam, fazem tanto parte da produção moderna como a fabricação dos bens e a criação dos desejos. O *ethos* puritano não foi abandonado. Foi simplesmente dominado pelo poder esmagador do *merchandising* moderno.

Analisando este processo como um todo, devemos esperar que cada aumento no consumo traga um aumento adicional — possivelmente mais do que proporcional — da dívida do consumidor. A nossa marcha rumo a níveis de vida mais elevados será ritmada, necessariamente, por um mergulho cada vez mais profundo no endividamento. As provas já são impressionantes. O aumento do nível de vida nos anos 1920 foi acompanhado por um aumento proporcionalmente muito maior do endividamento dos consumidores. O mesmo aconteceu durante os anos de recuperação na década de 1930. É também o que tem acontecido de forma mais espetacular desde a Segunda Guerra Mundial. De 1952 a 1956, a dívida total dos consumidores (não incluindo empréstimos imobiliários) aumentou de 27,4 mil milhões de dólares para 42,5 mil milhões ou 55%. O crédito em prestações aumentou em 63% e o crédito automóvel em quase 100%. Embora estes tenham sido anos prósperos, o rendimento disponível dos indivíduos aumentou apenas cerca de 21%. De 1956 a 1967, a dívida dos consumidores aumentou de 42,5 mil milhões de dólares para 99,1 mil milhões, ou seja, mais 133%. O crédito a prestações aumentou de 31,7 mil milhões de dólares para 77,9 mil milhões, ou 146%, e o automóvel de 14,4 mil milhões de dólares para 31,2 mil milhões, ou 117%. Durante estes mesmos 12 anos, o rendimento pessoal disponível aumentou de 293,2 mil milhões de dólares para 544,6 mil milhões, ou 86%.([100]) Estas tendências continuaram nos anos 1970 e seguintes. Em 1974, a dívida total dos consumidores era superior a 190 mil milhões de dólares, dos quais 156 mil milhões eram créditos em prestações, 52 mil milhões dos quais era automóvel. O rendimento pessoal disponível era 80% mais elevado, com 980 mil milhões de dólares; o crédito total, no entanto, tinha crescido 92%, o crédito a prestações em 100%. O crédito automóvel, afetado pelos preços da gasolina e pela escassez, tinha aumentado 64% .

Interrogamo-nos, inevitavelmente, sobre as tensões associadas à criação de dívida a uma escala tão grande. O legado dos desejos, que já de si são inspirados, são as faturas que descem como a neve no Inverno sobre aqueles que compram a prestações. À beira de milhões de lareiras por toda a terra, sabe-se que quando chegam estes presságios, o cobrador de fraque não deve estar a tardar. Poderá o cobrador de dívidas ou o advogado de falências ser a figura central de uma boa sociedade?

([100]) *Economic Indicators,* Washington: U.S. Government Printing Office, junho de 1957. E *Consumer Credit,* Supplement to Banking and Monetary Statistics, Board of Governors of the Federal Reserve System, setembro de 1965. E *Statistical Abstract,* 1968. E *Survey of Current Business,* abril de 1975.

Em 1955, o rendimento médio das famílias americanas antes da dedução de impostos era de 3960 $. Dentre todas as famílias com rendimentos entre 3000 $ e 4000 $, 48% tinham pagamentos a prestações a cumprir. Para quase um terço dessas famílias, os pagamentos representavam mais de um quinto do rendimento bruto da família. Entre as famílias do escalão imediatamente inferior — com rendimentos entre 2000 $ e 3000 $ — 42% tinham pagamentos a fazer. Destas, 42% tinham, por sua vez, afetado pelo menos um quinto dos seus rendimentos a prestações, e uma em cada nove famílias entregava 40% ou mais dos seus rendimentos ao cobrador de dívidas.([101]) Entre 1960 e 1964, pelo menos uma em cada dez famílias nos Estados Unidos tinha prestações que consumiam um quinto ou mais dos seus rendimentos.([102]) No que diz respeito à conveniência disto, cada um deve decidir de acordo com os seus próprios valores. Mas há perigos económicos associados que são menos subjetivos.

III

Numa sociedade onde o virtuosismo da persuasão deve acompanhar o ritmo do virtuosismo da produção, somos

([101]) Todos estes dados provêm de *Consumer Installment Credit,* Pt. I, Vol. I, *Growth and Import,* Conselho de Governadores do Sistema da Reserva Federal, Washington, D.C., 1957.

([102]) Conselho de Governadores do Sistema da Reserva Federal com base em dados do Centro de Investigação de Inquérito, Universidade de Michigan.

tentados a perguntar-nos se o primeiro pode manter-se para sempre à frente do segundo. Pois embora a produção não contenha claramente em si mesma as sementes da sua própria desintegração, esse pode ser o caso da persuasão. Daqui a talvez não muito tempo, a voz de cada vendedor pode muito bem perder-se no rugido do coletivo. Assim como as injunções à virtude e as advertências sobre o socialismo, a publicidade chegará impotente aos ouvidos que foram condicionados por uma agressão anterior à imunidade total. A diminuição do retorno atingirá o ponto em que o efeito marginal dos gastos de todo o tipo de persuasão comercial terá levado o efeito médio a zero. Não valerá a pena ninguém falar, uma vez que como todos falam, já ninguém ouve. Seguir-se-á o silêncio, interrompido talvez por breves explosões demoníacas provocadas pelos habilidosos das vendas.

Se esta eventualidade heroica ocorresse, haveria, inquestionavelmente, alguns problemas interessantes de reajuste económico. Haveria um aumento da poupança dos consumidores, uma vez que os não persuadidos permitiriam que os seus saldos bancários crescessem e reembolsassem as suas dívidas. A menos que este aumento da poupança fosse rapidamente compensado por um aumento dos gastos sob outras formas — e o dia em que as vozes generalizadas dos anunciantes perderem o seu efeito não será um dia de suprema confiança empresarial e de despesas de investimento crescentes — o resultado seria um declínio na despesa total e, consequentemente, na produção total da economia. A consequência adicional e mais dolorosa seria um aumento do desemprego e uma redução de outros rendimentos — em suma, uma séria redução da segurança social da qual a produção se tornou serviçal.([103])

Os perigos menos imaginativos surgem associados à contração de empréstimos pelos consumidores. Aqui os problemas já são previsíveis. De facto, já lhes foi atribuído um grau de reconhecimento na sabedoria convencional que tomou a forma habitual de garantias de que não existem motivos de preocupação.

À medida que expandimos o endividamento no processo de criação de desejos, passamos necessariamente a depender desta expansão. Uma interrupção no aumento da dívida significa uma redução real da procura de bens. A dívida, por sua vez, pode ser expandida através de medidas que, por natureza, não podem ser prolongadas indefinidamente. Os prazos de pagamento podem ser prolongados, embora eventualmente surja um ponto em que excedem a vida útil do bem que serve de garantia. Os adiantamentos podem ser reduzidos, mas eventualmente chega um ponto em que o capital próprio do mutuário é tão reduzido que começa a parecer mais conveniente permitir a penhora do que pagar uma dívida onerosa ou declarar falência. Riscos de crédito cada vez mais baixos

---

([103]) Na sabedoria convencional, tal como tem havido hesitação em salientar o papel da publicidade e do vendedor na criação de desejos, também tem havido pouca tendência para explorar a nossa dependência de tal persuasão. Uma exceção é Paul Mazur, cujo livro *The Standards We Raise* (Nova Iorque: Harper, 1953) tem um filisteísmo franco que, embora, sem dúvida, lhe tenha custado atenção académica, o aproximou de forma refrescante do papel moderno da publicidade e atividades afins. Abordei com mais detalhe o papel funcional da criação e gestão da procura em *The New Industrial State* (Boston: Houghton Mifflin, 1967).

podem ser contemplados, mas finalmente torna-se necessário excluir o mutuário que opte por não pagar.

Ninguém pode falar com confiança sobre a extensão do perigo resultante. Contudo, poucas coisas estão mais bem estabelecidas na economia do que o facto de a criação de dívidas, quer pelos produtores quer pelos consumidores, ser uma importante fonte de incerteza no comportamento económico. Há muito que se reconhece que tempos de elevado rendimento e emprego e uma perspetiva geralmente otimista são encorajadores tanto para os mutuários como para os mutuantes. As despesas que resultam destas transações acrescentam ao total geral do poder de compra no momento em que, na realidade, é menos necessário. Em circunstâncias menos favoráveis, os empréstimos são concedidos de forma mais cautelosa. Em vez de se gastar com novos empréstimos, procede-se ao reembolso dos antigos e isto, tão perversamente como na prosperidade, ocorre no momento menos propício.

No passado, a contração de empréstimos era sobretudo feita por empresas comerciais para investimento. Por esta razão, as despesas empresariais eram consideradas as mais voláteis das três principais categorias de despesas. As despesas dos consumidores e do governo eram, pelo contrário, consideradas como comparativamente fiáveis. «Há (...) consenso de que [flutuações gerais no emprego] se mostram predominantemente em oscilações na procura de mão-de-obra para investimento — principalmente para investimento em obras de construção.»([104]) «As movimentações no rendimento, produção e emprego

([104]) A. C. Pigou, *Income* (Londres: Macmillan, 1946), pp. 89–90.

são principalmente caracterizadas por flutuações na taxa de investimento real. Além disso, o consumo aumenta ou diminui, em grande parte, em resposta ao investimento real.»([105]) O efeito da expansão do crédito ao consumo é o acréscimo de uma incerteza, paralela à que os empréstimos às empresas trazem às despesas das empresas, às despesas de consumo até agora mais fiáveis. A instabilidade pode ser maior, uma vez que os termos do crédito ao consumo serão facilitados — os adiantamentos reduzidos e os prazos de reembolso alongados — como um aspeto das técnicas competitivas de comercialização. No caso do investimento empresarial, isto poderá ser menos provável de ocorrer.

Em todo o caso, os consumidores adicionarão a maior parte dos gastos dos fundos emprestados aos seus gastos correntes durante o período em que são menos necessários. E é evidente que uma família que tenha afetado 40% ou mesmo 20% dos seus rendimentos ao pagamento de prestações terá de reduzir sensivelmente as suas despesas correntes se um ou mais dos seus assalariados perder o seu emprego e não quiser recorrer à falência. Assim, um aumento do desemprego, acompanhado do receio de que possa agravar-se, poderá induzir um esforço geral para evitar novas dívidas e reduzir as antigas. O efeito adicional nos gastos dos consumidores, subsequentemente no emprego, e daí mais uma vez na redução dos empréstimos

---

([105]) Alvin H. Hansen, *Business Cycles and National Income* (Nova Iorque: Norton, 1951), p. 17. O professor Hansen afirmou ainda que os bens duradouros dos consumidores, incluindo os automóveis, possam ser uma fonte original de flutuação. Estes são os produtos de consumo principalmente associados à criação de dívidas.

contraídos e na ampliação dos esforços para satisfazer as dívidas, poderia ser considerável e desagradável.

IV

Em virtude da sua posição, certos indivíduos na nossa sociedade têm o privilégio de declarar como facto o que, segundo a natureza das coisas, é incognoscível. O magnata assim como o presidente de uma universidade têm direitos devidamente reconhecidos neste sentido. Qualquer candidato a um cargo público pode distinguir com clareza entre ações que levarão a uma prosperidade ilimitada e as que levarão à ruína total. Os secretários de Estado podem dizer-nos quais as ações através das quais as nossas vidas e liberdades serão preservadas até quase à eternidade e aquelas através das quais eles e nós seremos destruídos. Em qualquer instância, é permitido aos privilegiados como profetas identificar a salvação com a ação que no momento acharem mais oportuna. Em medida notável, considerando o seu estatuto muito mais humilde, é permitido aos economistas dizer quais as tendências presentes na sociedade que culminarão em problemas e angústias profundas. Em consequência, seria inteiramente admissível prever os resultados mais graves da forma como a procura dos consumidores é agora sustentada pelo aumento implacável do seu endividamento.

Por ocasião do seu estudo sobre o crédito ao consumo em 1956, o Conselho de Governadores do Sistema da Reserva Federal concluiu que embora «se saiba relativamente pouco sobre as margens de segurança nas finanças dos consumidores que contraem empréstimos a curto e a médio prazo (...) as provas de uma tendência nas últimas décadas para termos mais liberais sugerem que estas margens são menores do que em anos anteriores». Depois, com algum cuidado, advertiu que «a possibilidade de um episódio de liquidação drástica e em espiral [deste crédito] não deve ser descartada». Posteriormente, para efeitos de ação prática, rejeitou-a.

Na verdade, não sabemos realmente a extensão do perigo. Uma tendência para a liquidação da dívida dos consumidores, com a consequente contração das despesas correntes, poderia ser compensada por uma rápida e vigorosa ação governamental para reduzir os impostos, aumentar a despesa pública e assim compensar com despesas de outras fontes. Por outro lado, tais medidas estão sujeitas a atrasos tanto psicológicos como processuais. Nada na nossa política económica está tão profundamente enraizado, e tão pouco considerado pelos economistas, como a nossa tendência para esperar e ver se as coisas não melhoram por si só. Numa época de diminuição dos rendimentos, o imposto sobre o rendimento reduz-se a si próprio automaticamente. A segurança social, a agricultura e outros pagamentos têm uma tendência igualmente automática para se expandirem. Mas a tributação e as despesas além da gama destes estabilizadores automáticos exigem uma ação executiva e do Congresso. Tal decisão e tal ação poderiam acontecer num compasso radicalmente mais lento do que o da liquidação da dívida e a consequente queda na despesa.

Uma possibilidade de problemas não é uma previsão de problemas. Poucos, se se falasse da vasta expansão do endividamento dos consumidores, quando a tinham pela frente, teriam pensado que era segura. Talvez a expansão possa continuar e, possivelmente, um dia, diminuir de uma forma benigna. Mas faríamos bem em manter um sinal de alarme a sobrevoar a criação de dívida dos consumidores, para a qual o processo de criação de desejos nos impele. Numa sociedade em que a produção e venda de bens parece sacrossanta, haverá uma extrema hesitação sobre medidas que parecerão restringir o financiamento dos bens de consumo e, consequentemente, a sua venda. As medidas para impedir a liberalização competitiva do crédito ao consumo encontrarão a resistência mais forte. Quando consideradas em relação ao interesse subjacente em estabilidade e segurança económica, tais medidas de precaução têm uma reivindicação muito mais forte de atenção. Prometem ajudar a manter o processo de sintetização da procura e o poder de compra para o tornar eficaz de forma a não prejudicar a continuidade da produção e do emprego. (Desde que estas palavras foram escritas há cerca de 40 anos, houve, de facto, um enorme aumento da dívida do consumidor (e também da falência dos cidadãos). Até agora, temos sobrevivido. No entanto, o aviso ainda é relevante — e possivelmente mais presciente).

Embora tal regulamentação seja um lugar-comum no Reino Unido e tenha sido utilizada no passado nos Estados Unidos em tempo de guerra, é pouco provável que venha a ser autorizada no futuro, exceto na sequência de uma catástrofe. A interferência com o processo de criação de desejos e criação de dívidas será mal vista.

V

Há um aspeto social mais profundo na economia do crédito ao consumo e do cobrador de dívidas. Nem todos os bens e serviços são facilmente sujeitos à venda a prestações e à criação quase automática da dívida com ela associada. São-no automóveis, aspiradores, televisores e alcatifas de parede a parede; os serviços como escolas, hospitais, bibliotecas, museus, polícia e equipamento de limpeza de ruas e linhas de metro não o são. Se o custo de capital destes últimos estiver para lá do alcance conveniente do rendimento corrente, não há maneira igualmente fácil de contrair dívidas. Pelo contrário, os controlos sobre este tipo de empréstimos — limitações da dívida, provisão para aprovação pelos eleitores das emissões obrigacionistas — são draconianos. O incentivo ao endividamento que a sociedade concede ao homem que quer comprar um automóvel ou mesmo fazer uma viagem é correspondido pela desconfiança severa com que vê o governo local que pode querer contrair um empréstimo para uma escola. O indivíduo tem um instinto para viver bem que deve ser encorajado, o governo para a prodigalidade contra o qual todos devem ser protegidos.

Decorre daí que existe uma discriminação notável entre diferentes classes de bens e serviços na facilidade com que estes podem ser financiados. Para alguns, e não necessariamente os mais importantes, a dívida é grandemente encorajada. Para outros, e não os menos importantes, é controlado de perto e visto com penúria. Aqui, como também nas próximas páginas, vemos a característica mais singular da sociedade da abundância a tomar forma. É o grande e abrangente contraste entre o cuidado e o encorajamento que prodigaliza à produção de bens privados e a severa contenção que impõe aos que devem emergir do sector público.

14.

Inflação

Ao longo da maior parte da história da humanidade, a contrapartida da guerra, da desordem civil, da fome ou de outro desastre cósmico tem sido a inflação. Em tempos recentes, a inflação adquiriu novos hábitos; tem persistido em períodos de paz, em períodos de declínio e estagnação e em períodos de elevada e crescente prosperidade. Esta tendência tem sido manifestada fortemente nos Estados Unidos. Exceto durante alguns anos no início da década de 1960 e, de forma mais discutível, no início dos anos 1970, a inflação foi uma característica contínua da vida americana após a Segunda Guerra Mundial. A experiência de meados da década de 1970 fez com que a inflação anterior parecesse moderada.

A resposta pública à inflação é interessante. É genericamente lamentada e condenada. Os políticos de ambos os partidos tomaram uma posição forte contra a inflação. Os conservadores, antigos depositários autodesignados do «dólar honesto», continuaram a sublinhar este princípio da sua fé. Empresários, banqueiros, executivos de seguros e quase todos os tipos de porta-vozes públicos, em algum momento alertaram para os perigos da inflação contínua. Entretanto, os liberais têm lamentado o fracasso em tomar medidas eficazes, muitas vezes não propondo, eles próprios, nenhuma. A par apenas das virtudes da concorrência, não há nada em que a sabedoria convencional esteja mais completamente consensual do que a importância de preços estáveis. Contudo, esta convicção leva a um esforço notavelmente pequeno e, na verdade, a um número notavelmente reduzido de sugestões para ações específicas. No que diz respeito à inflação, quase todos acham conveniente limitar-se à conversa. Todos os ramos da sabedoria convencional estão igualmente de acordo sobre a indesejabilidade de remédios eficazes.

II

Há várias razões para esta posição estéril. Em primeiro lugar, certamente, há quem colha benefícios materiais da inflação. Também eles se opõem, por razões de respeitabilidade, mas a sua oposição é pouco apaixonada. Também é importante a influência da inação — ou adiamento — enquanto política. Isto não reflete mero negativismo, como é frequentemente suposto e ainda mais frequentemente imputado. Como já foi referido anteriormente, no modelo do século XIX da sociedade competitiva, assumiu-se uma sequência rítmica de expansão e contração da atividade económica. A expansão era acompanhada pelo aumento dos preços; na fase de contração, estes desciam. Os movimentos em ambas as direções eram considerados autolimitados. Assim, se os preços estavam a subir, bastava esperar. Em breve, inverter-se-iam e começariam a cair.

Ao longo do tempo, a confiança no carácter autolimitador destes movimentos foi seriamente enfraquecida. Isto era especialmente verdade no que diz respeito ao período de contração ou depressão, e a grande depressão desferiu um golpe decisivo. Embora já no início dos anos 1930 fosse um princípio da sabedoria convencional que nas depressões a linha de ação apropriada era uma política severa de «não interferência», a intervenção governamental contra a depressão acabou por ser considerada como inevitável.

No entanto, nunca houve qualquer ataque igualmente dramático à velha crença de que o aumento dos preços e a inflação se curariam a si próprios. Keynes liderou o ataque à convicção de que as depressões eram autocorretoras, imaginando a possibilidade, ou mesmo a probabilidade, de que a economia encontraria o seu equilíbrio com uma quantidade não especificada de desemprego. Os estudiosos apreenderam o seu ponto de vista e procuraram persuadir os políticos e o público. Keynes não tinha a noção de que seria algo normal, em tempo de paz, que os preços subissem continuamente e de forma persistente.

Assim, a convicção, ou mais precisamente a esperança, permaneceu de que a inflação em tempo de paz poderia, de alguma forma, ser autocorretora. Esta não é uma esperança em que mesmo os conservadores depositem grande confiança. Mas em combinação com a convicção, tão comum nos últimos anos, de que o comportamento do sistema económico é necessariamente favorável desde que ao comando do seu destino estejam homens sérios e tementes a Deus, fornece uma forte razão para esperar sempre para ver se os preços não baixariam por si mesmos. Mesmo os liberais, que são obrigados a defender, embora não a especificar, ações para evitar a inflação, são na prática tentados a esperar para ver.

Esta disposição para a inação é reforçada pela crença, poderosa desde os anos 1930, de que a ameaça mais grave para a economia americana é uma depressão. Se este perigo se esconde, por mais obscuro que seja, ao virar da esquina, então há ainda menos razões para agir no sentido de controlar a inflação, tendo em conta que a inflação pode acabar a qualquer momento com o trovão do colapso económico ou com a miséria menor de alguns milhões de desempregados. Estas eventualidades são muito mais graves do que a subida dos preços. Estamos especialmente hesitantes, pelo menos conscientemente, em invocar medidas que as possam precipitar. Alguns remédios contra a inflação podem fazê-lo ou, em todo o caso, serem responsabilizados.

No entanto, as forças que atuam para fazer da inflação um problema peculiarmente incontrolável no nosso tempo estão imersas muito mais profundamente no tecido da nossa vida social. Somos impelidos, por razões de segurança económica, a operar a economia a um nível de produção onde ela não é estável — onde os avanços persistentes nos preços não só são prováveis como normais. Os remédios que seriam eficazes colidem com as urgências da produção para fins de segurança económica. Ou estão em conflito com atitudes que enfatizam a importância do crescimento económico e de mercados não manipulados para uma utilização eficiente dos recursos. Este conflito tem sido ainda mais complicado pelo que é em parte uma crença, em parte uma esperança, e em parte uma fé de que o conflito pode ser evitado. Um meio principal para esta evasão é a manipulação da reserva monetária — a que os economistas passaram a chamar política monetária.

Analisaremos primeiro a natureza da inflação e as suas consequências, e depois, no capítulo seguinte, a esperança, que nunca foi tão forte como nos últimos tempos, de que os conflitos que ela apresenta possam de alguma forma ser elididos pela política monetária. Depois analisaremos o conflito não resolvido entre os outros remédios e a importância que atribuímos à segurança económica e também ao crescimento económico e aos mercados não manipulados.

III

A compreensão do problema da inflação moderna([106]) começa com uma distinção básica entre duas partes da

([106]) Tenho escrito muito sobre vários aspetos do problema da inflação e estou preocupado em evitar repetir-me desnecessariamente aqui. Abordei pela primeira vez de forma exaustiva a inflação no contexto geral das grandes empresas e sindicatos nos últimos capítulos de *American Capitalism: The Concept of Countervailing Power* (Boston: Houghton Mifflin, 1952, 1956). As implicações teóricas da coexistência de estruturas de mercado competitivas e oligopolísticas e a ausência de maximização total a curto prazo por parte deste último foram então desenvolvidas em «Market Structure and Stabilization Policy», *Review of Economics and Statistics* (Vol. XXXIX, N.º 2, maio de 1957), e resumidas de forma não técnica numa declaração preparada para o Subcommitee on Antitrust and Monopoly, Committee on the Judiciary, do Senado dos Estados Unidos (Audiências, 11 de julho de 1957). Um esforço mais recente é *Money: Whence It Came, Where It Went* (Boston: Houghton Mifflin, 1975). A minha opinião sobre o problema da inflação mudou (e espero que se tenha desenvolvido) ao longo dos anos. Em particular, considero que a declaração subsequente das causas da inflação, embora semelhante em contorno geral, é um pouco mais precisa do que a primeira adumbra em *American Capitalism*.

economia e as diferenças de comportamento dos preços nesses contextos. Na parte da economia onde, tal como na agricultura, existem muitos produtores e uma abordagem ao que os economistas designam por concorrência pura, nenhum vendedor individual controla ou influencia os preços. Aí os preços subirão automaticamente em resposta ao aumento da procura. No mercado industrial típico — aço, máquinas, automóveis, a maioria dos metais não ferrosos, químicos — um número relativamente pequeno de grandes empresas desfruta, de uma forma ou de outra, de uma discrição considerável na fixação de preços. Nestes mercados — aqueles caracterizados pelo que os economistas chamam oligopólio — à medida que se aproxima o limite máximo de produção, torna-se possível fixar os preços. A palavra «aproxima» deve ser enfatizada. A possibilidade existe antes de se atingir o limite máximo de produção. O facto de todas as empresas estarem a aproximar-se do seu limite é a garantia de que nenhuma empresa, ao se retrair, irá captar uma quota crescente do mercado. Não tem possibilidades de a fornecer. Nem, nestas circunstâncias, existe o perigo de haver *stocks* extra à espreita a um preço mais baixo.

Neste ponto, é necessário prever o que é talvez o erro mais comum nas atitudes contemporâneas face à inflação, embora a questão seja bem entendida pelos economistas. Isto é, a tentação quase inevitável de considerar o aumento da produção como um remédio para a inflação. É o mais natural dos erros; as primeiras reflexões sobre o assunto são maravilhosamente simples e diretas. Se a inflação é causada por uma pressão geral da produção sobre a capacidade, então basta obter mais capacidade e mais produção e assim garantir que esta tensão já não existe. Mas como apenas mais um momento de reflexão irá sugerir, a produção adicional, mesmo quando pode ser facilmente obtida a partir da capacidade existente, irá pagar, em salários e outros custos, o rendimento pelo qual é comprada. Vimos, além disso, que os desejos não têm uma origem independente da produção. São alimentados pelo mesmo processo através do qual a produção é aumentada. Consequentemente, o efeito do aumento da produção a partir da capacidade das instalações existentes é também aumentar o poder de compra para comprar essa produção e os desejos que asseguram que o poder de compra será utilizado.

Mas o pior está para vir. Se a produção estiver próxima da capacidade máxima, um aumento considerável da produção exigirá um aumento da capacidade. O aumento do investimento que isto implica, sob a forma de salários, pagamentos de materiais, retorno ao capital e aos lucros, acrescentará ao poder de compra e à procura de bens no momento. Fá-lo antes que a capacidade acrescida resultante do investimento seja criada para satisfazer a procura. Assim, o esforço para aumentar a produção aumenta a pressão sobre a capacidade atual — e sobre a perspetiva de aumentos inflacionários dos preços.

Um gato a perseguir a sua própria cauda pode, por um ato extraordinário de destreza felina, por vezes, conseguir apanhá-la. Superar a inflação aumentando a produção, embora superficialmente semelhante, não será tão frequentemente bem-sucedido.

IV

A resposta da economia a um aumento da procura, quando está a funcionar próximo da capacidade máxima, não será uniforme para todas as indústrias. Como acabou de ser observado, nas indústrias competitivas, ou seja, aquelas em que os preços são fixados impessoalmente pelo mercado, qualquer aumento da procura quando a oferta já não pode ser prontamente expandida irá, previsivelmente, aumentar os preços. Da mesma forma, uma redução da procura irá reduzir os preços. Contudo, no mercado industrial característico — dos oligopólios e dos preços regulamentados — o efeito do aumento da procura deve ser implementado através de uma decisão específica da empresa de alterar o preço. Esta decisão pode, ocasionalmente, ser adiada e por diversas razões: inércia; a necessidade de estabelecer um consenso sobre a extensão do aumento em circunstâncias em que as leis *antitrust* proíbem a comunicação formal entre empresas; o receio de uma reação pública prolongadamente adversa ao avanço; o receio de que, durante um período de tempo mais longo, os aumentos de preços sejam prejudiciais para a posição competitiva da empresa ou indústria; e a possibilidade de atrair a atenção dos sindicatos e estimular exigências salariais, tudo isto pode levar a atrasos. (Vale a pena repetir que este tipo de comportamento em matéria de preços só pode ocorrer na parte da economia em que os produtores são suficientemente poucos e têm poder sobre os seus próprios preços. Tal comportamento não é permitido ao agricultor ou ao empresário que é um entre muitos no mercado). Por muitas das mesmas razões, os aumentos de preços, quando ocorrem, não fazem chegar os preços ao ponto de maximizarem os retornos a curto prazo ou correntes da empresa. É no longo prazo que a empresa vive. Se os preços que maximizam os lucros no momento provocarão exigências salariais que irão ameaçar a posição de custo da empresa ao longo do tempo; ou se ameaçam prejudicar a posição competitiva da empresa a longo prazo; ou se a reputação pública for prejudicada, então a maximização do retorno a curto prazo não está de acordo com o interesse próprio, mesmo quando este é definido em termos pecuniários mais restritos.([107]) A empresa não procederá à maximização do seu retorno atual a menos que algo aconteça — um ponto importante — que torne isto possível sem prejudicar o interesse a longo prazo.

Seguem-se duas coisas. Num período de procura elevada e crescente, é provável que as possibilidades de aumento de preços a curto prazo se antecipem à avaliação a longo prazo de onde os preços se devem situar. Portanto, é provável que as empresas no mercado industrial típico tenham o que equivale a uma reserva de ganhos não liquidados de aumentos de preços não concretizados. Ao contrário dos agricultores ou outros produtores competitivos, que estão efetivamente isolados de qualquer oportunidade deste

---

([107]) Parece provável que muitos economistas tenham estado relutantes em admitir a possibilidade de tal «contenção» na fixação de preços, porque parecia estar em conflito com o interesse próprio. De facto, não é necessária tal indulgência. Como procuro mostrar no *New Industrial State* (Boston: Houghton Mifflin, 1967), a maximização do crescimento e das necessidades da tecnoestrutura também conduz a essa «contenção». Este livro contém os meus pontos de vista amadurecidos.

tipo, as empresas nestes mercados poderiam exigir preços mais elevados do que aqueles que praticam. Fá-lo-ão se as circunstâncias mudarem de forma a tornar a maximização a curto prazo mais coerente com a visão da empresa em relação aos seus interesses a longo prazo.

Assim resulta que os aumentos de preços nestas indústrias não estão fortemente vinculados a operações de capacidade ou, como nas indústrias competitivas, a um aumento da procura. A procura na indústria do aço, por exemplo, pode diminuir para algo inferior aos níveis de capacidade de produção, mas se houver um ganho não liquidado, e se algo alterar a relação entre a maximização a curto e longo prazo de modo a tornar a primeira mais viável, os preços continuarão a ser aumentados. Como acaba de ser dito, isto pode acontecer quando a procura está em queda. De facto, a queda dos lucros pode tornar o aumento dos preços inevitável. Nas indústrias competitivas, havendo produção, os preços nunca subirão a não ser em virtude de um aumento da procura. Quando a procura diminui, os preços irão previsivelmente baixar.([108])

Embora os preços nas indústrias de preços fixados administrativamente possam subir face a algum excesso de capacidade de produção e descer face à queda da procura,

([108]) Estes movimentos serão afetados, também, por movimentos diferenciais na procura e também por diferenças no ritmo a que as diferentes indústrias adaptam as suas instalações às mudanças na procura. Salientar o papel dos ganhos não liquidados — na ausência dos quais não se pode explicar satisfatoriamente a capacidade de resposta das empresas industriais aos aumentos salariais — não é excluir estes efeitos banais. Cf. o artigo de Robert Solomon, «Galbraith on Market Structure and Economic Stabilization Policy», e o meu parecer, *Review of Economics and Statistics*, Vol. XL, N.º 2 (maio de 1958).

a margem para tais movimentos não deve ser exagerada. O excesso de capacidade de produção, se for considerável, aumentará o perigo de algumas empresas não cumprirem o estipulado ou, numa data posterior, recorrerem a cortes de preços sub-reptícios. Estes perigos irão aumentar as dúvidas sobre a sensatez de aumentar os preços para maximizar os ganhos a curto prazo e aumentar a relutância em fazê--lo. Haverá um receio semelhante e talvez mais forte das consequências a longo prazo de tais aumentos de preços quando a procura estiver a diminuir. A ação poderá ter de ser invertida. Talvez, entretanto, os salários tenham subido, em parte, devido ao aumento de preços. O ponto importante é apenas que nas indústrias caracterizadas por oligopólio, a relação entre procura, capacidade e preço tem um certo grau de jogo. Os preços não são imediatamente restringidos quando a procura é restringida ou quando surge um excesso de produção.

V

No teatro da inflação, resta apenas introduzir Hamlet. Este, de comum acordo, é o sindicato. É o instigador presuntivo do mais familiar dos fenómenos económicos, a espiral salários-preços. O papel dos salários em relação à inflação é há muito um assunto problemático para os economistas. Obviamente que os salários, através dos efeitos dos custos marginais, têm algo que ver com o aumento dos preços. No entanto, uma empresa que aumenta os seus preços depois de um aumento salarial poderia tê-lo feito antes. Com os anteriores custos mais baixos e os preços mais altos, teria ganhado mais dinheiro. O aumento de salários não fez nada para lhe permitir obter o preço mais elevado. Um aumento dos salários na indústria do aço acrescenta apenas infinitesimamente à procura de produtos siderúrgicos e só ao fim de algum tempo. Em qualquer caso, isto não é algo que as empresas siderúrgicas tenham em consideração na sua resposta tipicamente pronta a um aumento salarial.([109])

A explicação reside na existência da margem de ganho não liquidado e no facto de que o aumento salarial, por si só, aumenta prontamente a oportunidade de maximização a curto prazo em relação à maximização a longo prazo. Este é obviamente o caso quando a empresa não se tem mostrado disposta a aumentar os seus preços devido ao receio de atrair a atenção do sindicato que pressionaria para aumentos salariais. Agora a atenção dos sindicatos tem sido manifestamente captada, e já não é necessária qualquer relutância quanto a este aspeto. O perigo de uma reação pública adversa é também mínimo, pelo menos em tais momentos. O público irá, normalmente, atribuir o aumento de preços ao sindicato. No aço e noutras indústrias, existe agora uma política bem estabelecida de fazer da ocasião de um aumento salarial a oportunidade de um aumento bastante grande nos preços e nas receitas das empresas.([110])

([109]) É, evidentemente, uma parte da expansão progressiva dos rendimentos monetários que sustenta o movimento inflacionário. Mas ainda é verdade que o aumento de preços precede, e não sucede, a expansão dos rendimentos.

([110]) Esta explicação, ao rever esta edição, é algo datada. Desde a primeira vez que escrevi isto, os sindicatos têm diminuído substancialmente de força. E, um fator relacionado, o mesmo aconteceu com as grandes indústrias tradicionais de produção em massa, como o aço. Os serviços,

Este é o núcleo da relação entre os salários e os preços, mas não é a sua totalidade. Seria errado sugerir que a iniciativa de todo o movimento se prende com as exigências salariais dos sindicatos. O custo de vida aumenta, erodindo os últimos ganhos salariais e estimulando os esforços de recuperação. E quando a procura e a resposta em termos de produção estão nos níveis de capacidade máxima, os lucros serão normalmente bons. Estes, por sua vez, atuam como o marco para as exigências sindicais. Nas indústrias apropriadas, a oportunidade inexplorada de aumentos de preços pode agora ser aproveitada. É assim que funciona. Não se pode destacar um determinado raio numa roda, pintá-lo de preto (ou vermelho) e dizer que empurra todos os outros. No entanto, isto não impede o esforço. Apesar da sua futilidade como tema de controvérsia social, poucos assuntos são mais debatidos do que a responsabilidade relativa dos trabalhadores e empregadores pelos avanços dos preços que a inflação comporta.

VI

As variações de preços têm efeitos altamente diversificados em diferentes grupos. Naqueles onde as empresas são fortes nos seus mercados e os sindicatos são eficazes, ninguém é muito prejudicado, ou mesmo nada, pela inflação. A preocupação com o problema será marcada pela

---

as profissões, as artes, o entretenimento e a criação de procura — publicidade e vendas — tornaram-se muito mais importantes, e aqui os sindicatos geralmente não são importantes.

coragem com que todos somos capazes de contemplar as tristezas dos outros. Noutros contextos, o efeito será altamente misto. Esses indivíduos e grupos sofrerão mais com o menor controlo sobre os seus preços ou salários e, portanto, com a menor capacidade de se protegerem, aumentando o seu próprio retorno. Ou se tal controlo, como no caso da agricultura, for ligeiro, então o efeito dependerá do facto de a elasticidade do rendimento da procura do produto específico — através do efeito do aumento dos rendimentos sobre a procura do produto — ser pequena ou grande. E uma parte dependerá também do facto de os custos do produtor específico serem afetados prontamente ou tardiamente pelo aumento dos preços.

Assim, a título de exemplo, os agricultores têm pouco ou nenhum controlo sobre os preços a que vendem os seus produtos. A inflação chega-lhes por via de movimentos impessoais do mercado. Para o agricultor de trigo ou batatas, a elasticidade do rendimento é muito baixa — à medida que os rendimentos salariais aumentam, os indivíduos não gastam mais em pão ou batatas e, por vezes, gastam menos. Entretanto, os custos de combustível, fertilizantes e outros fatores do sector oligopolista da economia dos agricultores terão aumentado. Para o produtor de gado bovino, pelo contrário, a elasticidade dos rendimentos é bastante mais elevada. Ele é o beneficiário da conhecida e estatisticamente bastante demonstrável tendência das pessoas que têm um aumento na remuneração para incluir a carne vermelha nas suas celebrações. Sendo os restantes fatores iguais, e no negócio do gado frequentemente não o são, a sua posição será mais feliz do que a do produtor de cereais ou batatas.

Tal discriminação é omnipresente. O indivíduo ou empresa que, quer pela sua prática de negócios, quer como resultado de perspicácia especulativa, detém grandes inventários não cobertos, beneficia do aumento da procura destes e do consequente aumento de preço.

No outro extremo estão aqueles que experienciam o aumento dos custos, mas cujos próprios preços permanecem em grande parte inalterados porque são fixados por lei ou tradição ou, no mínimo, por outra pessoa. Esta é a posição, durante a inflação, dos professores, padres e outros membros da comunidade de funcionários públicos e daqueles que colhem a recompensa de serviços passados à sociedade, sob a forma de pensões ou outros pagamentos do género. O resultado do aumento dos custos e dos rendimentos comparativamente fixos para todos estes grupos é demasiado familiar para exigir exegese. As pessoas que recebem pensões sofrem severamente. Aqueles que dependem do erário público, especialmente dos governos estaduais e locais, são também suscetíveis de sofrer durante a inflação. Como os demais, também eles são afetados pelo aumento dos preços. Os seus rendimentos são suscetíveis de sofrer atrasos. Este atraso tem consideráveis consequências sociais, e é algo a que este ensaio regressará.

Nem todos os prestadores de serviços profissionais sofrem. Alguns grupos têm discrição sobre os seus preços e são capazes de tirar proveito imediato do aumento geral dos salários e da procura, de aumentar os seus próprios encargos e receitas. Os advogados e os médicos normalmente enquadram-se nesta categoria. Tem havido outros. No princípio da Segunda Guerra Mundial, uma cidadania grata e muito ansiosa recompensou os seus soldados, marinheiros e aviadores com um aumento substancial dos seus salários. Na apinhada cidade de Honolulu, em resposta rápida a este avanço nos rendimentos salariais, as prostitutas aumentaram os preços dos seus serviços. Isto aconteceu numa altura em que, o aumento do volume estava a causar uma redução nos seus custos unitários médios. No entanto, neste caso, as altas autoridades militares, profundamente indignadas com o que consideravam ser uma exploração imprópria, imoral e indecente, ordenaram um regresso à tabela anterior.([111])

Num mercado livre, numa era de inflação endémica, é inquestionavelmente mais gratificante, em termos puramente pecuniários, ser um especulador ou uma prostituta do que um professor, padre ou polícia. É a isto que a sabedoria convencional chama a estrutura de incentivos.

VII

Em linhas gerais básicas, os requisitos para o controlo da inflação serão agora claros. Quando a economia está no seu limite superior ou perto dele, as empresas do sector concentrado podem fazer aumentar os seus preços e serão

([111]) O exemplo só é aqui mencionado porque foi realizado sob autoridade delegada às autoridades militares pelo Gabinete de Administração de Preços (ou, mais precisamente, pelo seu antecessor), no qual eu detinha a autoridade responsável. O passo, pelo qual assumi que seria responsabilizado, preocupou-me muito. Único entre os atos de insanidade pública com que estive associado, nunca se tornou uma questão de conhecimento público.

induzidas a aumentar os salários para o fazer. Tais aumentos de preços, com os seus efeitos adicionais, só serão evitados se houver folga na economia. Então, várias restrições começam a funcionar sobre os aumentos de preços, sobre as empresas na concessão de aumentos salariais, e sobre os sindicatos nas suas reivindicações. Mas, uma vez que as empresas podem ter ganhos não liquidados quando operam bastante abaixo da sua capacidade, esta folga na ausência de outras medidas pode ter de ser considerável.

No passado, tem-se discutido muito se, na estratégia de controlo da inflação, se deve procurar controlar o nível da procura (em relação à capacidade da economia e da força de trabalho) ou se se deve procurar lidar com a espiral salários-preços. Os economistas, geralmente, têm enfatizado a importância do nível da procura; para o leigo, a espiral salários-preços sempre pareceu o fenómeno que mais obviamente requereu atenção. A resposta adequada, como se verá, é que ambos são importantes. A inflação pode ser controlada através de uma redução suficientemente pesada do nível de procura. Pode ser controlada com uma redução menos drástica se algo puder ser feito para travar a interação de salários e preços ou, para falar mais precisamente, de salários, lucros e preços.

Os conflitos aqui serão evidentes. A introdução de uma folga, especialmente se esta tiver de ser considerável, está em conflito com os imperativos do bem-estar económico — a produção. E a utilização de controlos está em conflito com a antiga convicção de que os recursos devem ser distribuídos eficientemente entre as suas várias utilizações e de que o mercado livre é o mais eficiente e possivelmente até o único instrumento satisfatório para tal distribuição. Como valorizamos tanto a produção de bens, temos aqui um argumento aparentemente decisivo contra a utilização de controlos.

Teremos ocasião de examinar este conflito mais de perto no capítulo após o próximo. Mas primeiro é necessário analisar o esforço para evitar inteiramente o conflito através da utilização da política monetária.

15.

A ilusão monetária

Em Inglaterra, ao longo do século XIX, o Banco de Inglaterra conseguiu através do aumento ou diminuição da taxa bancária — em princípio, a taxa de juro à qual estava disposto a emprestar dinheiro àqueles que, por sua vez, se dedicavam ao negócio de emprestar dinheiro — ter uma medida de influência sobre a vida bancária e empresarial britânica. As circunstâncias eram indubitavelmente favoráveis. O mundo estava, na sua maioria, em paz. Não havia restrições ao movimento internacional de fundos de capital; estes eram livres de se deslocarem para qualquer lugar em busca de um rendimento mais elevado. Um aumento da taxa traria fundos do estrangeiro para tirar partido dos rendimentos mais elevados. Uma redução traria, em vez disso, mutuários. Assim, o volume das reservas bancárias poderia ser influenciado com alguma precisão. A economia britânica, na última metade do século, ficou exposta através do comércio livre à concorrência do resto do mundo. Pode-se supor, como resultado, que era bastante sensível a custos de juros mais elevados, o que significava encargos de transporte mais elevados para novos investimentos, ou a custos de juros mais baixos, o que constituía uma oportunidade favorável para a expansão. Há muito espaço para debate sobre a extensão do efeito das taxas bancárias na economia britânica — o quanto o investimento foi encorajado ou desencorajado e até que ponto é que os preços foram inflacionados ou deflacionados. Talvez a taxa bancária tenha sido creditada com muito do que teria acontecido de qualquer forma. Talvez tenha ganhado prestígio com a sua posição enquanto objeto de conversa vitoriana. Mas talvez tenha tido consequências.

O que não está em questão é que a possibilidade de exercer controlo sobre a economia por tais meios passou a ter um encanto atrativo para todos os que de alguma forma se identificaram com ela. Isto era especialmente verdade para a comunidade bancária. Pois isso significava que os banqueiros, através do banco central, se encontravam no ápice da influência económica. Além disso, o seu poder não foi ganho pelo processo rude, desajeitado e incerto da solicitação de votos. Era a recompensa direta do sucesso financeiro e da riqueza. Não só a política monetária pertencia à comunidade bancária, como foram tomadas medidas específicas para salvaguardar o exercício desta autoridade da intervenção ou da intercessão de políticos. O banco central era mantido «independente» do governo e em grau superior a este. Foi o que aconteceu durante dois séculos com o Banco de Inglaterra. Continua a ser assim, nominalmente, com o Sistema da Reserva Federal nos Estados Unidos. Esta independência, embora amplamente celebrada na sabedoria convencional, não sustentaria por muito tempo uma oposição determinada à vontade do Executivo americano e do Congresso. Mas reflete, pelo menos de forma vestigial, a crença de que a política monetária é uma prerrogativa altamente profissional da comunidade financeira. Como tal, deve ser protegida das pressões rudes de um governo democrático.

A gestão da economia por métodos monetários envolveu o exercício de um poder subtil, por oposição a um poder nu. Nenhum empresário, ou mesmo nenhum cidadão, foi informado do que fazer. Em vez disso, foram guiados por forças de que eles próprios não tinham plena consciência. Se a economia deve ser guiada, que gratificante que seja feita desta forma discreta e decorosa.

Além disso, para a maioria das pessoas o dinheiro e o crédito, a forma como são concebidos e extintos, e o facto de pedaços de papel de pouco valor intrínseco poderem ser tão valiosos, continuam a ser um grande reservatório de mistério. As decisões sobre política monetária foram sempre tomadas à porta fechada e comunicadas ao público apenas por ações específicas — movimentos na taxa de juro ou aumentos ou diminuições nas carteiras dos bancos centrais. Desenvolveu-se uma literatura erudita que conhecia o mistério e que especulava sobre os motivos por trás de vários movimentos. Os seus autores passaram a ter um interesse na política que interpretavam. Pertenciam aos poucos que compreendiam. Mais brilhantes que eles eram apenas aqueles que tinham conhecimento e que realmente sabiam. Tal era o encanto desta política que este afeto se traduziu facilmente em reivindicações pela sua eficácia que, de facto, raiavam o sobrenatural. A política monetária foi agraciada por efeitos não só misteriosos, mas mágicos.

Isto não foi sempre assim. Na década de 1930, o prestígio da política monetária foi, durante algum tempo, muito baixo. O Sistema da Reserva Federal, profundamente incerto no seu propósito, não conseguiu deter o *boom* especulativo do final dos anos 1920; as baixas taxas de juro e o dinheiro fácil foram igualmente ineficazes para lidar com a grande depressão. Os banqueiros, nestes anos, como resultado de erro, acaso infeliz e a entusiástica denigração dos críticos de esquerda, tinham sofrido um grave declínio na estima popular. Com eles, a fé na política monetária foi-se abaixo. Keynes argumentou que a taxa de juro era uma forma indireta de influenciar a atividade económica e de pequena utilidade prática.

A partir deste nadir, a política monetária teve um grande renascimento nos anos que se seguiram à Segunda Guerra Mundial. Os bancos e os banqueiros recuperaram o seu prestígio e o mesmo aconteceu com o instrumento com o qual se identificavam tão intimamente. A fé na política monetária tornou-se um distintivo de resistência às heresias de Keynes e uma prova de que os indivíduos não tinham parte no radicalismo que procurava difamar homens decentes e respeitáveis por se dedicarem ao negócio de deter e emprestar dinheiro.

Mais importante, algo tinha de ser feito quanto à inflação. As outras medidas para fazer face a este fenómeno inelutável tinham a desvantagem de serem impalpáveis, impraticáveis ou mesmo, como os controlos de preços, incipientemente pouco americanos. Esta era a consequência de estarem em conflito com outros objetivos económicos. No entanto, algo tinha de ser feito. A política monetária continuava a ser a única esperança. Ao afeto que a política suscitava e à fé em que se baseava foi acrescentado um elemento maior de esperança. Não havia mais nada, pelo que tinha de funcionar. A política monetária tornou-se uma forma de escapismo económico. Sem ela, as realidades seriam, de facto, difíceis.

Infelizmente, a fé ou a necessidade urgente não é uma garantia de desempenho prático. Mesmo que, tal como os banqueiros suspeitaram anteriormente, as dúvidas sobre a política monetária tenham, por vezes, sido o reflexo ingrato de dúvidas sobre os banqueiros, isto ainda não garante que a política monetária funcione. Como o Capítulo 2 tem demonstrado, o inimigo máximo da sabedoria convencional são as circunstâncias. Nunca está sujeita a um perigo tal como quando expoentes entusiastas a põem à prova na prática. A política monetária, apesar da sua posição inigualável na sabedoria convencional, estabelece apenas um contacto secundário com o problema da inflação. E tem tido a infelicidade de ser sujeita a extensas experimentações.

II

Em primeiro lugar, a política monetária sofre da infeliz ausência de qualquer efeito oculto. Há muito que ficou claro que a gestão económica, especialmente nos Estados Unidos, seria grandemente facilitada se se pudesse recorrer ocasionalmente à bruxaria. Algo que a política monetária, de longe a possibilidade mais promissora, não contempla. Isto qualquer bom cidadão deve lamentar.

O que é mais sombrio é que a política não estabelece contacto direto com a interação salários-preços. Isto não é sequer sugerido pelos seus profetas. De importância diminuta, como sugerido, foi em tempos muito relevante.

Assim, a política monetária deve funcionar, se de todo, através da redução da procura agregada de bens. A sua abordagem para o conseguir é uma taxa de juro mais elevada e uma oferta reduzida de fundos para empréstimos. Assim, ao desencorajar a concessão de empréstimos pelos bancos e a contração de empréstimos pelos consumidores e produtores, presume-se que a política restringe ou refreia o que estes últimos têm para gastar. A redução desta despesa, se ocorrer, terá então efeitos secundários (ou multiplicadores) sobre a despesa de outros. A consequência final é reduzir a procura de bens no seu conjunto ou conter a taxa de aumento da procura.([112]) Evitando, assim, que a procura pressione a capacidade de produção e a força de trabalho, os preços mantêm-se estáveis. Ou tal deve ser a esperança.

Esta é a única via de efeito.([113]) Uma forma alternativa de exposição enfatiza o efeito desta política sobre a oferta

---

([112]) Isto servirá os mesmos propósitos que uma redução absoluta se a capacidade máxima de produção e a força de trabalho da economia também estiverem a aumentar. É conveniente em qualquer discussão falar em termos de magnitudes absolutas — quer um aumento das taxas de juro reduza ou não a despesa total. Mas embora isto seja uma simplificação conveniente da linguagem, e que não leva a nenhum erro importante, a questão numa economia em crescimento será normalmente se a taxa de aumento da procura é reduzida em relação à taxa de aumento da capacidade máxima. A diferença nestas taxas será a fonte da margem de manobra de que depende a estabilidade dos preços.

([113]) Teoricamente, o aumento da taxa de juro poderia encorajar a poupança dos consumidores a partir dos rendimentos correntes e, pelo mesmo ato, reduzir as despesas a partir dos rendimentos correntes. A possibilidade de um tal efeito, embora uma vez sugerida, já não é seriamente incentivada, mesmo pelos apoiantes mais convencidos da política monetária.

de dinheiro. Mas, na medida em que este argumento não escapa ao misticismo, resulta na mesma coisa. A oferta de dinheiro aumenta ou diminui em virtude de aumentos ou diminuições nos empréstimos dos bancos comerciais. Um aumento na oferta de dinheiro afeta os preços através do aumento da despesa dos mutuários de fundos emprestados, bem como através do multiplicador por aqueles a quem compram. Quando se restringe a oferta de dinheiro, restringem-se as despesas associadas à concessão e contração de empréstimos de fundos. As medidas são as mesmas: a oferta de fundos disponíveis para empréstimo é reduzida, e a taxa de juro é aumentada para desencorajar a contração de empréstimos. Independentemente da forma como o bolo é cortado, a política, para funcionar, deve restringir a contração de empréstimos. E assim torna-se eficaz, reduzindo ou restringindo o volume total das despesas. Até aqui, há pouca discordância entre os economistas.

Como acabou de ser referido, as despesas diretas de fundos emprestados são de dois tipos — por consumidores para bens de consumo e por empresários para investimento. A vantagem de olhar para a política económica no contexto completo das atitudes e comportamentos económicos será agora evidente. Restringir o crédito ao consumidor através do aumento do custo dos juros sobre as prestações e outros empréstimos colide abruptamente com o processo de criação de procura do consumidor. Se os desejos dos consumidores fossem determinados de forma independente, um aumento dos encargos com juros poderia, concebivelmente, reduzir os seus empréstimos e despesas. Parece improvável que a elasticidade da resposta fosse grande, mas essa possibilidade existe. Mas tal como as coisas estão agora, qualquer passo para desencorajar o empréstimo e a compra provocará automaticamente a oposição dos mecanismos de criação de procura do consumidor. Uma retração no crédito ao consumo será apenas um aviso para aqueles que se ocupam da síntese da procura dos consumidores para aumentar os seus esforços. Ou podem tomar medidas para anular o efeito do aumento da taxa de juros.

Esta é uma questão de dificuldade mínima. O crédito ao consumo é normalmente amortizado em prestações, e um dos truques matemáticos deste tipo de pagamento é que um aumento muito grande das taxas de juro traz um aumento muito pequeno no pagamento mensal. Assim, um homem que compra um carro novo por 3800 $ (após a retoma) a ser amortizado durante 24 meses, e que concorda com um «acréscimo» de 9% deste montante em juros, terá uma fatura total de juros de 684 $ e pagamentos mensais de 187 $.([114]) Se a taxa de juros for aumentada em um terço para um acréscimo de 12%, a sua obrigação total de juros passa a ser de 912 $, mas o aumento dos pagamentos mensais é de apenas 9 $. Este aumento pode ser facilmente compensado por um alongamento do prazo de amortização, uma prática comum no final da década de 1960 e início de 1970, um período de juros muito elevados. Na prática, é alvo de uma série de inspeções, seguros e outros encargos adicionais. Uma vez que o cliente, ao contemplar a compra, está menos consciente da taxa de juro do que da taxa mensal, verificar-se-á como um

([114]) Eu aqui retenho os preços anteriores dos carros. Para automóveis que custam mais, como agora, o efeito é o mesmo.

aumento muito grande dos encargos com juros pode, na prática, ser compensado. Durante períodos de política monetária ativa, o aumento dos encargos financeiros tem sido regularmente seguido por grandes aumentos nos empréstimos ao consumo. A criação de desejos, e o processo de os financiar, ainda estavam a atuar no sentido de exagerar em vez de conter o efeito inflacionário dos gastos dos consumidores.

Não há qualquer hipótese de a política monetária poder ter sequer um efeito mínimo nos gastos dos consumidores enquanto o seu conflito com o mecanismo de criação de desejos dos consumidores permanecer por resolver e, em certo grau, não for reconhecido, e enquanto concedermos a importância primordial que concedemos a este último. E, embora as razões não tenham sido completamente expostas, existe, de facto, um consenso considerável de que a política monetária não estabelece qualquer contacto efetivo com os empréstimos e gastos dos consumidores.

III

O facto de a restrição do investimento empresarial através das políticas monetárias implicar um conflito semelhante com um objetivo anterior será agora evidente para todos. Damos primazia à produção. A política monetária procura evitar aumentos de preços, reduzindo o investimento através do qual o crescimento produtivo se torna possível e é sustentado. Seria difícil imaginar uma colisão mais abrupta com a posição dominante da produção. Curiosamente, aqueles que atribuem maior importância à política monetária — os banqueiros e empresários — são frequentemente aqueles que estão mais inclinados a enfatizar a importância da produção e a ver os aumentos na produção com maior satisfação.

Na prática, o conflito entre a política monetária e a produção não é tão grave. Isto deve-se em parte a uma crença sobrevivente de que a política monetária de alguma forma estabelece um contacto com o nível de preços sem afetar o volume de investimento. Não é inédito que homens de boa-fé exijam um volume elevado e um crescente de investimento empresarial e incentivos, incluindo a revisão fiscal, para o encorajar, ao mesmo tempo que apoiam fortemente uma política de contenção monetária destinada a evitar a inflação. Estas posições notavelmente contraditórias só podem ser conciliadas se houver fé de que, por meios essencialmente ocultos, a política monetária estabilizará os preços sem afetar o volume de empréstimos, investimentos e despesas dos produtores.

O conflito entre a produção e uma política monetária concebida para diminuir o investimento empresarial é também atenuado pela nossa tendência, descrita no Capítulo 9, de aceitar e até aplaudir qualquer que seja a taxa de crescimento económico de que estamos atualmente a usufruir. A preocupação com tal crescimento é mais retórica do que real. Por conseguinte, não nos deixamos perturbar notavelmente por uma política que, ao reduzir o volume de novos investimentos, procura baixar a taxa de crescimento económico, desde que não surja um nível grave de desemprego.

No entanto, se as empresas individuais fossem impedidas pela política de fazer o investimento que lhes parecesse sensato e rentável, haveria, naturalmente, objeções. E isto leva-nos à última razão pela qual o conflito raramente atinge a fase aguda.

IV

Em tempos de produção elevada ou próxima da capacidade máxima, um contexto em que se pensa que o perigo de inflação se tornará agudo, os lucros e as perspetivas de lucros serão certamente favoráveis. Como a produção está próxima da capacidade máxima, o investimento na expansão parecerá à empresa vantajoso e singularmente lógico do ponto de vista da comunidade. (A empresa ficará muito mais impressionada com o serviço visível que presta ao aumentar a oferta do seu produto do que com o efeito invisível do seu investimento no aumento da despesa total e, portanto, da pressão inflacionista). Por todos estes motivos, a maior parte do investimento será extremamente pouco sensível a aumentos moderados da taxa de juro, que é a forma como a política monetária se apresenta às empresas comuns.

Se a política for aplicada com severidade, algumas empresas serão, de facto, pressionadas pelas taxas mais elevadas. E, na prática, uma vez que as taxas de juro são comparativamente rígidas, ocorrerá algum racionamento do crédito. Algumas empresas que gostariam de contrair empréstimos não o poderão fazer. Se a política for levada suficientemente longe, as despesas de investimento serão reduzidas. No final, a folga necessária para a estabilidade dos preços surgiria. O mesmo aconteceria com o conflito com as nossas atitudes sobre a importância da produção. Haveria um conflito igualmente urgente entre esta política e o emprego e a segurança económica associada, que é a contrapartida de uma produção elevada. Mas antes de se chegar a este ponto, surge outro problema de importância ainda maior. É o efeito da política monetária em empresas de diferentes tipos e dimensões.

Como vimos, quando a procura aumenta e a economia atinge ou está próxima da sua capacidade máxima, as empresas do sector oligopolista têm provavelmente uma reserva de ganhos não liquidados.([115]) Isto permite-lhes passar os encargos de juros mais elevados para o consumidor. (Se podem repercutir os aumentos salariais, podem obviamente fazer o mesmo com juros). E ao aumentar os preços e os rendimentos, podem recorrer a ganhos não liquidados para fins de investimento. A necessidade de estipular preços de forma a obter retorno suficiente para cobrir uma parte considerável dos requisitos de investimento tem sido uma defesa dos aumentos de preços industriais durante muitos anos. Assim, as indústrias que têm ganhos não liquidados podem, com efeito, retrair-se do efeito das políticas monetárias. O facto de as grandes empresas serem clientes atrativass para os bancos e a

([115]) Em *The New Industrial State* (Boston: Houghton Mifflin, 1967), como já mencionei anteriormente, abordei de forma mais completa este fracasso em maximizar as receitas. Como mostro, deriva da grande necessidade de estabilizar os parâmetros dentro dos quais o planeamento da grande empresa industrial prossegue. E segurança, crescimento e virtuosismo tecnológico partilham com os lucros um lugar de orgulho enquanto objetivo deste planeamento. Mais tarde, note-se, chamei ao sector oligopolista o Sistema de Planeamento. Ver *Economics and the Public Purpose* (Boston: Houghton Mifflin, 1973).

sua capacidade de recorrer diretamente ao mercado para obter fundos também ajuda a isentá-las dos efeitos das políticas monetárias. No racionamento que se segue, são as pequenas empresas que se veem impossibilitadas de contrair empréstimos.

As empresas em mercados competitivos — aquelas cujos preços e custos são impessoalmente determinados pelo mercado — obviamente não podem passar os custos de juros mais elevados para o cliente. No curto prazo relevante, não podem aumentar os preços que não controlam para obter fundos de investimento a partir dos seus clientes. Como regra, sendo pequenos, não podem contornar o racionamento do crédito bancário através da venda de títulos no mercado. Assim, para indústrias competitivas — agricultores, pequenos construtores, pequenos retalhistas, indústrias de serviços, comerciantes — a política monetária é eficaz. E será eficaz para estas empresas muito antes de afetar as indústrias nas quais existe uma maior medida de controlo do mercado.([116])

Será fácil perceber por que razão a política monetária é considerada com equanimidade e mesmo com aprovação por empresas maiores e mais fortes. A menos que seja aplicada com rigor ao longo do tempo, não as afeta de forma apreciável. Mas, pelo mesmo motivo, deve haver sérias dúvidas sobre a exequibilidade da política. Antes que as despesas de investimento de grande volume das empresas maiores e mais poderosas sejam afetadas, uma

---

([116]) Os acontecimentos da década de 1970 enfatizaram estas conclusões. Uma manifestação particularmente dolorosa foi a grave depressão na indústria da habitação que se seguiu aos esforços para travar a inflação de meados dos anos 1970 com a política monetária.

severa compressão será normalmente colocada nas necessidades de capital das empresas de pequena escala. Para tais empresas, o conflito entre a política monetária e o crescimento produtivo pode ser altamente visível e, de facto, muito doloroso.

V

Como referido, o investimento empresarial é há muito reconhecido como a fonte de despesa mais imprevisível da economia. As despesas efetuadas pelos consumidores e pelos governos têm elementos substanciais de fiabilidade (excetuando os empréstimos contraídos pelos consumidores). Estão relacionados com o rendimento que se recebe. Baseiam-se nos padrões de comportamento habituais. No caso das despesas governamentais, têm uma constância marcadamente maior do que as receitas que as sustentam. As despesas de investimento, pelo contrário, dependem de uma estimativa de rendimentos futuros. A característica singular do futuro é que este não pode ser conhecido. As estimativas quanto ao que detém irão mudar. O mesmo acontecerá, por conseguinte, com as despesas de investimento. E as mudanças nestas últimas, ao alterar os ganhos futuros, alteram o próprio futuro.

Se a contenção monetária for exercida durante um período , poderá eventualmente afetar o investimento de empresas maiores. Isto pode acontecer de várias maneiras, mas de maneira mais óbvia porque a restrição do empréstimo e investimento das empresas e indústrias mais fracas acabará por afetar a procura e as perspetivas de investimento para o sector mais concentrado da economia. Quando isto acontecer, haverá uma revisão dos planos de investimento, e esta poderá ser significativa.

A política monetária opera assim na dimensão mais mutável da atividade económica. Esta é fonte de inutilidade e pode, de facto, ser uma fonte de perigo considerável. Se, apesar do conflito com a produção, for aplicada com rigor e persistência para produzir a folga necessária, existe o perigo de que faça demasiado. Ou, para falar com maior precisão, existe uma incerteza inevitável quanto ao que irá fazer. Visa influenciar o elemento mais imprevisível da procura agregada. O resultado desta influência é, por conseguinte, imprevisível. Haverá sempre o perigo de a política monetária reduzir o investimento ao ponto de causar uma depressão grave. Uma tal depressão não seria incorrigível. Mas também não seria desejável. E podia ocorrer, e de facto ocorreria, muito antes de os preços serem estabilizados.([117])

VI

O tom deste capítulo, será evidente, é altamente negativo. Não há magia no sistema monetário, por mais brilhante ou esotérica que seja, que possa conciliar a estabilidade dos preços com os imperativos da produção e do emprego, tal como são considerados na sociedade da abundância. Pelo contrário, a política monetária é um instrumento de controlo económico pouco preciso, pouco fiável,

([117]) Como a experiência de meados dos anos 1970 também afirmou.

discriminatório e algo perigoso. Sobrevive em parte porque tão poucos a compreendem, incluindo tão poucos daqueles — construtores, pequenos empresários que têm de financiar inventários, agricultores — a quem coloca o fardo principal da sua contenção. Sobrevive, também, porque uma política monetária ativa significa que, por vezes, as taxas de juro serão elevadas — uma circunstância que está longe de ser desagradável para quem tem dinheiro para emprestar.([118])

([118]) Desde as primeiras edições deste livro, as circunstâncias forçaram um certo aumento na compreensão destes assuntos. A Guerra do Vietname, e o atraso no aumento dos impostos para compensar o aumento das despesas ocasionado por esse empreendimento excêntrico, forçou uma dependência inigualável da política monetária. À medida que esta influência inflacionista diminuiu, a espiral salários-preços assumiu-se como uma forte força inflacionista com o efeito de cumplicidade da política fiscal e da escassez de materiais. As taxas de juro foram aumentadas para níveis inéditos em 40 anos. Isto teve um efeito punitivo sobre aqueles que tinham de as pagar. Esta punição estendeu-se a Estados e localidades que dependem fortemente de fundos emprestados. E agravou o problema do equilíbrio social com que nos depararemos presentemente. Embora a General Motors não tenha sido inibida de investir, as autarquias que contemplavam investir nas escolas foram-no certamente. O mesmo aconteceu com as famílias. E com o tempo, os preços continuaram a subir — a inflação foi, sem dúvida, temperada, mas não foi controlada. As lições desta experiência sombria não se perderam, pelo menos entre os amigos menos fervorosos da política monetária. Contudo, em economia, como no amor, a esperança é a última a morrer. Nenhuma outra linha de ação em economia jamais rivalizou com a política monetária na sua capacidade de sobreviver ao fracasso.

16.

Produção e estabilidade de preços

No espectro político das modernas políticas económicas, as medidas monetárias são o instrumento dos conservadores. A arma dos liberais é a política fiscal. E entre os economistas em geral, a política fiscal é considerada como a derradeira arma económica. Os amigos da política monetária defendem a sua eficácia, talvez em parte para dissipar as suas dúvidas inconscientes. A eficácia da política fiscal é debatida muito mais raramente. Além disso, tinha a bênção implícita de Keynes. Enquanto inverso da despesa pública que era o remédio keynesiano para o desemprego, tem ainda um ligeiro cunho de radicalismo racional.

A política fiscal é muito mais simples e direta no seu funcionamento do que a política monetária. O misticismo foi exorcizado, e a cadeia teórica que liga a ação original e o efeito final, algo a ser sempre observado em economia, é muito mais curta e envolve muito menos asseverações quanto ao que deve acontecer. O governo cobra mais impostos do que gasta. Esta diferença não é utilizada. Por conseguinte, é uma redução líquida na despesa do país como um todo. Se esta diferença for suficientemente aumentada, então a despesa total na economia deixará de pressionar a capacidade da economia. O resultado será uma folga. Se esta folga for suficientemente grande, as empresas hesitarão em aumentar os preços — em termos da presente análise, a maximização a curto prazo parecerá inconsistente com o retorno a longo prazo — e as exigências salariais encontrarão resistência. A procura não irá fazer subir os preços no sector competitivo. Os preços, como resultado, serão estáveis, a menos que, de facto, o processo seja levado demasiado longe, caso em que diminuirão.

As empresas sentem o impacto da política monetária inicialmente sob a forma de uma alteração no custo ou disponibilidade dos fatores — especificamente, no custo ou disponibilidade do crédito para o capital. As grandes empresas e as que têm um poder de mercado substancial são capazes, como vimos, de transferir este aumento de custos para os clientes, e em caso de escassez de crédito, podem recorrer a fontes alternativas de fornecimento. As empresas competitivas e mais pequenas não têm escapatória semelhante. A política fiscal funciona, no essencial, através da redução da procura. Esta redução afeta a procura dos produtos de todas as empresas, grandes e pequenas, fortes e fracas. Nenhuma empresa, na linguagem técnica, se pode contrair fora do movimento da sua curva de procura. O efeito da política não será exatamente o mesmo que entre mercados competitivos e oligopolistas e entre grandes e pequenas empresas, mas é quase igual.([119])

([119]) Quando há ganhos não liquidados, os preços cairão mais lentamente e os ganhos serão menos rápidos a serem reduzidos do que numa indústria competitiva onde não há tais ganhos.

No entanto, desde a Segunda Guerra Mundial nos Estados Unidos, a política fiscal também se revelou como uma defesa muito fraca contra a inflação. A razão não foi o facto de não ter funcionado, mas o de nem mesmo os seus principais proponentes defenderam a sua utilização vigorosa. Foi favorecida em princípio, mas não na prática. A explicação é simples. Eis outro conflito não resolvido em termos de objetivos económicos. Mais uma vez, a vantagem de ver as coisas em pleno contexto social será evidente.

II

Por razões que serão exploradas em pormenor no próximo capítulo, é provável que as despesas do governo civil estejam, em qualquer altura, próximas do mínimo que a comunidade considera tolerável. Não devemos permitir que as queixas sobre o desperdício e a ineficiência no desempenho destes serviços, que são endémicas nas nossas opiniões sobre política e muitas vezes com alguma base, confundam a questão. Funções muito importantes podem ser desempenhadas com muito desperdício e muitas vezes são-no. E o desperdício raramente pode ser eliminado através da redução das despesas. É muito mais fácil cortar a função do que o desperdício, e é isto que ocorre. Em tempos de inflação, o contexto económico de que estamos a falar, a situação dos serviços públicos será certamente ainda mais ténue devido à inevitável tendência dos orçamentos públicos para se atrasarem em relação ao aumento geral dos preços.

Isto significa que uma política fiscal positiva para combater a inflação exigirá quase sempre um aumento dos impostos. A importância de cortar ou adiar as despesas, por muito que se insista nelas nas margens mais vagas da sabedoria convencional, pode, por vezes, manter a esperança. Mas a realização efetiva será invariavelmente insignificante. Sobre este ponto, a experiência é completa. Sempre que a inflação representa um perigo (e por vezes quando não o é), os porta-vozes exortam a administração e o Congresso, e estes últimos instam a si próprios, por vezes com aparente seriedade, a importância de reduzir as despesas. Nada jamais é realizado de magnitude suficiente para afetar de forma apreciável o total das despesas da economia. Muitas vezes não se alcança nada. E, de facto, as expectativas de não cumprimento são tais que a discussão do Congresso sobre o corte de orçamento em cada inverno assumiu agora o aspeto inocente de um rito popular. Começa à medida que se aproxima a altura do orçamento. Atinge o seu máximo alcance alguns dias após o orçamento ter sido apresentado. Os deuses são apaziguados por denúncias severas de desrespeito público e promessas inspiradas de vastas economias. A cerimónia é solenemente descrita ao povo pela imprensa e televisão. Posteriormente, os gastos aparentemente indispensáveis são votados, e o resultado é quase invariavelmente o aumento do orçamento.

Aumentar os impostos para reduzir a procura encontra à partida um problema de compreensão. É atualmente amplamente aceite que, em caso de procura insuficiente e depressão, os impostos devem ser reduzidos e as despesas públicas aumentadas, a fim de aumentar a procura agregada e o emprego. Existe uma lógica inerente ao procedimento. Isto também se aplica à redução das despesas públicas para combater a inflação — se tal fosse possível. Contudo, a lógica de aumentar os impostos não é, de modo algum, tão evidente. Um efeito primeiro e óbvio é aumentar os custos de vida do consumidor ou reduzir os seus rendimentos. Isto acontece numa altura em que a inflação está a dificultar a muitas pessoas a manutenção do nível de vida a que estão habituadas. Outros impostos contribuem para os custos dos produtores. Assim, atacar a inflação através do aumento dos impostos parece, à primeira vista, um procedimento curiosamente retrógrado. É fortemente combatido pelo número muito considerável de homens simples que insistem, nunca sem fervor e orgulho, que a subtileza nas relações económicas é um indício de erro e que a verdade só é revelada às mentes descomplicadas.([120])

III

O problema mais grave da política fiscal, porém, é o conflito com outros objetivos económicos.

Colide, antes de mais, com as tréguas tácitas delineadas no Capítulo 7 sobre a desigualdade de rendimentos. Os impostos são o dispositivo através do qual os governos têm procurado influenciar de forma mais nua e crua a distribuição dos rendimentos. Por conseguinte, têm uma importância prática considerável e uma importância

([120]) A mente simples, descomplicada e empreendedora tem estado especialmente em voga nos anos anteriores a esta edição.

simbólica ainda mais profunda em relação a esta questão. Assim, uma proposta de aumento dos impostos por razões fiscais provoca automaticamente um debate sobre a questão da desigualdade. Os liberais, que até à data tinham sido confortavelmente cumpridores dos termos das tréguas, são obrigados pela sua fé a juntar-se no apoio aos impostos que reduzem a desigualdade. Os conservadores mobilizam-se para se oporem a eles. Em tempo de guerra, este debate pode, até certo ponto, ser evitado invocando a doutrina da igualdade e do sacrifício — ao homem rico pode ser dito que os seus sofrimentos às mãos das autoridades fiscais são, *grosso modo*, a contrapartida dos do soldado debaixo de fogo. Apesar de muito pensamento concentrado, nenhuma resposta inteiramente adequada foi alguma vez concebida pelas pessoas de posses. Assim, em tempo de guerra, tem sido prático empregar o imposto sobre o rendimento para absorver o excesso de poder de compra. Em tempo de paz, tal utilização do imposto será no mínimo complicada por falta de aplicabilidade do discurso da igualdade.

Finalmente, existe o agora clássico conflito com a produção. A política fiscal só se torna eficaz à medida que a redução da procura leva a produção abaixo da capacidade atual das instalações e da força de trabalho. Tendo-nos convencido de que a produção é da maior importância, temos agora de nos convencer a sacrificá-la em troca da estabilidade dos preços. Além disso, mais uma vez, o sacrifício pode ter de ser considerável. Nos contextos em que as questões estão fortemente organizadas nos seus mercados e lidam com sindicatos eficazes, ou seja, onde a probabilidade de ganhos não liquidados é grande, a folga necessária, como já foi referido, pode ter de ser bastante grande. Ainda que, de facto, a produção não seja de alta urgência, o rendimento daqueles que a folga torna desempregados é do maior interesse e importância.

Ao contrário da política monetária, a política fiscal faz o seu contacto inicial com a economia não através da redução das despesas de investimento, mas sim através da redução (na sua maioria) das despesas dos consumidores. Ao não atacar o investimento, é assim, à primeira vista, menos prejudicial à expansão económica ou ao crescimento. No entanto, não se deve abusar desta distinção. As empresas são encorajadas a investir, pelo menos, em parte porque a produção pressiona a capacidade. Quando cessa de o fazer — quando há alguma margem — pode esperar-se um corte no investimento. Tal como a procura terá um efeito de aceleração do investimento, para utilizar o termo familiar aos economistas, à medida que a produção se aproxima da capacidade e esta última é aumentada, também terá um efeito de desaceleração à medida que a produção se afasta dos níveis de capacidade máxima. Assim ampliado, o movimento no investimento e, consequentemente, na procura total, pareceria deslocado para reforçar o efeito da política fiscal. Dá um efeito de alavanca à mudança na despesa que é provocada pela ação governamental. Mas também significa que, uma vez que a economia deixa de estar ao nível máximo de prodição, há um sacrifício substancial no investimento para o crescimento. Ou, para pôr a questão de outra forma, o crescimento só estará no máximo quando o sistema económico estiver sob essa pressão para utilizar a capacidade máxima que ajuda a produzir inflação.

Se a economia fosse dada a estímulos ocasionais com investimentos excessivos e preços crescentes — o ciclo económico da tradição económica central — a repressão contracíclica da procura poderia não envolver nenhum problema grave. Aqueles que não viram qualquer conflito entre a política fiscal e o crescimento viram-no, sem dúvida, num tal contexto. Mas se o emprego total e a utilização plena da capacidade forem tomados como a norma da política económica, como o são nos tempos modernos, então a taxa de investimento associada à utilização plena da capacidade também é normal. Uma política que mantém a produção abaixo da capacidade, no interesse da estabilidade dos preços, sacrifica inevitavelmente o crescimento económico.

IV

Enquanto o recurso à política fiscal estiver em conflito com outros e mais antigos objetivos económicos, não será utilizado com vigor efetivo, pelo menos em tempo de paz. Este conflito e a consequente inutilidade das medidas fiscais ainda não são amplamente reconhecidas pelos economistas. Os manuais ainda explicam o uso de medidas fiscais como um dispositivo para assegurar a estabilidade dos preços. Reconhecem que temos de nos contentar com uma taxa de desemprego baixa e que isto irá oferecer dificuldades. Mas supõem que, dada a inflação, os impostos podem ser aumentados. A única dificuldade é que a política nunca parece prática em nenhum momento em particular. Enquanto o conflito com outros objetivos persistir, nunca o será.

Uma última possibilidade subsiste. Combinar a política fiscal com o controlo dos preços e salários. Como resultado, os preços e salários são incapazes de responder aos fatores que influenciam o aumento de preços que se desenvolvem à medida que a produção se aproxima da capacidade máxima. Os controlos, e não a folga, servem para evitar aumentos de preços em operações à capacidade máxima de produção. Assim, conciliam a produção máxima (e também o crescimento associado) com a estabilidade dos preços. Não seria necessário impor qualquer quantidade substancial de diminuição da capacidade de produção e do emprego.

Há uma opinião geral de que os controlos de preços e salários não conseguem nada por si só — por lidarem com sintomas e não com causas. Utilizá-los é fazer malabarismos com o termómetro e não com a fornalha. Se a procura atual é muito superior à capacidade da economia, há um importante elemento de verdade nesta contenda. O único recurso é o de equilibrar a procura com a oferta. Qualquer outra coisa é uma fuga. Mas se, através de medidas fiscais ou outras, o agregado da procura for mantido aproximadamente igual à capacidade atual da economia, então qualquer visão desse tipo de controlo dos salários e dos preços é uma sobre simplificação grosseira. Os salários atuam sobre os preços e os preços sobre os salários à medida que se aproxima o limite da capacidade de produção. Os controlos impedem esta interação. Ao fazê-lo, permitem que a economia funcione mais perto do limite da capacidade sem aumentos de preços.

Alguns economistas concederam explicitamente esta função; outros aceitaram implicitamente ao concordar que tais controlos são necessários numa emergência em tempo de guerra; isto é, quando não há fuga possível à necessidade de conciliar a plena utilização da capacidade com o maior grau possível de estabilidade dos preços. Mas, globalmente, a sabedoria convencional continua a afirmar a insensatez dos controlos diretos em tempo de paz. Nada melhor estabelece o bom senso e a solidez de um economista do que uma condenação devidamente solene de tais controlos.

As objeções aos controlos são numerosas. Para serem eficazes, presume-se que devem aplicar-se de forma abrangente a todos os preços e a todos os salários. Isto significa que os problemas administrativos são indubitavelmente graves e pioram com o passar do tempo. O espectro de tal controlo invoca a antiga resistência às intromissões do governo. Esta intromissão é, de facto, considerável, dado que o poder de fixar preços não é insignificante na tomada de decisões económicas. Na medida em que os darwinistas sociais e os filósofos utilitários identificaram com sucesso a vitalidade e a liberdade com o mercado livre, os controlos serão considerados como uma ameaça ainda mais abrangente.

Finalmente, e talvez o mais importante, tais controlos estão em conflito acentuado com atitudes estilizadas em relação à produção. Como o Capítulo 9 demonstrou, atribuímos grande importância à atribuição eficiente de recursos como o dispositivo para maximizar a produção. Esta era a fórmula aceite para a eficiência económica no século passado. A nostalgia social ainda lhe confere um papel central. Esta afetação é realizada na sociedade capitalista pelo mercado através da atração e pressão dos preços de mercado e dos salários de mercado, trazendo mão-de-obra, capital e materiais para as empresas e indústrias de utilização mais eficiente. Obviamente, não se pode ter simultaneamente controlos e um mercado livre que desempenhe esta função.

Nenhuma das objeções anteriores é válida. Nos anos de guerra, os controlos eram consistentes com um aumento bastante significativo da produção. Isto porque a produção foi expandida ao longo de dimensões menos estilizadas, mas muito mais eficazes do que as relacionadas com uma melhor afetação de recursos. Também não é certo que os controlos que serviriam para deter a espiral salários-preços tivessem de ser abrangentes. É possível que restrições muito limitadas sirvam para reconciliar a capacidade de produção e a estabilidade dos preços. Este é um ponto importante ao qual este ensaio regressará. Os preços fixados pelos controlos já são fixados pelo poder monopolístico ou oligopolístico. Aqui nada de decisivo é alterado. Contudo, de momento, é suficiente notar que o controlo dos preços e dos salários, como forma de conciliar a estabilidade dos preços, a máxima produção e o mínimo desemprego, está em conflito, não menos importante se for ostensivo em vez de real, com atitudes históricas em relação à produção.([121])

([121]) A adesão a estas ideias é suficientemente forte para que muitos prefiram o efeito menor na produção que resultaria da atribuição eficiente de recursos pelo mercado num contexto de estabilidade de preços e algum desemprego ao efeito muito maior na produção que resultaria de (a) utilizar os recursos desempregados e (b) ter o incentivo para aumentar a produção que pode ser esperada quando a procura pressiona a capacidade máxima de produção.

V

Um breve resumo é agora necessário. Somos impelidos pelas atitudes e objetivos atuais a procurar operar a economia ao máximo da sua capacidade onde, já vimos, a inflação deve ser considerada não como uma perspetiva anormal, mas normal. As mesmas atitudes que nos levam a valorizar a utilização da capacidade máxima das fábricas e da força de trabalho negam-nos largamente o uso de medidas de prevenção da inflação. A política monetária colide com o processo de criação de procura dos consumidores e, uma vez que funciona no investimento empresarial, está em conflito com a nossa ênfase no crescimento. É também ineficaz, discriminatória e, possivelmente, perigosa. A política fiscal está fortemente em desacordo com o compromisso de um nível de produção que assegure o emprego integral e a segurança económica que o acompanha. Os controlos diretos, que em teoria poderiam conciliar o emprego elevado com a estabilidade dos preços, estão sob uma pesada nuvem ideológica. Partimos do princípio de que devemos tê-los em massa inviável ou não os ter de todo. Estão em conflito ostensivo com o objetivo de uma produção eficiente, já tendo isso sido anteriormente identificado com a alocação de recursos no mercado.

Estes conflitos estão parcialmente obscurecidos. Os conservadores disfarçam o conflito entre a política monetária e a produção através da sua fé de que esta política tem efeitos ocultos ou outros efeitos transcendentais não visíveis a olho nu. Os liberais, incluindo os economistas keynesianos, escondem o conflito entre a política fiscal e a produção sem desemprego, não tanto pelo recurso ao misticismo como pela recusa sistemática de enfrentar os problemas. Consegue fazê-lo ao manter a sua defesa de medidas fiscais em termos gerais, ao mesmo tempo que é especificamente crítico do desemprego e da subutilização das fábricas. Normalmente renuncia à oportunidade de conciliar o conflito, concordando que os controlos diretos são prejudiciais.

Assim, o caminho parece aberto à inflação recorrente. Isto, como o Capítulo 14 demonstrou, tem um impacto altamente discriminatório em diferentes grupos. E veremos no próximo capítulo que existem consequências sociais mais profundas. A inflação atinge a economia no ponto em que esta é mais vulnerável à ocorrência de danos.

À data de publicação desta edição (em 1998), verificaram-se mudanças relacionadas com o que acabou de ser dito. Os Estados Unidos têm assistido a alguns anos de desemprego relativamente baixo e de inflação muito moderada, embora o receio que inspira não tenha diminuído. A nova situação reflete o poder decrescente dos sindicatos e a importância crescente das indústrias — serviços ao consumidor, entretenimento, artes e tecnologia muito avançada — onde são ausentes ou irrelevantes. Aqui a interação e a espiral salário/preço não é um fator. Como muitas vezes na vida económica, a mudança nas circunstâncias de controlo trouxe uma mudança económica apreciável, quão permanente não se sabe.

17.

A teoria do equilíbrio social

> Só quando se descobre que os elevados rendimentos individuais não comprarão para as massas da humanidade a imunidade contra a cólera, o tifo e a ignorância, e que ainda menos lhes asseguram as vantagens das oportunidades educativas e da segurança económica, é que lenta e relutantemente, por entre profecias de degeneração moral e de desastre económico, a sociedade começa a fazer provisões coletivas para as necessidades que nenhum indivíduo comum, mesmo que trabalhe horas extraordinárias durante toda a sua vida, pode por si só proporcionar.
>
> — R. H. Tawney[122]

O problema final da sociedade produtiva é o que ela produz. Isto manifesta-se numa tendência implacável para fornecer uma quantidade opulenta de algumas coisas e uma produção insignificante de outras. Esta disparidade chega ao ponto de ser uma causa de desconforto e insalubridade social. A linha que divide a nossa área de riqueza da nossa

---

(122) *Equality*, 4.ª ed., rev. (Londres: Allen & Unwin, 1952), pp. 134–135.

área de pobreza é aproximadamente a que divide os bens e serviços produzidos e comercializados a título privado dos serviços prestados publicamente. A nossa riqueza na primeira não está apenas em contraste surpreendente com a escassez da segunda, mas a nossa abundância em bens produzidos por privados é, em grande medida, a causa da crise no fornecimento de serviços públicos. Pois falhámos em reconhecer a importância, ou mesmo a necessidade urgente, de manter um equilíbrio entre os dois.

Esta disparidade entre o nosso fluxo de bens e serviços privados e públicos não é uma questão de julgamento subjetivo. Pelo contrário, é fonte de extensas discussões, que apenas não chegam a fazer o contraste direto que aqui se faz. Nos últimos anos, os jornais de qualquer grande cidade — os de Nova Iorque são um excelente exemplo — relatam diariamente as carências e deficiências nos serviços elementares municipais e metropolitanos. As escolas estão velhas e superlotadas. As forças policiais são insuficientes. Os parques e jardins infantis são insuficientes. As ruas e os terrenos baldios estão imundos, e o pessoal de saneamento está mal equipado e precisa de reforços. O acesso à cidade por quem trabalha é incerto e penoso e cada vez o é mais. Os transportes estão superlotados, insalubres e sujos. Assim como o ar. O estacionamento nas ruas deveria ser proibido, mas não há vagas noutros lugares. Estas deficiências não estão nos serviços novos e inovadores, mas em serviços antigos e estabelecidos. As cidades há muito que varrem as suas ruas, ajudam as suas populações a movimentarem-se, promovem a sua educação, mantêm a ordem e fornecem locais que serviam para prender os cavalos às caravanas que precisam de fazer uma pausa na viagem. A preocupação de que os seus residentes tenham disponível um ar não tóxico para respirar não sugere nenhuma atração revolucionária pelo socialismo.

Na maior parte dos anos mais recentes, a discussão sobre esta pobreza pública foi acompanhada pelas histórias de opulência cada vez maior em bens produzidos privadamente. O PIB estava a aumentar. O mesmo aconteceu com as vendas a retalho. O mesmo se passava com os rendimentos pessoais. A produtividade laboral também avançou. Os automóveis para os quais não havia lugar de estacionamento estavam a ser produzidos a um ritmo crescente. As crianças, embora sujeitas nos parques infantis ao interesse afetuoso de adultos com gostos estranhos, e dispostas a formas cada vez mais imaginativas de delinquência, estavam admiravelmente equipadas com aparelhos de televisão. O cuidado e o refrescar da mente eram principalmente do domínio público. As escolas, em consequência, estavam frequentemente sobrelotadas e geralmente mal abastecidas, e o mesmo acontecia ainda mais frequentemente com os hospitais psiquiátricos.

O contraste era, e continua a ser, evidente não só para aqueles que liam. A família que leva o seu carro cor de malva e cereja, com ar condicionado, com direção assistida e travão elétricos para um passeio, conduz por cidades mal pavimentadas, tornadas hediondas pelo lixo, edifícios mal iluminados, painéis publicitários e postes para fios que há muito deveriam ter sido colocados no subsolo. A família passa para uma zona rural que se tornou, em grande parte, invisível pela arte comercial. (Os bens que estes últimos anunciam têm uma prioridade absoluta no nosso sistema de valores. Tais considerações estéticas como a visão da paisagem campestre ficam em segundo lugar. Em tais questões somos consistentes). Fazem um piquenique com comida requintadamente embalada proveniente de uma geladeira portátil junto a um riacho poluído e passam a noite num parque que é uma ameaça para a saúde e a moral públicas. Será este, de facto, o génio americano?

II

Na produção de bens no seio da economia privada, há muito que se reconhece que deve ser mantida uma relação toleravelmente estreita entre a produção de vários tipos de produtos. A produção de aço, petróleo e ferramentas elétricas está relacionada com a produção de automóveis. O investimento nos transportes deve manter-se a par da produção das mercadorias a serem transportadas. O fornecimento de energia tem de estar a par do crescimento das indústrias que a requerem. A existência destas relações — coeficientes para o economista — tornou possível a construção da tabela *input-output* que mostra como as mudanças na produção de uma indústria irão aumentar ou diminuir as exigências de outras indústrias. O mundo está em dívida para com esta tabela, e mais especialmente para com o seu engenhoso autor, o professor Wassily Leontief, por uma das suas mais importantes ideias modernas sobre as relações económicas. Se a expansão numa parte da economia não fosse acompanhada pela necessária expansão noutras partes — se a necessidade de equilíbrio não fosse respeitada — daí resultariam estrangulamentos e carências, açambarcamento especulativo de matérias primas escassas e um aumento acentuado dos custos. Felizmente em tempo de paz, o sistema de mercado, combinado com um planeamento considerável, serve para manter este equilíbrio, e isto, juntamente com a existência de *stocks* e alguma flexibilidade nos coeficientes como resultado da substituição, garante que não surgirão dificuldades sérias. Só nos lembramos do problema se nos apercebermos da gravidade do mesmo para os países que procuraram resolvê-lo através de um planeamento mais inflexível e muitas vezes com uma oferta de recursos muito menor.

Tal como deve haver equilíbrio no que uma comunidade produz, assim também deve haver equilíbrio no que a comunidade consome. Um aumento na utilização de um produto cria, inelutavelmente, uma necessidade de outros. Se quisermos consumir mais automóveis, temos de ter mais gasolina. Tem de haver mais seguros, bem como mais espaço para os operar. Para lá de um certo ponto, mais e melhor comida parece implicar uma maior necessidade de serviços médicos. Este é o resultado garantido do aumento do consumo de tabaco e álcool. Mais férias requerem mais hotéis e mais varas de pesca. E assim por diante.

Contudo, as relações que estamos aqui a discutir não se limitam à economia privada. Funcionam de forma abrangente em toda a extensão dos serviços privados e públicos. Tão certo como um aumento da produção de automóveis colocar novas exigências à indústria siderúrgica, assim também coloca novas exigências aos serviços públicos. Do mesmo modo, cada aumento no consumo de bens privados significará normalmente alguma medida facilitadora ou protetora por parte do Estado. Em todos os casos, se estes serviços não forem prestados, as consequências serão, em certa medida, nefastas. Será conveniente ter um termo que sugira uma relação satisfatória entre o fornecimento de bens e serviços de produção privada e os do Estado, e podemos chamar-lhe equilíbrio social.

O problema do equilíbrio social é omnipresente, e frequentemente é ofuscante. Como referido, um aumento no consumo de automóveis requer a existência de ruas, autoestradas, controlo de tráfego e lugares de estacionamento apropriados. Os serviços de proteção da polícia e das patrulhas rodoviárias também devem estar disponíveis, assim como os dos hospitais. Embora a necessidade de equilíbrio aqui seja extraordinariamente clara, a nossa utilização de veículos de produção privada tem, por vezes, ficado muito aquém do fornecimento dos serviços públicos relacionados. O resultado tem sido um congestionamento rodoviário hediondo, um massacre humano de proporções impressionantes e uma colite crónica nas cidades. Tal como no solo, assim também no ar. Os aviões sofrem atrasos ou colidem sobre aeroportos com consequências inquietantes para os passageiros quando a provisão pública para o controlo do tráfego aéreo não consegue acompanhar o ritmo da utilização privada das vias aéreas.

Mas os automóveis e os aviões *versus* o espaço para os utilizar são apenas um exemplo excecionalmente visível de um requisito que é omnipresente. Quanto mais mercadorias as pessoas adquirem, mais embalagens deitam fora e mais lixo deve ser transportado. Se não forem fornecidos os serviços de saneamento adequados, a contrapartida de uma opulência crescente será uma imundície cada vez maior. Quanto maior for a riqueza, maior será a sujidade. Isto descreve indubitavelmente uma tendência do nosso tempo. À medida que mais bens são produzidos e possuídos, maiores são as oportunidades de fraude e maior o número de bens que devem ser protegidos. Se a prestação de serviços públicos de aplicação da lei não acompanhar o ritmo, a contrapartida de um maior bem-estar será, podemos ter a certeza, um aumento da criminalidade.

A cidade de Los Angeles, nos tempos modernos, constitui o estudo quase clássico sobre o problema do equilíbrio social. Fábricas e refinarias de petróleo magnificamente eficientes, um fornecimento pródigo de automóveis, um vasto consumo de produtos artesanalmente embalados, associado durante muitos anos à ausência de um serviço municipal de recolha de lixo que obrigava à utilização de incineradores domésticos, tornava o ar quase irrespirável para uma parte apreciável de cada ano. A poluição do ar só poderia ser controlada por um conjunto complexo e altamente desenvolvido de serviços públicos — por um melhor conhecimento das causas decorrentes de mais investigação pública, da exigência pública de dispositivos de controlo da poluição nos automóveis, de um serviço municipal de recolha de lixo e possivelmente da afirmação da prioridade do ar limpo sobre a produção de bens. Estes demoraram muito tempo a chegar. A agonia de uma cidade sem um ar aproveitável foi o resultado.

A questão do equilíbrio social pode ser identificada em muitos outros problemas atuais. Assim, um aspeto do aumento da produção privada é o aparecimento de um número extraordinário de coisas que reclamam o interesse dos jovens. Filmes, televisão, automóveis e as vastas oportunidades que acompanham a mobilidade que proporcionam, juntamente com mercadorias menos encantadoras como narcóticos, banda desenhada e pornografia, estão todos incluídos num PIB que avança. As crianças de uma época menos opulenta e tecnologicamente mais primitiva, tinham muito menos desvios deste tipo. A *red schoolhouse* é lembrada principalmente porque ocupava uma posição primordial na vida daqueles que a frequentavam, que nenhuma escola moderna pode esperar alcançar.

Numa comunidade bem gerida e bem regulamentada, com um bom sistema escolar, boas oportunidades recreativas e uma boa força policial — em suma, uma comunidade onde os serviços públicos acompanham o ritmo da produção privada — as forças de diversão que operam sobre os jovens modernos podem não causar grandes danos. A televisão e os costumes violentos de *Hollywood* têm de enfrentar a disciplina intelectual da escola. As atrações sociais, atléticas, dramáticas e afins da escola também chamam a atenção da criança. Estas, juntamente com as outras oportunidades recreativas da comunidade, minimizam a tendência para a delinquência. As experiências com violência e imoralidade são controladas por um sistema eficaz de aplicação da lei antes de se tornarem epidémicas.

Numa comunidade onde os serviços públicos não se conseguiram manter a par do consumo privado, as coisas são muito diferentes. Aqui, numa atmosfera de opulência privada e de miséria pública, os bens privados têm plena dominância. As escolas não competem com a televisão e o cinema. São os heróis duvidosos destes últimos, e não os professores, que se tornam os ídolos dos jovens. A violência substitui a recreação mais sedentária para a qual existem instalações ou provisões inadequadas. Banda desenhada, álcool, narcóticos e navalhas são, como foi referido, parte do aumento do fluxo de mercadorias, e não há nada que dispute o seu gozo. Existe uma ampla oferta de riqueza privada a ser apropriada e não há muito a temer da polícia. Uma comunidade austera está livre da tentação. Pode ser austera nos seus serviços públicos. Uma comunidade rica não.

Além do mais, numa sociedade que atribui grande importância à produção, e que possui maquinaria altamente eficaz para sintetizar os desejos privados, existem fortes pressões para ter o maior número possível de assalariados na família. Como sempre, todo o comportamento social é de uma peça. Se ambos os pais estão envolvidos na produção privada, a carga sobre os serviços públicos é ainda maior. As crianças, com efeito, tornam-se o encargo da comunidade durante uma parte apreciável do tempo. Se os serviços da comunidade não acompanharem o ritmo, esta será outra fonte de desordem.

A habitação residencial também ilustra o problema do equilíbrio social, embora de uma forma algo complexa. Poucos argumentariam que, nos escalões de rendimento mais baixos ou mesmo médios, os americanos estão abundantemente munidos de habitação. Um grande número de famílias gostaria de ter uma melhor localização ou apenas mais espaço de habitação, e não é necessária publicidade para os persuadir do seu desejo. E o fornecimento de habitação é do domínio privado. Pelo menos à primeira vista, a linha que traçamos entre privado e público parece não estar a impedir uma atribuição satisfatória de recursos à habitação.

No entanto, após uma análise mais atenta, o problema acaba por não ser muito diferente do da educação. É improvável que a indústria da habitação seja muito mais incompetente ou ineficiente nos Estados Unidos do que nos países — Escandinávia, Países Baixos, ou (na sua maior parte) Inglaterra — onde os bairros de lata foram largamente eliminados e onde os padrões *mínimos* de limpeza e conforto estão bem acima dos nossos. Como a experiência destes países demonstra, e como também temos vindo a aprender, a indústria da habitação funciona bem apenas em combinação com uma vasta, complexa e dispendiosa gama de serviços públicos. Estes incluem a compra e desobstrução de terrenos para a reabilitação; bom planeamento de bairros e cidades, e um zoneamento eficaz e bem reforçado; uma variedade de financiamentos e outras ajudas aos construtores e proprietários; investigação e serviços de arquitetura apoiados publicamente para uma indústria que, pela sua natureza, está equipada para fazer pouco por si só; e uma quantidade considerável de construção pública direta ou assistida e uma boa manutenção para as famílias nos escalões de rendimento mais baixos. A qualidade da habitação não depende da indústria, que é um dado, mas do que é investido nestes suplementos e apoios.([123])

([123]) Em *Economics and the Public Purpose* (Boston: Houghton Mifflin, 1973), relacionei o desempenho de funções públicas muito mais estreitamente com o poder da parte do sector privado que é servida. Assim, a oferta relativamente ampla de autoestradas, a oferta mais do que ampla de armas e a fraca oferta de serviços municipais e de cuidados de saúde pública.

III

Os argumentos a favor do equilíbrio social têm sido, até agora, postos de forma negativa. A incapacidade de manter os serviços públicos numa relação mínima com a produção e utilização privada de bens é uma causa de desordem social ou prejudica o desempenho económico. A questão pode agora ser colocada de forma afirmativa. Ao não explorarmos a oportunidade de expandir a produção pública, estamos a perder oportunidades de fruição que de outra forma poderíamos ter. Presumivelmente, uma comunidade pode ser tão bem recompensada com a compra de melhores escolas ou melhores parques, como com a compra de automóveis mais caros. Ao concentrar-se nestes últimos e não nos primeiros, não está a conseguir maximizar as suas satisfações. Tal como acontece com as escolas nas comunidades, o mesmo acontece com os serviços públicos em todo o país. Não é muito sensato que devamos satisfazer as nossas necessidades em bens privados com uma abundância imprudente, enquanto no caso de bens públicos, a olhos vistos, praticamos uma abnegação extrema. Assim, longe de explorar sistematicamente as oportunidades de aproveitamento e prazer decorrentes destes serviços, não fornecemos o que nos manteria fora de problemas.

A sabedoria convencional sustenta que cabe à comunidade, grande ou pequena, decidir o quanto vai dedicar aos seus serviços públicos. Esta decisão é tomada através de um processo democrático. Sujeitas às imperfeições e incertezas da democracia, as pessoas decidem quanto dos seus rendimentos e bens privados se renderão a fim de terem serviços públicos dos quais são mais necessitadas. Assim, existe um equilíbrio, por mais rude que seja, nos prazeres a retirar dos bens e serviços privados e dos prestados pela autoridade pública.

Será óbvio, no entanto, que esta visão depende da noção de desejos do consumidor determinados de forma independente. Num mundo assim, poder-se-ia, com alguma razão, defender a doutrina de que o consumidor, como eleitor, faz uma escolha independente entre bens públicos e privados. Mas dado o efeito de dependência — dado que os desejos dos consumidores decorrem do processo pelo qual são satisfeitos — o consumidor não faz tal escolha. Ele ou ela está sujeito às forças da publicidade e da emulação através das quais a produção cria a sua própria procura. A publicidade opera exclusivamente, e a emulação principalmente, em nome de bens e serviços produzidos por particulares.([124]) Uma vez que a gestão da procura e os efeitos emulativos operam em nome da produção privada, os serviços públicos terão uma tendência inerente para ficar para trás. A procura de automóveis que é sintetizada de forma dispendiosa terá inevitavelmente uma reivindicação muito maior sobre os rendimentos do que os parques ou a saúde pública ou mesmo as estradas onde essa influência não opera. As engrenagens da comunicação em massa, no seu estado mais elevado de desenvolvimento, assaltam

([124]) A emulação ocorre, de facto, entre comunidades. Uma nova escola de uma comunidade exerce pressão sobre as outras para se manterem a par. No entanto, em comparação com os efeitos generalizados da emulação no aumento da procura de bens de consumo de produção privada, haverá acordo, penso eu, de que este efeito intercomunitário é provavelmente pequeno.

os olhos e os ouvidos da comunidade em nome de mais bebidas, mas não de mais escolas. Mesmo na sabedoria convencional, dificilmente se argumentará que isto leva a uma escolha igual entre os dois.

A concorrência é especialmente desigual para novos produtos e serviços. Todos os cantos da psique pública são examinados por alguns dos cidadãos mais talentosos da nação para ver se o desejo por algum produto comercializável pode ser cultivado. Nenhum processo semelhante opera em nome dos serviços não comercializáveis do Estado. De facto, embora tomemos como dado adquirido a criação de novos desejos de privados, ficaríamos mensuravelmente chocados ao vê-lo aplicado aos serviços públicos. O cientista ou engenheiro ou publicitário que se dedica a desenvolver um novo carburador, higienizador ou depilador para o qual o público não reconhece nem sente qualquer necessidade até que uma campanha publicitária a desperte, é um dos membros valiosos da nossa sociedade. Um político ou um funcionário público que vê necessidade de um novo serviço público pode ser chamado de esbanjador. Poucos delitos públicos são mais repreensíveis.

Lá se vão as influências que operam na decisão entre a produção pública e privada. A decisão serena entre o consumo público e privado retratado pela sabedoria convencional é, de facto, um exemplo notável do erro que resulta da visão do comportamento social fora do seu contexto. A tendência inerente será sempre para que os serviços públicos fiquem atrás da produção privada. Temos aqui a primeira das causas do desequilíbrio social.

IV

O equilíbrio social é também vítima de duas outras características da nossa sociedade — as tréguas sobre a desigualdade e a tendência para a inflação. Uma vez que estes fazem agora parte do nosso contexto, o seu efeito é rapidamente visível.

Com raras exceções, como os correios, os serviços públicos não têm um preço a ser pago pelo utilizador individual. Pela sua natureza, devem, normalmente, estar disponíveis para todos. Como resultado, quando são melhorados ou são iniciados novos serviços, há a antiga e incómoda questão de quem deve pagar. Isto, por sua vez, suscita o debate colateral, mas irrelevante, sobre a desigualdade. Tal como acontece com a utilização da tributação como instrumento de política fiscal, as tréguas sobre a desigualdade são quebradas. Os liberais são obrigados a argumentar que os serviços serão pagos por uma tributação progressiva que reduzirá a desigualdade. Empenhados como estão na urgência dos bens (e também, como veremos num capítulo posterior, numa visão algo mecânica da forma como o nível de produção pode ser mantido mais seguro), devem opor-se aos impostos sobre vendas e consumos específicos. Os conservadores mobilizam-se para a defesa da desigualdade — embora sem nunca se comprometerem completamente em termos tão pouco claros — e opõem-se à aplicação de impostos sobre o rendimento. Com efeito, opõem-se à despesa não sobre os méritos do serviço, mas sim sobre os deméritos do sistema fiscal. Uma vez que o debate sobre a desigualdade não pode ser resolvido, o dinheiro não é frequentemente apropriado e o serviço não é prestado. É uma casualidade dos objetivos económicos tanto dos liberais como dos conservadores, para os quais as questões de equilíbrio social estão subordinadas às da produção e, quando esta é evocada, da desigualdade.

Na prática, as coisas funcionam melhor do que esta descrição das forças básicas sugere. Dada a estrutura fiscal, as receitas de todos os níveis de governo crescem com o crescimento da economia. Os serviços podem ser mantidos e por vezes até melhorados a partir desta progressão automática.

No entanto, este efeito é altamente desigual. As receitas do governo federal, devido à sua forte dependência de impostos progressivos sobre o rendimento, aumentam mais do que proporcionalmente com o crescimento económico privado. Além disso, embora a sabedoria convencional lamente muito o facto, as dotações federais têm apenas uma incidência indireta na tributação. Os serviços públicos são considerados e votados de acordo com a sua aparente urgência. Dar início ou melhorar um determinado serviço é raramente confrontado com o efeito específico sobre os impostos, exceto para fins de oratória. A política fiscal, por sua vez, é decidida com base no nível de atividade económica, nas receitas resultantes, no expediente e noutras considerações. Entre estas, o total dos milhares de dotações individualmente consideradas é apenas um fator. Neste processo, a consequência fiscal final de qualquer apropriação individual é *de minimus*, e a tendência para a ignorar reflete a matemática simples da situação. Assim, é possível que o Congresso tome decisões que afetem o equilíbrio social sem invocar a questão da desigualdade.

No entanto, as coisas são agravadas pelo facto de uma grande parte das receitas federais serem antecipadas pela defesa. O aumento dos custos da defesa também tem tendência a absorver uma grande parte do aumento normal das receitas fiscais. A posição do governo federal para melhorar o equilíbrio social também tem sido enfraquecida desde a Segunda Guerra Mundial pela forte, embora decrescente, convicção de que os seus impostos se encontram a níveis artificiais e que existe um compromisso tácito de reduzir os impostos na primeira oportunidade.

Nos Estados e localidades, o problema do equilíbrio social é muito mais grave. Neste caso, as receitas fiscais — isto é especialmente verdade no que diz respeito ao aumento geral dos impostos — aumentam menos do que proporcionalmente com o aumento da produção privada. Também a orçamentação está muito mais circunscrita do que no caso do governo federal — só a autoridade monetária goza do agradável privilégio de subscrever os seus próprios empréstimos. Devido a isto, o aumento dos serviços para estados e localidades coloca regularmente a questão de mais receitas e mais impostos. E aqui, com grande regularidade, a questão do equilíbrio social perde-se no debate sobre igualdade e equidade social.

Assim, encontramos atualmente de longe o mais grave desequilíbrio social nos serviços prestados pelos governos locais. O FBI recebe fundos muito mais facilmente do que a polícia de uma cidade. O Departamento de Agricultura tem maior facilidade em manter o seu controlo de pragas a par e passo com a expansão da produção agrícola do que o serviço de saúde médio de uma cidade tem capacidade para acompanhar as necessidades de uma população industrial em expansão. Uma consequência é que o governo federal permanece sob a pressão constante e altamente desejável para usar a sua posição superior de receitas para ajudar a restabelecer o equilíbrio nos níveis mais baixos de governo.

V

Finalmente, o desequilíbrio social é a descendência natural da inflação. No passado, a inflação teve dois efeitos principais nos serviços públicos. Os salários no serviço público tinham tendência a ficar muito aquém dos da indústria privada. Havia, assim, um incentivo para o abandono do sector público em *prol* do emprego privado. Mais importante, nos Estados Unidos, os problemas mais urgentes de equilíbrio social envolvem os serviços dos estados e localidades e, acima de tudo, os das grandes cidades. O aumento da população, a urbanização crescente e a abundância crescente intensificam as tarefas públicas da metrópole. Entretanto, as receitas destas unidades de governo, em contraste com as do governo federal, são relativamente rígidas. Em consequência da forte dependência do imposto predial, quando os preços sobem, as receitas destas unidades de governo ficam para trás. O problema do financiamento dos serviços torna-se, assim, cada vez mais agudo à medida que a inflação avança.

Em tempos muito recentes nas grandes cidades, uma organização sindical mais forte entre os funcionários municipais prendeu e, em algumas comunidades, inverteu a tendência para o atraso dos salários dos trabalhadores públicos. Assim, a posição competitiva dos serviços públicos não se torna, com a inflação, automaticamente adversa. Mas a pouca elasticidade das receitas mantém-se. E com elevados custos laborais, as restrições aos serviços — cortes, por vezes, em vez de expansão urgente — tornaram-se mais severas.

VI

Uma característica dos anos imediatamente a seguir à Segunda Guerra Mundial foi um ataque notável à noção de expansão e melhoria dos serviços públicos. Durante os anos da depressão, tais serviços tinham sido elaborados e melhorados, em parte, a fim de preencher uma pequena parte do vácuo deixado pela retração da produção privada. Durante os anos de guerra, o papel do governo foi vastamente expandido. Depois disso, veio a reação. Grande parte, inquestionavelmente, foi motivada pelo desejo de reabilitar o prestígio da produção privada e, com ela, dos produtores. Sem dúvida que alguns dos que aderiram ao ataque esperavam, pelo menos tacitamente, que fosse possível contornar a trégua fiscal em relação à igualdade, tendo menos impostos de todos os tipos. Durante algum tempo, a noção de que os nossos serviços públicos se tinham tornado de alguma forma inflacionados e excessivos era quase axiomática. Nem mesmo os políticos liberais protestaram seriamente. Acharam necessário declarar que também eram a favor de uma economia rígida em matéria de despesas públicas.

Nesta discussão, uma certa mística foi atribuída à satisfação de desejos supridos privadamente. Uma decisão comunitária de ter uma nova escola significa que o indivíduo rende a quantia necessária, queira ou não queira, nos seus impostos. Mas se ficar com esse rendimento, é um homem livre. O indivíduo pode decidir entre um carro melhor ou um aparelho de televisão. A dificuldade é que este argumento não deixa à comunidade uma forma de preferir a escola. Todos os desejos privados, em que o indivíduo pode escolher, são inerentemente superiores a todos os desejos públicos que devem ser pagos pelos impostos e com uma inevitável componente de coação.

O custo dos serviços públicos foi também considerado um fardo devastador para a produção privada, embora isso estivesse a acontecer numa altura em que a produção privada estava a florescer. Foram emitidos avisos urgentes sobre os efeitos desfavoráveis da tributação sobre o investimento — «Não conheço uma forma mais segura de matar o incentivo ao investimento do que através da imposição de impostos que as pessoas consideram punitivos»([125]). Isto foi numa altura em que o efeito inflacionário de um nível muito elevado de investimento causava preocupação. Os mesmos indivíduos que alertaram para os efeitos prejudiciais dos impostos defendiam fortemente uma política monetária destinada a reduzir o investimento. Contudo, uma compreensão do nosso discurso económico exige uma apreciação de uma das suas regras básicas: os homens bem posicionados são autorizados, por um ato especial de graça, a acomodar o seu raciocínio à resposta

([125]) Arthur F. Burns, Chairman of the President's Council of Economic Advisers, *U.S. News and World Report,* 6 de maio de 1955.

de que necessitam. A lógica só é necessária àqueles de estatuto inferior.

Finalmente, argumentou-se, não sem vigor, que a expansão do governo representava uma grave ameaça às liberdades individuais. «Quando a distinção e o estatuto só podem ser alcançados, quase exclusivamente, permeando a função pública (...) não podemos esperar que muitos prefiram, durante muito tempo, a liberdade à segurança.»([126])

Com o tempo, a desordem associada ao desequilíbrio social tornou-se visível mesmo que a necessidade de equilíbrio entre os serviços privados e públicos seja ainda imperfeitamente apreciada. O ataque contra os serviços públicos deixou uma marca duradoura. Sugerir que sondemos os desejos do nosso público, para apurar onde a felicidade pode ser melhorada por mais e melhores serviços, é de um tom fortemente radical. Até os serviços públicos que previnem a desordem devem ser defendidos. Em contrapartida, o homem que concebe uma panaceia para uma necessidade inexistente e depois promove ambos com sucesso, continua a ser um dos nobres da natureza.

([126]) F. A. von Hayek, *The Road to Serfdom* (Londres: George Routledge & Sons, 1944), p. 98. Como recompensa retrospetiva por este e semelhantes pensamentos mais técnicos, o professor von Hayek recebeu o Prémio Nobel da Economia em 1974.

18.

O equilíbrio de investimento

O equilíbrio social está relacionado com os bens e serviços que consumimos. Existe um problema associado na forma como dedicamos os recursos disponíveis a investimento na economia. As mesmas forças que nos trazem a plenitude de bens privados e nos deixam a pobreza dos nossos serviços públicos também atuam na distorção da distribuição do investimento entre o capital material comum e o que podemos designar como o capital pessoal do país. Esta distorção tem efeitos de grande alcance. Um deles é o de prejudicar a própria produção de bens privados. A situação será vista com mais acuidade se prosseguirmos com este último ponto. Não é, contudo, a única ou, de facto, a consequência mais importante.

O crescimento económico — a expansão da produção económica — exige um aumento da quantidade das fábricas e equipamentos produtivos do país ou da sua qualidade ou, como no caso habitual, de ambos. Todos concordam com isto. O aumento na quantidade é a formação de capital. O aumento da qualidade é um avanço tecnológico.

Nas primeiras fases do desenvolvimento económico, das quais derivam tantas das nossas atitudes económicas, a forma simples e suficiente de obter mais crescimento era ter mais poupanças e, portanto, mais capital material. O talento empresarial era necessário, mas, pelo menos nos países ocidentais, era quase invariavelmente, se não invariavelmente, iminente. Para desempenhar esta função era necessária alguma educação. Mas, como o grande número de exemplos de grandes empreendedores de Comodoro Vanderbilt a Henry Ford deixou claro, a educação podia ser exígua e muitas vezes era-o. A existência de um corpo de trabalhadores instruídos e alfabetizados era desejável, mas de forma alguma essencial. Algumas das maiores empresas industriais dos Estados Unidos do passado eram compostas principalmente por homens que não sabiam escrever nenhuma língua nem falavam inglês. Mais importante, em todas as fases iniciais de desenvolvimento não havia uma correlação próxima e previsível entre a oferta de homens instruídos e a natureza da sua formação e a taxa de inovação tecnológica. As invenções eram mais frequentemente resultado de brilhantes rasgos de perceção do que produto de uma longa preparação de formação e desenvolvimento. A Revolução Industrial em Inglaterra foi desencadeada pela invenção da lançadeira transportadora de John Kay, a máquina de fiar *Jenny* de James Hargreaves, o quadro de fiar de (presumivelmente) Richard Arkwright e, claro, pelo motor a vapor de James Watt. Estes representaram vastas melhorias no capital que era posto em uso industrial. Mas só no caso de Watt é que a inovação poderia estar relacionada com a educação e preparação anteriores. Kay e Hargreaves eram simples tecelões com visão mecânica. Quando era rapaz, Arkwright tinha sido aprendiz de barbeiro e mal era alfabetizado.

Contudo, com o desenvolvimento de grandes e complexas instalações industriais, e ainda mais com o desenvolvimento de um grande e sofisticado corpo de ciência básica e de experiência na sua aplicação, tudo isto se alterou. Além dos empresários (e talvez se deva acrescentar os contabilistas e escriturários) que surgiram mais ou menos automaticamente, a atividade económica moderna requer agora um grande número de pessoas formadas e qualificadas. O investimento em seres humanos é, *prima facie*, tão importante como o investimento em capital material. Um, na sua complexidade moderna, depende do outro.

Mais importante ainda, as *melhorias* em termos de capital — o avanço tecnológico — estão agora quase totalmente dependentes do investimento em educação, formação e oportunidades científicas para os indivíduos. Um ramo da sabedoria convencional agarra-se nostalgicamente à convicção de que as invenções brilhantes, isoladas e intuitivas ainda são um instrumento principal do progresso tecnológico e podem ocorrer em qualquer lugar e a qualquer pessoa. Benjamin Franklin é o arquétipo sagrado do génio americano e nada pode ser feito para perturbar a sua posição. Mas o facto pouco romântico, é que a inovação se tornou um empreendimento altamente organizado. O alcance do resultado está previsivelmente relacionado com a qualidade e quantidade dos recursos que lhe estão a ser aplicados. Estes recursos são homens e mulheres. A sua qualidade e quantidade dependem da extensão do investimento na sua educação, formação e oportunidade. São a fonte da mudança tecnológica. Sem eles, o investimento em capital material ainda trará crescimento, mas será o crescimento ineficiente combinado com a estagnação tecnológica.

II

Chegamos agora ao cerne do problema. O investimento em capital material é distribuído entre as várias indústrias requerentes por decisão do sector privado. Se as perspetivas de crescimento são boas ou os ganhos (à margem) são elevados na indústria petrolífera e baixos no sector têxtil, é na indústria petrolífera que o capital será investido. Este sistema de atribuição funciona, ao que parece, com uma eficiência tolerável. Entre os crimes reconhecidos na economia, a interferência com o «livre fluxo» de capital ocupa uma posição muito elevada.([127])

Mas embora este fluxo funcione entre diferentes requerentes materiais de fundos de investimento, funciona com manifesta incerteza e ineficiência entre capital material e pessoal. Quase todo o investimento em indivíduos é do domínio público. É o Estado que, através das escolas primárias e secundárias, e através das faculdades e universidades, faz o maior investimento nos indivíduos. E nos casos, como o das faculdades e universidades privadas, em que o Estado não está diretamente envolvido, o montante

([127]) Argumentei em *The New Industrial State* (Boston: Houghton Mifflin, 1967) e em *Economics and the Public Purpose* (Boston: Houghton Mifflin, 1973) que não é um reflexo de forças de mercado que operam livremente e que respondem exclusivamente à perspetiva de lucro. Reflete os objetivos de planeamento da empresa que a fabrica, e estes incluirão o crescimento, a segurança e mesmo algum virtuosismo tecnológico.

do investimento não está diretamente relacionado com o eventual retorno na produção. Sendo o investimento nas refinarias mais elevado do que nas fábricas de têxteis, as refinarias irão atrair fundos de investimento. Mas os engenheiros que concebem as refinarias serão, talvez, ainda mais importantes — na realidade, produzem um retorno mais elevado. E o maior retorno de todos pode vir do cientista que faz uma melhoria acentuada no processo de refinação. Estas não são possibilidades imaginativas, mas sim probabilidades comuns. No entanto, o elevado retorno da formação científica e técnica não faz com que os fundos passem do capital material para tal investimento. Não há qualquer fluxo provável entre a construção das refinarias e a educação dos cientistas. Neste caso, no ponto mais crítico do processo de vaivém da alocação de recursos de investimento, é um impedimento de grande importância. Caracteristicamente, no entanto, tem sido alvo de pouco debate. Não é, tal como as tarifas ou o monopólio, uma das barreiras clássicas ao movimento de capitais. Por conseguinte, não se firmou na economia no século passado e, consequentemente, não tem agora uma posição real.

Não pode haver dúvidas quanto à importância do impedimento. O investimento em indivíduos é do domínio público; este investimento tornou-se cada vez mais essencial com o avanço da ciência e da tecnologia; e não existe maquinaria para a atribuição automática de recursos entre investimento material e humano. Mas isto não é tudo. Como vimos em capítulos anteriores, existe uma discriminação ativa contra o investimento no domínio público. O investimento na refinaria é um bem não mitigado. Aumenta o nosso *stock* de riqueza. É uma conquista categórica. Mas a formação dos cientistas e engenheiros que irão gerir a refinaria, melhorar a sua eficiência económica, e possivelmente no final substituí-la por algo melhor, não é um bem categórico. O dinheiro, assim, investido na educação é parte do fardo do governo. Muitos ainda julgam a excelência da conquista pela pequenez deste fardo. Outros mantêm o investimento, ou seja, o fardo, em suspenso enquanto discutem sobre quem deve arcar com as despesas — com efeito, reavivando a antiga questão da relação do sistema fiscal com o aumento da igualdade. Uma parte do investimento deve ser mendigada como uma graça dos ricos — ou das suas fundações. Mesmo o prestígio da própria palavra «investimento» não é regularmente atribuído a estes gastos. Há um século e mais, quando a educação não estava intimamente relacionada com a produção, os homens limitavam sensatamente a palavra «investimento» aos aumentos de capital que trouxessem um aumento posterior do produto. A educação era corretamente considerada como um gasto do consumidor. Esta utilização popular nunca foi revista.([128])

([128]) Desde que isto foi escrito, e sob o impacto das realizações científicas soviéticas, tem-se discutido o nosso atraso no *investimento* na educação científica. No entanto, isto está a ser tratado como uma espécie de aberração, e não como uma falha fundamental no nosso mecanismo de atribuição de recursos.
A nota de rodapé anterior refere-se à primeira edição. Desde então, a afetação de recursos ao desenvolvimento humano aumentou, assim como a tendência para a descrever como um investimento em capital humano. Daí o progresso. Mas o problema básico da afetação entre capital material e pessoal, refletindo as suas respetivas localizações nos sectores privado e público, mantém-se. E o mesmo acontece com a discriminação a favor do investimento material.

Se fosse legalmente possível organizar os jovens numa idade precoce, possivelmente pela sua pontuação no teste de matemática, e os mais promissores fossem, então, destinados para toda a vida a uma determinada corporação, o fluxo de investimento no desenvolvimento humano poderia em breve ser colocado numa paridade aproximada com o do capital material. As empresas perceberiam a necessidade de investir no seu *stock* de cientistas e engenheiros, tal como os clubes de basebol das ligas principais aprenderam, em tempos a sabedoria, a investir nas equipas rurais. Em condições ideais, qualquer talento excedentário poderia ser comercializado. O custo da tentativa falhada de educar os inevitáveis erros de seleção seria anulado ou parcialmente recuperado através da utilização dos indivíduos como vendedores. Sob um tal sistema, que infelizmente, como referido, implicaria a eliminação da liberdade de escolha dos indivíduos em questão, o investimento em seres humanos aumentaria e a um ritmo acelerado.

Mas enquanto a liberdade de escolha se mantiver, tal investimento deve continuar a ser, em grande medida, uma função pública. O indivíduo, uma vez que está apenas no início do seu poder aquisitivo, não pode fazer ele próprio qualquer parte apreciável do investimento. Se os seus pais podem e estarão dispostos a fazê-lo depende fortemente do acaso. Dificilmente se pode esperar que o seu futuro empregador invista num ativo que se possa materializar na fábrica de um concorrente ou noutra indústria. No máximo, irá, como se faz agora, distribuir algumas bolsas de estudo, juntamente com a publicidade solicitada na esperança de influenciar, em última análise, a escolha daqueles em quem o investimento está quase completo.

Isto não tem qualquer efeito apreciável sobre o total do investimento em pessoas. Trata-se de uma operação de lucros em pequena escala. Sugere, no entanto, a importância que é atribuída aos ativos resultantes.

III

O desenvolvimento humano, por outras palavras, é o que os economistas há muito tempo denominam de economia externa.([129]) Os seus benefícios revertem a favor de todas as empresas; não é suficientemente específico para que seja comprado e pago por qualquer empresa.

O que é verdade para o desenvolvimento humano é também verdade para um dos seus principais frutos: a investigação científica. Uma sociedade que estabelece para si própria o objetivo de aumentar a sua oferta de bens terá tendência, inevitavelmente, a identificar a inovação com adições, mudanças ou aumentos no seu *stock* de bens. Deduzirá, consequentemente, que a maior parte da investigação será induzida e recompensada pelo mercado.

Muita será. Nas circunstâncias adequadas — as empresas devem ter uma dimensão adequada na indústria, e outras certas condições devem ser satisfeitas([130]) — podemos esperar

([129]) Há uma opinião diferente de que muito do valor da educação reside no seu papel de filtro — como um meio, de facto, de legitimar a discriminação em favor dos talentosos. Sobre isto, ver Lester C. Thurow, «Education and Economic Equality», *The Public Interest*, N.º 28 (verão 1972), e Kenneth J. Arrow, «Higher Education as a Filter», *Journal of Public Economics*, Vol. 2, N.º 3 (julho 1973).

([130]) Cf. *American Capitalism*, 2.ª ed. (Boston: Houghton Mifflin, 1956), pp. 84–94.

que a economia faça um trabalho superior de inventar, desenvolver e redesenhar os bens dos consumidores e melhorar o seu processo de fabrico. Também não há razão para duvidar de que será dada uma atenção semelhante, em circunstâncias igualmente favoráveis, às indústrias de bens de capital que apoiam o consumo destes bens por parte dos consumidores. Grande parte deste alcance só nos impressionará se não nos perguntarmos como é que a procura dos produtos assim desenvolvidos é conseguida e sustentada. Se o fizermos, somos obrigados a observar que grande parte do esforço de investigação — como na indústria automóvel — é dedicado à descoberta de mudanças que podem ser publicitadas. O programa de investigação será construído em torno da necessidade de conceber «pontos de venda» e «alavancas publicitárias» ou de acelerar «a obsolescência planeada». Tudo isto sugere que o incentivo terá o fim de atribuir recursos de investigação que, em certo sentido, são as coisas menos importantes. A quantidade é mais impressionante do que a forma como é atribuída. Ainda assim, não se pretende sugerir que a economia americana seja negligente na atenção que dedica à mudança e melhoria dos bens dos consumidores. Obviamente que não o é.

Estes incentivos, no entanto, funcionam apenas sobre uma pequena parte da atividade científica e de investigação total e, de facto, sobre uma pequena parte que é potencialmente aplicável à produção de bens. Assim, uma quantidade muito grande de investigação altamente útil não pode ser especializada ou sustentada por qualquer produto comercializável. Isto é obviamente verdade para muita da chamada investigação básica. Mas é também verdade para uma grande quantidade de esforço aplicado. Os transportes aéreos modernos são os enteados dos aviões militares. Não teriam sustentado por si só o esforço de investigação e desenvolvimento subjacente. O mesmo é verdade num grau ainda maior para as utilizações não-militares da energia nuclear. E para os satélites de comunicações e para os computadores.

É pelo facto de considerações militares terem induzido uma grande atribuição de recursos à investigação que este problema é, no seu conjunto, menos marcante do que o do investimento em recursos pessoais. Embora a investigação deva ser do domínio público, a urgência militar ou o que assim se denominou tem ajudado a compensar este flagelo. Há pouco conforto para o homem nas circunstâncias que induziram esta atribuição de recursos ou nas armas dela resultantes. Mas tem catalisado uma quantidade considerável de inovação e desenvolvimento científico. É muito mais significativa a investigação que resultou do esforço de exceder a velocidade do som do que a que resultou da procura do melhor e mais inovador sabão. Pode até ser mais significativo para a própria indústria. Em qualquer caso, o ritmo do progresso técnico da indústria americana nas últimas décadas teria sido marcadamente mais lento se não fosse a investigação de inspiração militar e, por esta razão, apoiada publicamente.

IV

Como referido, é necessário, sempre que possível, lidar com a sabedoria convencional nos seus próprios termos.

A sabedoria convencional sublinha a urgência primordial do aumento da produção de bens. Mostrar que mesmo para este fim a sua alocação de investimento é irracional — que é tolerável para investigação apenas enquanto subproduto de reivindicações militares e que para investimento em indivíduos não pode fazer qualquer reivindicação de racionalidade — é impressionante. No entanto, seria bárbaro sugerir que a única reivindicação a ser feita em nome da educação é o aumento da produção de bens. Tem a sua independência e, há que supor, a sua justificação superior. Um cavalo quase certamente aprecia um estábulo confortável, um abastecimento estável de aveia, uma certa dose de recreação, e, concebivelmente, o prazer de ser estimado pelo menos tanto quanto qualquer outro cavalo do estábulo. A qualidade não-teológica que mais distingue os homens dos cavalos, além destes atributos de bem-estar material e psíquico, é o desejo de conhecer, compreender e raciocinar. Pode esperar-se que o investimento nas coisas que diferenciam o homem dos seus animais não exija mais nenhuma justificação. Se, contudo, este investimento é menos do que seria justificado mesmo para a produção de bens, perguntamo-nos quanto menos do que o ideal deve ser para fins de satisfação e realização humana.

V

Resta uma questão final e bastante mais especulativa, que é o legado conjunto do problema do equilíbrio social no consumo e do investimento equilibrado em capital material e pessoal.

Como argumentado no Capítulo 13, o processo pelo qual os desejos são agora sintetizados é uma fonte potencial de instabilidade económica. A produção e, por conseguinte, o emprego e a segurança social dependem de um processo inerentemente instável de criação de dívida dos consumidores. Isto pode um dia vacilar. E uma decadência nas compulsões emulativas ou na capacidade de sintetizar a procura poderia trazer uma queda no consumo, um aumento do desemprego e um difícil problema de reajustamento.

Por muito grandes ou pequenos que sejam estes perigos, serão reduzidos se o nosso consumo for amplamente distribuído — se as energias produtivas servirem uniformemente toda a amplitude dos desejos do homem. Uma vez que os desejos do público em geral não são forjados([131]), não estão sujeitos a um fracasso de forjamento. Uma vez que não são vendidos a prestações, não estão sujeitos a restrições por nenhum dos fatores que podem fazer com que as pessoas não queiram ou não possam contrair dívidas. Assim, quanto melhor for o equilíbrio social, mais imune é a economia a flutuações na procura privada.

Há outra possibilidade oposta. As mentes simples, presumivelmente, são as mais fáceis de controlar. Uma melhor educação, que seria um produto de um melhor equilíbrio social, pode muito bem resultar na diminuição da eficácia da síntese e emulação no fabrico de novos desejos. A síntese e a emulação são mais persuasivas na criação de desejo por

([131]) Alguns são. As necessidades militares refletem a gestão substancial da procura militar por parte das empresas fornecedoras. Sobre isto, ver também *The New Industrial State*, Capítulos XXVI-XXIX.

simples objetos físicos de consumo ou de simples modos de prazer que não requerem qualquer condicionamento prévio do consumidor. Casas; automóveis; as formas não complicadas de álcool, comida e prazer sexual; desporto; e cinema requerem pouca preparação prévia do sujeito para obter o maior prazer. Um apelo em massa é assim bem-sucedido, e é sobre estas coisas que encontramos concentrado o peso principal da criação moderna de desejos. Em contraste, desejos mais esotéricos — música e belas-artes, interesses literários e científicos e, até certo ponto, viagens — geralmente só podem ser sintetizados, se é que o podem, de todo, , com base numa boa dose de educação prévia.

A educação, portanto, é uma espada de dois gumes para a sociedade próspera. É essencial, dadas as exigências técnicas e científicas da indústria moderna. Mas, ao alargar os gostos e ao induzir também atitudes mais independentes e críticas, mina o poder de criação de desejos que é indispensável à economia moderna. O efeito é reforçado à medida que a educação permite às pessoas verem como são controladas no interesse do mecanismo que se assume que as serve. A consequência final é que os valores da sociedade da abundância, em particular a sua preocupação com a produção como um teste de desempenho, são minados pela educação que é necessária naqueles que a servem.

Ou assim poderia ser, dado que as forças que canalizaram os nossos pensamentos no passado foram tão severas que restou pouco para avançar nestes vales férteis da imaginação.

19.

A transição

De certa forma, a tarefa principal deste ensaio está cumprida. O seu principal objeto é o da servidão perante um mito — o mito de que a produção de bens, pela sua importância avassaladora e pela sua inelutável dificuldade, é o problema central das nossas vidas. Vimos agora as fontes deste mito. E vimos algumas das consequências — o ténue e talvez perigoso processo de criação de procura do consumidor, o desequilíbrio social — com as quais o mito nos compromete. A emancipação da mente é um empreendimento não menos digno do que a emancipação do corpo. Uma vez que concedemos a um escravo a sua liberdade e o persuadimos das suas virtudes, normalmente deixamos que desfrute dela. Quem o liberta também não é culpado por não lhe ter dado uma lista de coisas para fazer.

A procura de novos objetivos, assim que os antigos se tornam suspeitos, não é apenas a próxima ordem de investigação filosófica, mas a inevitável. A filosofia social, muito mais do que a natureza, abomina o vácuo. Os homens precisam de ver um objetivo para os seus esforços. Este propósito pode ser absurdo e, como já vimos, se é elaboradamente absurdo, tudo isso é para o bem.

Os homens podem esforçar-se para dar um sentido a cada um dos passos em direção a um objetivo, sem nunca parar para refletir sobre o quão ridículo é o próprio objetivo. Mas os homens não devem questionar o objetivo, porque fazê-lo é iniciar uma busca por um outro que serve melhor. Assim é que um ensaio como este é muito mais importante pelo que destrói — ou para ser mais preciso, pela destruição que cristaliza, uma vez que o inimigo último do mito são as circunstâncias — do que por aquilo que cria.

Isto está em nítida contradição com a sabedoria convencional. Esta dá grande importância ao que chama de crítica construtiva. E concentra o seu desprezo naquilo a que é suscetível de chamar uma posição puramente destrutiva ou negativa. Nisto, como tantas vezes, manifesta um bom instinto de autopreservação. O ataque ao pensamento convencional ou reconhecido é descartado como sendo uma atividade inferior e, na verdade, uma atividade arbitrária e, como tal, não é algo que deva ser levado a sério. Ao mesmo tempo, são encorajadas «alternativas construtivas». Estas constituem uma ordem de perigo muito inferior. A ameaça à sabedoria convencional é sempre a sua própria irrelevância, e não o apelo de uma alternativa relevante. Na Alemanha Ocidental do pós-guerra, em contraste com o regime de Weimar, os governos demonstraram uma notável estabilidade de posse. Algum crédito foi atribuído à disposição constitucional para o chamado «veto construtivo». Com efeito, isto exigia que o parlamento decidisse sobre uma nova administração antes de votar contra a antiga. Resolver antecipadamente uma tal alternativa é difícil ou impossível.

Assim, os parlamentos não tinham outra escolha senão manter o *statu quo*. A sabedoria convencional encontra força semelhante na afirmação da superioridade moral da crítica construtiva.

Contudo, como sempre, é uma boa estratégia lidar com a sabedoria convencional nos seus próprios termos. Se nos perguntarmos como é que escapamos à atual preocupação com a produção; ou como é que escapamos à corrida para fabricar mais desejos por mais bens e depois ainda mais desejos por ainda mais bens; ou com o que é preencheríamos o vácuo aparentemente vasto que o abandono desta corrida deixaria nas nossas vidas; ou quais serão os símbolos da felicidade se os bens deixarem de ser tão conceituados, então será bom que tenhamos respostas. As defesas da sabedoria convencional são formidáveis. Não se deve conceder-lhe quaisquer questões. O que substitui a profunda preocupação com a produção?

II

Num mundo de ligeira loucura, os comportamentos tanto do totalmente racional como do totalmente insano parecem igualmente estranhos. A noção de que o nosso mundo é, inevitavelmente, um mundo em que a produção é de suprema urgência é antiga. Também o é o comportamento que lhe corresponde. A descoberta de que a produção já não é de tal urgência — que é algo de que estamos razoavelmente seguros e que, paradoxalmente, é mais ameaçado pela nossa incapacidade de a ver numa perspetiva adequada([132]) — envolve uma grande distensão nas nossas atitudes. O que antes era um comportamento económico sadio, já não pode ser um comportamento económico sadio agora. Os antigos objetivos dos indivíduos, das organizações e, talvez mais especialmente, do governo, podem não o ser os mesmos de agora. Muitos daqueles que considerem ser possível acreditar que a produção perdeu a sua urgência primitiva continuarão a achar as mudanças de comportamento e a política que isto sugere bastante difíceis de engolir. Este comportamento e estas políticas terão um ar de impotência, até mesmo de perigo. E isto, escusado será dizer, irá ser vigorosamente explorado pela sabedoria convencional.

Foi sempre assim. Durante a grande depressão, muitos concordaram que a causa clara e imediata da dificuldade era a falta de procura de bens. Parecia suficientemente plausível que a economia privada pudesse encontrar o seu equilíbrio não com uma procura suficiente para assegurar o pleno emprego, mas a um nível em que milhões substanciais ficassem desempregados. No entanto, tendo concedido tudo isto, não foi fácil durante muito tempo concordar que o governo deveria complementar a deficiente procura privada com empréstimos e despesas públicas destinadas ao emprego. Isto afigurava-se muito imprudente. O diagnóstico keynesiano era uma coisa, mas o remédio keynesiano era outra.

([132]) Comprometendo-nos, repito, ao ténue processo de criação privada de desejos, causando desequilíbrios sociais, contribuindo para a instabilidade económica, e ameaçando, entre outras coisas, o fornecimento de mão-de-obra qualificada.

A vida e, certamente, a linguagem seriam mais simples se aceitássemos a mudança, e as consequentes políticas, ao seu valor nominal. Mas também destruiria uma qualidade cativante, quase oriental, da nossa vida política que nos leva a colocar as urgências do presente sob os símbolos do passado. Embora a produção tenha recuado em importância, continuaremos sem dúvida a fingir que não é o caso.

III

A quantidade de questões que de comum acordo resolvemos em função do facto de ajudar ou retardar a produção — se a torna mais ou menos importante — é enorme. Se algo aparenta contribuir para o aumento da produção, é porque é benéfico. Caso contrário, é inútil. Se prejudica a produção, é maléfico. Se se puder demonstrar que um imposto é prejudicial aos incentivos e, portanto, à produção, é, *per se*, um mau imposto; e mesmo que este resultado não possa ser demonstrado, ainda assim, vale a pena invocá-lo. O nosso tópico de controvérsia mais antigo e, para alguns, ainda o mais amado são as tarifas. Os seus inimigos sempre argumentaram que as indústrias que nutrem são ineficientes — que os recursos poderiam ser utilizados de forma mais eficiente noutros locais. Nunca duvidaram de que a eficiência era a consideração decisiva. E os seus adversários, embora de várias formas desafiando a defesa de uma maior eficiência do comércio livre, nunca desafiaram esse critério enquanto tal.

Do mesmo modo, o debate sobre as grandes empresas tem-se centrado quase exclusivamente na sua eficiência.

Os seus defensores justificaram-nas pela sua competência enquanto produtores. Os seus críticos sustentaram que as grandes empresas excederam as dimensões ideais de eficiência.([133]) As grandes empresas são criaturas de grande importância política. Até muito recentemente, este aspeto da sua existência tinha sido uniformemente descartado como sendo de pouca monta. Tal como acontece com as grandes empresas, o mesmo se passa com os sindicatos. São defendidos ou condenados de acordo com o seu efeito sobre a produtividade dos seus membros. O facto de ter tornado o trabalho mais tolerável; de ter reforçado a dignidade dos seus membros; e, através de regras de antiguidade, ter concedido aos seus membros aquilo que parecem ser os direitos naturais da idade avançada não são fatores decisivos. Decisivo é o efeito que estes têm tido na produtividade.

Se uma localidade estiver em declínio — se a energia, os transportes, o abastecimento de matérias-primas, o gosto dos consumidores ou as leis fiscais tiverem conferido uma vantagem a outras áreas ou países — então deve-se encorajar as pessoas a partir. Mobilidade significa eficiência. É verdade que os laços de família, os amigos, o pároco, o campo e a mera inércia podem fazer disto uma receita draconiana e até cruel. Mas é o caminho eficiente. Até tempos relativamente recentes, uma grande quantidade de

([133]) Cf. Audições perante a Comissão Selecionada do Senado dos Estados Unidos para as Pequenas Empresas, 29 de junho de 1967. O meu argumento de que as dimensões das grandes empresas serviam os seus objetivos de planeamento foi fortemente atacado pelos defensores das pequenas empresas com o argumento incongruente de que eram maiores do que o necessário para a eficiência técnica.

doenças industriais e ocupacionais podia ser justificada com base no facto de considerações de custo não permitirem a sua eliminação. Uma tal contenda já não é aceitável na sabedoria convencional. Esta última não hesitaria, contudo, em salientar que as concessões obtidas ao longo dos anos pelos mineiros de carvão aceleraram o declínio relativo dessa indústria em muitas áreas. Dada a importância da produção, isto foi muito lamentável.

Mas se as coisas produzidas não são de grande urgência, daí decorre que a eficiência do processo pelo qual são produzidas deixa de ser uma consideração primordial. Devem ser aplicados testes novos e, normalmente, muito mais difíceis. Não é, de facto, improvável que estes já se encontrem a desempenhar um papel considerável mas sub-reptício e isto torna-se agora evidente.

Assim, a discussão em torno do imposto progressivo sobre os rendimentos há muito que se prende com o seu efeito ao nível da eficiência. Alguns têm argumentado que prejudica os incentivos ao aumento da eficiência. Outros têm argumentado que não o faz. Mas se a eficiência não é decisiva, então o debate deve avançar por outros motivos. Estes podem muito bem incluir a questão simples e incerta de quem deve pagar que quantidade. É com esta questão que muitos dos que agora falam de eficiência estão realmente preocupados.

Além disso, se a eficiência já não for um critério primordial, a política tarifária terá de ser resolvida com base no quão longe devemos ir para fazer do comércio o sustentáculo de uma política nacional mais ampla ou que papel a compaixão deve desempenhar no alívio dos problemas das indústrias ou áreas em dificuldades. Na verdade, a política comercial já está parcialmente subordinada tanto à cortesia internacional como à caridade local. A eficiência já se rendeu em parte a estas outras considerações mais urgentes.

Se as grandes empresas modernas têm de fabricar não só bens, mas também o desejo pelos bens que fabricam, a eficiência da primeira parte desta atividade deixa de ser decisiva. Poder-se-ia, de facto, argumentar que a felicidade humana seria tão eficazmente promovida pela ineficiência na criação de desejos como pela eficiência na produção. Nestas circunstâncias, a relação das grandes empresas modernas com as pessoas que as compõem — a sua perspetiva de dignidade, individualidade e pleno desenvolvimento da personalidade — pode ser, pelo menos, tão importante como a sua eficiência. Isto poderá valer a pena mesmo que implique um custo de produção mais elevado. Evidentemente, os sindicatos, ao procurarem tornar a vida no trabalho mais tolerável, estavam a ser governados por um instinto sadio. Por que haveria a vida de ser intolerável para produzir coisas de urgência reduzida?

As atitudes em relação às comunidades em declínio podem precisar, talvez tardiamente, de ser revistas. A felicidade e o contentamento da população de uma antiga cidade fabril da Nova Inglaterra e a sua preferência, que agora nos pode parecer digna de nota, pela vida numa destas comunidades em decadência, era uma consideração a ser ponderada face à eficiência com que eram empregados. Uma sociedade racional e compassiva pode procurar evitar os desgostos de uma diáspora industrial. Se os bens deixaram de ser urgentes, será que podemos ordenar firmemente aos homens que abandonem as suas casas para os produzirem com a máxima eficiência?

O teste da política pública de Benthamite era «o que servir a maior felicidade do maior número de pessoas», e a felicidade era mais ou menos implicitamente identificada com a produtividade. Este continua a ser o teste oficial. Nos tempos modernos, o teste não tem sido aplicado com muito rigor. Embora não o tenhamos reconhecido, de certa forma, já pressentimos o declínio da importância dos bens. No entanto, mesmo na sua forma deteriorada, agarramo-nos a este critério. É muito mais simples do que substituí-lo pelos outros testes — o da compaixão, da felicidade individual e do bem-estar, a minimização das tensões comunitárias ou outras tensões sociais — que agora se tornam relevantes.

IV

Está envolvido muito mais do que decisões sobre política económica. Está em jogo um sistema de moralidade, uma vez queo que consideramos ser a herança puritana foi solidamente fundamentado em circunstâncias económicas. Num país que estava a ser esculpido a partir do deserto, a parcimónia e o trabalho eram obrigações de todos, pois conservavam e aumentavam a oferta de bens que sustentavam a própria vida. E a tradição central ou clássica da economia era mais do que uma análise do comportamento económico e um conjunto de regras para a política económica. Tinha também um código moral. O mundo não tinha a obrigação de providenciar o sustento a homem nenhum. Se não trabalhasse, não comia. A obrigação assim imposta exigia que o homem trabalhasse em seu próprio nome e, consequentemente, em nome de outros. O fracasso no trabalho, mesmo quando podia ser tolerado, era ofensivo para o que veio a ser chamado moral vitoriana, mas também podia ter sido chamado moral económica. «Viver no ócio, mesmo tendo meios, não é apenas prejudicial para si próprio, mas também é uma espécie de fraude para a comunidade.»([134])

Mas se os bens deixaram de ser urgentes, onde está a fraude? Estaremos nós desesperadamente dependentes da diligência do trabalhador que aplica esmalte castanho ao metal de um automóvel? Um homem inativo pode ainda ser um inimigo de si mesmo. Mas é difícil dizer que a perda do seu esforço é prejudicial para a sociedade. No entanto, é esse prejuízo que nos leva a condenar a ociosidade.

Mais uma vez, o facto de um homem prejudicar a sociedade pela sua incapacidade de produzir tem sido, em última análise, a base de uma justa dose de indiferença altamente conveniente e até de crueldade no nosso comportamento. As igrejas há muito que evidenciam a virtude de amar o próximo. Mas o religioso prático também reconheceu a importância de conciliar isto com as necessidades económicas básicas. Uma boa dose de desinteresse prático serviu o bem social. Houve sempre muitas pessoas para quem era doloroso trabalhar. Mostrar-lhes compaixão pode

---

([134]) William A. Alcott (um moralista e mestre escolar da Nova Inglaterra do século passado) citado por Irving G. Wyllie em *The Self-Made Man in America* (New Brunswick: Rutgers University Press, 1954), p. 41.

ser prejudicar a produção. Os desgostos da migração em busca de emprego podem ser consideráveis, mas quão pior é a ineficiência de produzir no lugar errado. Não devem ser desperdiçadas lágrimas pelos agricultores que vão à falência. Este é o caminho para uma produção agrícola mais eficiente. Nos Estados Unidos, como noutros países ocidentais, há muito que temos um respeitável sacerdócio secular cuja função tem sido erguer-se acima de questões de ética religiosa, bondade e compaixão e mostrar como estas podem ter de ser sacrificadas no altar do bem maior. Esse bem maior, invariavelmente, era uma produção mais eficiente. O sacrifício perde obviamente algum do seu sentido se for em nome de uma produção mais eficiente de bens para a satisfação de desejos dos quais as pessoas ainda não estão conscientes. É ainda mais ténue, nos seus fundamentos filosóficos, se for para permitir a criação mais eficiente de desejos dos quais as pessoas ainda não estão conscientes. E esta última não é uma indústria insignificante no nosso tempo.

Neste ponto, até os mais insensíveis dos leitores considerarão com simpatia as trágicas implicações para as ideias estabelecidas que a rejeição da escassez e a aceitação da abundância implicam. Os esforços quase incrivelmente elaborados da sabedoria económica convencional para proteger o mito atual tornam-se compreensíveis. Há um sentimento de deslealdade, quase de traição, ao destruí-lo.

No entanto, escapar aos grilhões da eficiência produtiva e do trabalho incessante traz as suas oportunidades. Contudo, uma última ponte deve ser construída entre o mundo da escassez e o da abundância. Pois, no mundo da escassez, a necessidade de bens era, como acaba de ser notado, poderosamente reforçada pela compulsão de trabalhar. O indivíduo que não trabalhasse, a menos que fosse favorecido por circunstâncias raras, era penalizado por uma perda total de rendimentos. Essa penalização ainda persiste amplamente, apesar de agora obrigar à produção de bens relativamente pouco importantes. Obviamente, não colheremos as recompensas da abundância enquanto não resolvermos este problema.

20.

O divórcio entre a produção e a segurança

Vimos que, embora as nossas energias produtivas sejam utilizadas para fazer coisas sem grande urgência — coisas para as quais a procura deve ser sintetizada a um custo elaborado para que sejam desejadas — o processo de produção continua a ser de urgência quase inalterada enquanto fonte de rendimento. O rendimento que os homens obtêm da produção de coisas de pouca importância é de grande importância para eles. A produção reflete a baixa utilidade marginal dos bens para a sociedade. O rendimento reflete a elevada utilidade total de um modo de vida para uma pessoa. Por esta razão, embora haja um esforço convencional para o negar, o rendimento e o emprego, e não os bens, tornaram-se a nossa preocupação económica básica. Isto revela-se na tendência quase incontrolável para conceber a depressão ou a baixa taxa de crescimento, não em termos de perda de produção, mas em termos de desemprego e da igualmente poderosa tendência para identificar tempos bons com elevado emprego, e não elevada produção.

Além disso, a urgência em oferecer emprego a todos os que o procuram está provavelmente a aumentar. Esta é uma consequência natural da abundância. Quando o rendimento do trabalhador é bom, não é fácil defender uma situação em que uma pequena minoria de trabalhadores não tem qualquer rendimento. Tal discriminação parece ser demasiado flagrante. Com a crescente abundância, estamos, assim, mais firmemente empenhados em encontrar emprego para todos. A nossa situação assemelha-se à de uma fábrica que tem de ser explorada à capacidade máxima durante três turnos e sete dias por semana, mesmo com algum risco de eventual avaria, não porque o produto esteja em procura, mas porque qualquer ritmo de exploração mais baixo deixará algumas das pessoas na cidade sem meios de subsistência. Se essa desgraça for a alternativa, então a fábrica poderá ter de ser operada desta forma. Mas a questão de libertar a comunidade de uma dependência tão perigosa surgirá inquestionavelmente.

No mundo real, além do perigo de colapso([135]), existe o problema, ainda que em diminuição, da inflação. Enquanto estivermos comprometidos, sob a égide dos imperativos do emprego e dos salários, a funcionar ao máximo das capacidades das instalações fabris e da força de trabalho, e não tomarmos outras medidas, aumentaremos a ameaça de aumento dos preços.

A solução, ou mais precisamente parte dela, é ter alguns substitutos razoavelmente satisfatórios para a produção enquanto fonte de rendimento. Isto iria aliviar o atual elo entre a produção e os rendimentos e permitir-nos-ia ter uma visão mais relaxada e racional da produção sem sujeitar os membros individuais da sociedade a dificuldades.

([135]) Ver pp. 347–9.

II

Está ao alcance um dispositivo óbvio para quebrar o vínculo entre a produção e a segurança salarial — ou seja, o sistema de subsídio de desemprego. Proporciona um rendimento além da produção. No passado, o subsídio de desemprego servia dois objetivos principais. Aliviar as dificuldades do trabalhador que estivesse a fazer uma mudança rotineira de emprego, tal como poderia ser o resultado de uma procura decrescente de um produto e de uma procura crescente de outro. E proteger o trabalhador de mudanças de curto prazo a nível da procura agregada que, por vezes, reduz a necessidade de trabalhadores a um nível inferior ao da força de trabalho disponível. O subsídio de desemprego não protegia de uma incapacidade contínua de empregar a totalidade da força de trabalho, pois a duração dos pagamentos era estritamente limitada, e por muito úteis que pudessem ser enquanto paliativo, estavam longe de ser um substituto dos rendimentos salariais.

A exiguidade dos pagamentos está relacionada com atitudes em relação à produção. Se a produção é importante, então não deve haver nenhuma fonte de rendimento que seja um substituto próximo. As pessoas deveriam ser obrigadas a trabalhar e a produzir — ou então enfrentar as consequências. E, de facto, nada tem assombrado tanto a discussão sobre a legislação da segurança social como o espectro do trabalhador que vive alegremente do seu subsídio de desemprego e não contribui em nada para a sociedade em troca. Assim, os pagamentos têm sido mantidos a níveis relevantes para a sobrevivência, mas não para o conforto. E os trabalhadores preguiçosos têm sido confrontados com o facto de que, mais cedo ou mais tarde, a sua elegibilidade se esgotaria e seriam forçados a procurar um emprego.

Se o subsídio de desemprego se aproximasse do nível de um salário, deveríamos, de facto, estar preparados para algum aumento da indolência deliberada enquanto forma de vida. Desde que fosse dada prioridade à produção, qualquer aumento da ociosidade voluntária era *pro tanto* intolerável, embora, de acordo com a refinada incoerência com que a sabedoria convencional encarava a produção, o desemprego involuntário durante uma depressão, e a consequente perda de produção, nunca foram especialmente censuráveis. Mas num mundo em que a produção já não é urgente, podemos obviamente ver um aumento da ociosidade voluntária com alguma equanimidade. E mesmo que o subsídio de desemprego fosse semelhante a um salário, não é garantido que os abusadores fossem em grande número. Os receios nesta matéria foram sempre extraordinariamente exagerados. Quando o sistema estava a ser concebido nos anos 1930, presumiu-se generalizadamente que o subsídio de desemprego, mesmo sendo uma alternativa mal remunerada ao trabalho, seria reivindicado por um grande número de pessoas. De facto, a proporção da mão-de-obra ativa a exercer esta opção foi sempre insignificante. A aversão ao ócio é notavelmente forte tanto naqueles que veem com apreensão os que trabalham como naqueles que trabalham. A tendência para conceber a ociosidade como «uma espécie de fraude contra a comunidade» não é exclusiva das classes de rendimentos superiores, para as quais, aliás, é muitas vezes considerada bastante tolerável. Uma dificuldade em ganhar uma certa medida de libertação do nosso atual compromisso com o emprego para a totalidade das pessoas é o estigma que, durante muito tempo, para todos os estratos sociais continuará a estar associado a qualquer tipo de desemprego.

III

A resposta é encontrar uma forma de diminuir a atual dependência da produção enquanto fonte de rendimento. Isto não pode, dadas as atitudes correntes, ir ao ponto de sancionar o desemprego para um número considerável de pessoas que prefeririam trabalhar. Mas pode atenuar a consequência de qualquer falha da produção no fornecimento de empregos e, consequentemente, de uma fonte de rendimento. E pode fornecer rendimentos ao número considerável de pessoas para as quais a produção, como fonte, não funciona bem. E pode evitar que estas medidas conduzam à inflação.

A primeira medida necessária é aproximar muito mais o nível do subsídio de desemprego do salário médio e prolongar grandemente o período de elegibilidade. O resultado, volto a repetir, implicará um certo aumento do número de abusadores do sistema, mas isto deve ser medido em relação à falta de importância comparativa dos bens a sacrificar. E a vantagem estará na diminuição da pressão para operar a economia ao mais alto nível de produção e emprego por razões puramente de bem-estar, diminuindo significativamente o desconforto daqueles que mais sofrem se tais medidas não forem tomadas. Esta reforma exigirá uma maior nacionalização dos atuais sistemas estatais de compensação do desemprego, tanto em termos de normas como de financiamento. Mas, em todo o caso, esta é uma reforma altamente desejável.

O passo seguinte é fornecer fontes alternativas de rendimento, não relacionadas com a produção, àqueles a quem a economia moderna só emprega com excecional dificuldade ou por falta de sabedoria. A antiga referência ao desemprego como uma percentagem da força de trabalho total implica que a mão-de-obra é mais ou menos homogénea na sua empregabilidade; os 4% ou 5% que estão sem trabalho diferem dos restantes, principalmente no facto de a oferta de empregos ter acabado antes de chegar a sua vez. Isto está longe de ser verdadeiro. Aqueles que estão sem trabalho carecem de educação, são jovens ou não têm experiência profissional prévia, não são qualificados ou não têm formação e são frequentemente negros. Em especial, carecem de educação. Ainda que alguns possam estar desempregados, os trabalhadores mais qualificados podem ter, e de facto normalmente têm, uma grande procura. Utilizar a produção para proporcionar emprego e rendimentos a esta parte desfavorecida da força de trabalho é exigir que a economia funcione sob pressão excecional. E mesmo assim, pode não haver o tipo de emprego requerido. No início dos anos 1960, houve um extenuante debate entre os economistas americanos sobre se o desemprego era o resultado de uma falta de procura, e portanto curável por um aumento desta última, ou se deveria ser explicado, principalmente, pelo facto de uma parte da força de trabalho não ser empregável, qualquer que fosse o nível de procura. A credibilidade estava fortemente do lado daqueles que defendiam o papel crucial da procura;

em consequência, ficavam sempre por cima na discussão. Mas, no conjunto, os factos favoreceram os estruturalistas, como foram chamados. Um elevado nível de procura é reconhecidamente uma condição para um elevado nível de emprego. Mas não é suficiente para um pleno emprego. A partir de um certo ponto, e dada a escassez de trabalhadores qualificados que existirão, é impraticável atrair os incultos, os inexperientes e os trabalhadores negros para a força de trabalho e para os empregos.([136]) Juntamente com estes há um grande número de outros — mulheres que se ocupam de agregados familiares, os doentes físicos ou mentais — que, se a necessidade do seu produto não for muito grande, não devem sequer estar no mercado de trabalho.

Para aqueles que não são empregáveis, os que só com muita dificuldade o são ou os que não deveriam estar a trabalhar, a solução imediata é uma fonte de rendimento não relacionada com a produção. Isto tem vindo a ser amplamente discutido no âmbito de várias propostas para um rendimento garantido ou um imposto de rendimento negativo.([137]) O princípio comum a estas propostas é o fornecimento de um rendimento básico como uma questão de direito geral e relacionado em montante ao tamanho da família, mas, de outra forma, não à necessidade. Se o indivíduo não conseguir encontrar (ou não procurar)

([136]) Para um resumo equilibrado desta discussão, ver artigos de Denis F. Johnston e Charles C. Killingsworth na *Monthly Labor Review*, setembro de 1968, pp. 1–17.

([137]) Uma discussão que se tem desenvolvido desde as primeiras edições deste livro. Não pensei, então, tais ideias no âmbito da viabilidade política prática.

emprego, ele ou ela tem este rendimento com o qual possa sobreviver. Com rendimentos do trabalho, parte do pagamento é retirado e acima de um certo nível é convertido num pagamento ao Estado. (Daí o termo imposto de rendimento negativo.) Trabalhar equivale sempre a ter mais rendimentos. O rendimento mínimo assim proporcionado reduz, mais uma vez, a pressão para produzir como uma medida de bem-estar. E como tal produção é uma fonte de rendimento ineficaz e pouco fiável para os trabalhadores diretamente envolvidos, compensa a inadequação da produção como instrumento de bem-estar.

21.

Restabelecer o equilíbrio

A nossa próxima tarefa é encontrar uma forma de obter e, depois, manter um equilíbrio no grande fluxo de bens e serviços com os quais a nossa riqueza nos recompensa todos os anos. Especificamente, temos de encontrar uma forma de remediar a pobreza que nos atinge nos serviços públicos — sobretudo os que não estão relacionados com as necessidades ou o poder das indústrias — e que está num contraste, cada vez mais bizarro, com a nossa abundância em bens privados. Isto é necessário para atenuar e, se possível, eliminar as perturbações sociais que são a contrapartida do atual desequilíbrio.

Tal equilíbrio é uma questão de elementar senso comum num país onde as necessidades se estão a tornar tão exíguas que têm de ser acarinhadas onde existem e alimentadas onde não existem. Para suscitar a procura de automóveis novos, temos de engendrar mudanças elaboradas e inúteis todos os anos, e, depois, sujeitar o consumidor a pressões psicológicas implacáveis para o persuadir da importância dessas mudanças. Se este processo falhar ou se desmoronar, as consequências seriam perturbadoras. Ao mesmo tempo, há grandes necessidades de escolas, hospitais, eliminação de bairros de lata e requalificação urbana, saneamento, parques, jardins infantis, polícia e outros serviços públicos urgentes. Destas necessidades, quase ninguém precisa de ser persuadido. Estas necessidades existem porque, como os funcionários públicos de todos os tipos e graus explicam todos os dias com habilidade praticada, o dinheiro para as satisfazer não está disponível. Acontece, portanto, que só conseguimos crescimento e aumento do emprego na dimensão dos bens privados ao preço de uma persuasão cada vez mais frenética. Exploramos muito pouco as oportunidades na dimensão dos serviços públicos. A economia está orientada para o conjunto de valores humanos menos urgentes. Seria muito mais seguro se fosse baseado em toda a gama de necessidades.

II

O problema não se resolve com uma decisão de gastar mais em escolas e ruas e outros serviços e de tributar em conformidade. Tais decisões são tomadas todos os dias, e não se prendem com as causas do desequilíbrio. Estas são muito mais profundas. A diferença mais importante entre bens e serviços privados e públicos é uma diferença técnica. Os primeiros prestam-se a ser vendidos a particulares. Os segundos não. Como já foi referido, na evolução das atividades económicas, as coisas que podiam ser produzidas e vendidas por um preço foram assumidas por produtores privados. As que não podiam, mas que, ao fim e ao cabo, não eram, por esse motivo, menos urgentes, permaneceram nas mãos do Estado. O pão e o aço foram naturalmente canalizados para a iniciativa privada, uma vez que podiam ser facilmente produzidos e comercializados por indivíduos a indivíduos. O mesmo não se pode dizer da proteção policial, o saneamento e os sistemas de esgotos, pelo que continuaram a ser da competência das autoridades públicas. Uma vez tomada a decisão de tornar a educação universal e obrigatória, esta deixou de ser uma mercadoria comercializável. A linha que separa a atividade pública da privada, tal como a vemos em qualquer momento, é produto de muitas forças; tradição, preferência ideológica, urgência social e conveniência política desempenham todos um determinado papel. Mas, em muito maior grau do que é normalmente suposto, as funções acumulam-se no Estado porque, por uma questão puramente técnica, não há nenhuma alternativa à gestão pública.

Os bens e serviços que são comercializáveis por um preço têm uma posição de vantagem estratégica elementar na economia. O seu preço proporciona o rendimento que comanda a mão-de-obra, o capital e as matérias-primas para a produção. Isto é inerente ao processo produtivo. Na ausência de intervenção social, a produção privada monopolizará todos os recursos. Só na medida em que algo for feito a este respeito é que os recursos ficarão disponíveis para os serviços públicos. Na história constitucional anglo-saxónica, o requisito de uma lei para desviar recursos do uso privado para o uso público foi a arma chave do parlamento na luta com o soberano pelo poder. O rei não tinha — ou, mais precisamente, tinha poucas — receitas recorrentes. Assim, todos os impostos para fins públicos tinham de ser especificamente votados. Pouco a pouco, foi-se decidindo que tinha de haver uma reparação das queixas antes do fornecimento. Além da utilização do poder dos fundos públicos enquanto protetor da liberdade popular, havia muito mais a dizer sobre esta prática. Nas sociedades pobres e malgovernadas, os bens privados representam conforto e a própria vida. Alimentos, vestuário e abrigo, todos tecnicamente sujeitos a compra e venda privada, tiveram em tempos uma urgência maior do que qualquer serviço público, com a possível exceção da manutenção da lei e da ordem. O ónus da prova recaía sobre qualquer passo que desviasse recursos da satisfação destas simples exigências biológicas para os serviços (na altura) quase invariavelmente perdulários do Estado.

Hoje em dia, as receitas recorrentes são comuns. O controlo da bolsa é ainda um elemento na distribuição de poder entre as autoridades legislativas e executivas. Mas é apenas um elemento numa relação complexa e, ao contrário da situação em Inglaterra durante o período dos Stuarts, a aprovação das despesas, e não a votação dos impostos, é o elemento-chave do poder legislativo. No entanto, muito permanece inalterado. Continuamos a procurar sintetizar, em nome dos bens privados, uma urgência que outrora era proporcionada não pelos publicitários da Madison Avenue, mas pelas importunações ainda mais eficazes da fome e do frio. E para uma grande parte da nossa atividade pública, as receitas são relativamente estáticas. Embora os rendimentos agregados aumentem, muitos sistemas fiscais devolvem um montante relativamente fixo em dólares. Daí que as novas necessidades públicas, ou mesmo o aumento das necessidades antigas decorrentes do aumento da população, exijam medidas afirmativas para transferir recursos para uso público.

Em primeiro lugar, deve haver uma constatação de necessidade. O ónus da prova recai sobre aqueles que propõem as despesas. Os recursos não revertem automaticamente para a autoridade pública por uma decisão sobre a melhor forma de os distribuir pelas escolas, estradas, polícia, habitações públicas e outros fins reivindicados. A ideia assusta-nos. Tal conduziria ao desperdício.

Mas com o aumento dos rendimentos, os recursos revertem a favor do indivíduo privado. Nem quando compra um automóvel novo com o aumento dos rendimentos é obrigado a provar a sua necessidade. Podemos supor que seriam atualmente comprados muito menos automóveis se fosse necessário fazer uma argumentação positiva para a sua compra. Tal argumentação deve ser feita no caso das escolas.

III

A solução é um sistema de tributação que coloca automaticamente à disposição das autoridades públicas uma parte *pro rata* do aumento dos rendimentos para fins públicos. A tarefa da autoridade pública, tal como a dos particulares, será distribuir este aumento de acordo com as necessidades relativas. As escolas e as estradas deixarão então de estar em desvantagem em relação aos automóveis e aos aparelhos de televisão ao terem de provar uma justificação absoluta.

A solução prática seria, em muito, facilitada se as receitas do governo federal estivessem disponíveis ao serviço do equilíbrio social. Estas, até cerca de 4/5 do total, provêm dos impostos sobre o rendimento das pessoas singulares e coletivas. Sujeitos a algumas variações, estes impostos aumentam mais do que proporcionalmente com os aumentos dos rendimentos privados. Infelizmente, são presentemente em grande medida preteridos pelas exigências (reais ou alegadas) da defesa nacional e da concorrência em matéria de armamento.

Vale a pena ter a esperança de que chegue o momento em que as receitas federais e o aumento anual normal não sejam tão extensivamente condicionados para fins militares. As atitudes convencionais sustentam o contrário; em todas as vertentes da humanidade, existe uma possibilidade de melhoria, salvo as que têm que ver com um eventual fim, sem recurso à guerra, da corrida pelo melhor armamento. Aqui, a dura e fria voz do realismo adverte que não há qualquer hipótese. Talvez as coisas não sejam assim tão desprovidas de esperança.

Mas, entretanto, o problema do equilíbrio social tem de ser enfrentado. No que diz respeito ao governo federal, tem de ser feito apoiando-se principalmente nos impostos sobre o rendimento das pessoas singulares e coletivas. Como veremos, existem outros impostos com uma elevada taxa a considerar, mas existem outras unidades do governo com exigências mais elevadas para os utilizar. Como é habitual, a solução está implícita nas alternativas. O teste não é que os elevados custos militares tornem necessária a redução de outros gastos públicos. Pelo contrário, é se, dados estes gastos militares (que podem ser lastimados), estamos mais necessitados dos serviços que melhoram o equilíbrio social ou dos bens privados adicionais com os quais somos mais abundantemente abastecidos do que nunca. Quando a questão é assim apresentada e enfrentada, só pode haver uma conclusão.([138])

No entanto, embora se admita a maior urgência das despesas federais para o equilíbrio social, continua a existir o problema de providenciar as receitas. E uma vez que são os impostos sobre o rendimento que aqui devem ser utilizados, a questão do equilíbrio social pode facilmente ser perdida de vista ao reabrir a discussão sobre a igualdade. A trégua será quebrada e os liberais e conservadores unir-se-ão na batalha sobre esta questão e esquecerão a pobreza nos serviços públicos que aguarda correção e, como veremos presentemente, a pobreza das pessoas que só pode ser corrigida com um custo público acrescido. Todos estes — escolas, hospitais, mesmo a investigação científica de que depende o aumento da produção — terão de esperar enquanto debatemos a questão antiga e insolúvel de saber se os ricos são demasiado ricos.

A única esperança — e pela natureza das coisas, depende principalmente dos liberais — é separar a questão da igualdade da questão do equilíbrio social. A segunda é, de longe, a questão mais importante. O facto de existir uma trégua tácita sobre a questão da desigualdade é a prova da sua comparativa falta de urgência social. No passado, os políticos liberais contrariaram a proposta conservadora de redução dos impostos sobre os rendimentos do escalão superior com a proposta de que a redução se limitasse aos

([138]) Esta discussão pressupõe um nível de emprego satisfatório. Quando o desequilíbrio social é grande, será claro que há fortes razões para corrigir uma escassez da procura através do aumento da despesa com os serviços públicos necessários, em vez de através de uma redução fiscal que permite o aumento da despesa com bens privados menos necessários.

escalões inferiores. E insistiram que qualquer aumento de impostos necessário fosse suportado numa proporção superior pelos escalões de rendimento mais elevados. O resultado tem sido transformá-los em coconspiradores com os conservadores na redução de impostos, independentemente do custo em termos de equilíbrio social; e a sua insistência em fazer dos impostos um instrumento de maior igualdade tem tornado difícil ou impossível o seu aumento. Entretanto, os indivíduos com quem simpatizam e que procuram favorecer já não são os pobres de Bengala ou do Primeiro Império, mas sim pessoas que estariam entre os primeiros beneficiários de melhor educação, saúde, habitação e outros serviços, que seriam os frutos de um melhor equilíbrio social, e que seriam os beneficiários a longo prazo de um investimento um pouco mais adequado nas pessoas.

Os liberais racionais, no futuro, resistirão à redução fiscal, mesmo aquela que ostensivamente favorece os pobres, se for à custa do equilíbrio social. E, pela mesma razão, não hesitará em aceitar aumentos que sejam neutros no que diz respeito à distribuição de rendimentos. O seu compromisso clássico com uma maior igualdade pode ser muito melhor mantido atacando como uma questão à parte as lacunas mais flagrantes das atuais leis fiscais. Estas lacunas — o tratamento preferencial dos ganhos de capital, os subsídios especiais para o esgotamento de minerais, incluindo em particular o petróleo, a recuperação, e muitos outros — estão fortemente em conflito com as atitudes liberais tradicionais, sendo esta uma desigualdade sancionada pelo Estado. Há aqui trabalho suficiente para qualquer cruzado da igualdade.

IV

Embora haja muito a fazer por parte do governo federal para restabelecer o equilíbrio, como sugerido no Capítulo 17, é nos serviços estatais e locais que o desequilíbrio é mais notório. Aqui, porém, a solução — embora envolva outra alteração nas atitudes liberais — é mais clara. Exige uma utilização muito alargada do imposto sobre as vendas.([139])

Enquanto o equilíbrio social for imperfeito, não deve haver hesitação em apelar a taxas elevadas. A cobertura deve ser geral sobre produtos e serviços de consumo. Na sociedade da abundância, não pode ser feita uma distinção clara entre luxos e necessidades. A alimentação e o vestuário continuam a ser essenciais como sempre foram. Mas podem estar, e frequentemente estão, entre as despesas mais opulentas.

A relação do imposto sobre as vendas com o problema do equilíbrio social é admiravelmente direta. A comunidade é rica em bens de produção privada. É pobre em serviços públicos. A solução óbvia é tributar o primeiro para fornecer o segundo — tornando os bens privados mais caros, os bens públicos tornam-se mais abundantes. Os filmes, entretenimento eletrónico e cigarros são tornados mais caros para que as escolas possam ser mais bem financiadas. Pagamos mais por sabão, detergentes e

---

([139]) Desde a primeira edição deste livro, a utilização do imposto sobre as vendas expandiu-se — e pelas razões aqui invocadas. Embora as opiniões dos escritores não sejam de confiança em tais matérias, parece provável que o argumento aqui apresentado tenha tido algo que ver com o resultado. Tem sido repetidamente citado em batalhas legislativas sobre o imposto sobre as vendas.

aspiradores para que possamos ter um ambiente urbano mais limpo e menos ocasião para os utilizar. Temos carros e gasolina mais caros para que possamos ter autoestradas e ruas mais agradáveis para os conduzir. Sendo os alimentos relativamente baratos, tributamo-los a fim de termos melhores serviços médicos e melhor saúde para deles desfrutar. Esta solução direta tem a vantagem adicional de que a tributação sobre as vendas pode ser empregue com eficiência justa pelos estados e mesmo pelas cidades. É nos serviços prestados por estes governos que o problema do equilíbrio social é especialmente grave. A receita do imposto sobre as vendas aumenta com o aumento da produção. Com a criação de desejos por bens privados, mais receitas são disponibilizadas para uso público. O imposto geral sobre a propriedade, a principal alternativa ao imposto sobre as vendas, é rígido e inflexível. Uma vez que as suas taxas devem ser, normalmente, aumentadas para serviços adicionais, incluindo os que estão associados ao aumento dos rendimentos e da produção, o ónus de provar a necessidade é especialmente pesado. Este imposto é um mau servidor do equilíbrio social.

Durante o presente século, a utilização de impostos sobre as vendas pelos estados e cidades tem vindo a crescer. Os liberais têm, geralmente, resistido à sua utilização. No mínimo, encararam-nos com grande apreensão. Isto fez dos liberais, mais uma vez, o inimigo efetivo do equilíbrio social. As razões desta oposição fornecem um exemplo interessante de como as ideias, ao permanecerem estereotipadas face à mudança, podem forçar aqueles que as defendem a desempenhar papéis inconsistentes com as suas próprias profissões. O liberal americano tem sido, para todos os efeitos, o adversário de melhores escolas, melhores comunidades, melhores comunicações urbanas e mesmo de uma maior estabilidade económica.

O efeito de um imposto sobre as vendas varia muito, entre um país pobre e um país abundante, e a diferença não é de grau, mas sim de tipo. Sob o antigo regime em França, o imposto sobre o sal alcançou uma reputação duradoura pela sua opressividade, que se mantém em partes da Índia até aos dias de hoje. Nos Estados Unidos, um imposto sobre o sal, mesmo um que duplicasse ou triplicasse o seu preço, não funcionaria com qualquer dificuldade percetível. Não é que o sal seja mais dispensável agora do que no tempo da gabela. Mas enquanto na altura era objeto de grandes despesas, atualmente é objeto de uma despesa insignificante. E enquanto o preço do sal afetava visível e diretamente o que restava a outras utilizações, é agora demasiado pequeno para ter um efeito percetível.

Tal como acontece com o sal, também acontece com outras coisas. Numa família que só possa comprar pão e tecido, um imposto sobre pão e roupa significa que as crianças terão mais fome e andarão menos bem vestidas. Numa família que possa comprar muitas coisas, esse ajuste vem à margem dos gastos com gasolina, pagamentos em prestações, as corridas ou a qualidade do bife para a uma cerimónia.

Assim, a abundância altera os argumentos contra os impostos sobre as vendas. Argumentar-se-á que algumas pessoas ainda são muito pobres. O imposto sobre as vendas, ao contrário do imposto sobre o rendimento, pesa muito sobre o pequeno consumo de tais indivíduos. Mas se o imposto sobre o rendimento não estiver disponível, ou se estiver ao serviço de outros fins, a única alternativa é sacrificar o equilíbrio social. Uma sociedade pobre ajusta, justificadamente, a sua política aos pobres. Uma sociedade próspera pode questionar-se seriamente se, em vez disso, não deveria eliminar a pobreza. Como veremos no próximo capítulo, além disso, um melhor equilíbrio social é um dos primeiros requisitos para a eliminação da pobreza. Os liberais modernos protestam para proteger os pobres dos impostos que, na próxima geração, como resultado de um maior investimento nos seus filhos, ajudariam a eliminar a pobreza.

V

Há outra objeção ao uso multiplicado do imposto sobre vendas que é o facto de, ao contrário dos impostos sobre o rendimento das pessoas singulares e coletivas, não contribuir positivamente para a estabilidade económica. Estes últimos fazem-no em dois aspetos. Ao recaírem sobre as empresas e os mais abastados, pesam mais no rendimento destinado a ser poupado do que no rendimento destinado a ser gasto em bens de consumo. O investimento dos rendimentos poupados há muito que é considerado o mais imprevisível e, portanto, o elo menos certo entre a receita dos rendimentos e o seu retorno ao fluxo de despesas. O imposto sobre o rendimento garante, assim, a despesa onde esta é intrinsecamente menos certa. Os impostos sobre o rendimento e, especialmente, o imposto sobre o rendimento das pessoas singulares têm, além disso, o seu papel como estabilizadores integrados da economia.

À medida que os rendimentos diminuem, o imposto pessoal, através do mecanismo das taxas progressivas, é automaticamente reduzido. Por isso, e não sem razão, passou a ser considerado como central para a estratégia de gestão económica.

No entanto, está na essência do presente argumento que outros objetivos partilham a urgência com a proteção e maximização da produção total. Um deles é o equilíbrio social, que é servido pela tributação das vendas. Além disso, o principal objetivo das medidas delineadas no último capítulo era possibilitar o escape ao compromisso de produção máxima sem prejudicar a segurança económica individual.

Mas o equilíbrio social também contribui para a estabilidade e segurança da produção ao longo de outra dimensão, pois vimos que a exploração das sólidas necessidades do sector público da economia, por oposição aos ténues e dispendiosos desejos sintetizados de bens privados, contribuirá quase certamente para a estabilidade e o crescimento económico ordenado. A produção será, então, baseada em toda a gama de desejos humanos, e não numa parte. Como tal, será mais segura.

Finalmente, com um melhor equilíbrio social, o investimento em recursos humanos será mais próximo do investimento em capital material. Isto, já vimos, é a pedra de toque para o avanço tecnológico. Como tal, é um fator muito importante e possivelmente o mais importante para o crescimento económico. Estes são os paradoxos da política económica.

Uma utilização muito maior do imposto sobre as vendas, como aqui foi sugerido, não se destina obviamente a substituir o imposto sobre o rendimento. Este tem sido, desde há muito, o sonho dos conservadores. A presente intenção, que é quebrar o impasse causado pela relação do imposto sobre o rendimento com a igualdade e desviar uma parte muito maior dos recursos para as necessidades públicas, não corresponde à sabedoria convencional nem dos conservadores nem dos liberais.

No entanto, são estes últimos que serão os mais relutantes. Além do antigo compromisso com a igualdade, o sistema keynesiano é, em primeiro lugar, a sabedoria convencional dos liberais. E aqui, o apoio ao imposto sobre o rendimento é categórico. Keynes não previa que a rápida expansão da produção, que estava implícita nas suas ideias, nos levaria rapidamente ao tempo em que não seria a produção total, mas sim a sua composição, a tornar-se a matéria crítica. Se ainda fosse vivo, teria certamente ficado perturbado com a tendência dos seus seguidores para concentrarem a sua política no objetivo único do aumento da produção. Não lhe faltava discriminação. Mas estes seguidores, ou alguns deles, continuarão quase certamente a proteger o sistema keynesiano, com a sua concentração na procura agregada e na produção, de ideias que Keynes talvez estivesse disposto a exortar. Tal é o destino de qualquer pessoa que se torne parte da sabedoria convencional.

VI

Dada uma procura suficiente, a resposta da produção de bens na economia moderna é quase completamente fiável. Vimos nos primeiros capítulos deste ensaio o porquê de os homens terem tido, em tempos, razões para conceber o sistema económico como uma coisa parca e perigosa. E vimos como estas ideias persistiram, apesar de o problema da produção ter sido conquistado. Haverá ainda quem sugira que desviar mais recursos para uso público será pôr em perigo a produção privada. Não há o menor motivo para este receio, e vimos, de facto, que o risco está noutra direção — que a nossa dependência de bens privados é baseada em métodos que ameaçam a estabilidade da procura, e que o desequilíbrio social põe em perigo a perspetiva de crescimento económico a longo prazo. Ainda assim, o receio será manifestado.

Eis a última vantagem da tributação sobre as vendas como técnica para desviar recursos para uso público. Este imposto tem sido recomendado há anos pelos mais impecáveis conservadores. Públicos tão augustos como a Associação Nacional de Fabricantes têm ouvido e aplaudido repetidamente discursos recitando as suas virtudes. Foi deixado claro que não prejudica os incentivos nem interfere com a produção. É verdade que o imposto sobre as vendas recebeu estas credenciais enquanto alternativa a outros impostos, algo que definitivamente não foi aqui defendido. Mas recebeu esta bênção daqueles que falam com o prestígio dos produtores. Como ponto político, isto não é negligenciável.

VII

Uma última observação pode ainda ser feita. Haverá dúvidas sobre qual é o teste do equilíbrio — em que ponto podemos concluir que o equilíbrio foi alcançado na satisfação das necessidades privadas e públicas. A resposta é que não existe nenhum teste que se possa aplicar. A formulação tradicional é que a satisfação devolvida à comunidade a partir de um incremento marginal de recursos dedicados a fins públicos deve ser igual à satisfação do mesmo incremento aplicado no domínio privado. Estes são incomensuráveis, em parte porque estão envolvidas pessoas diferentes, e em parte porque comete o erro cardinal de comparar a satisfação de desejos que são sistematicamente sintetizados como parte de um processo orgânico com os que não o são.

Mas um equilíbrio exato não é muito importante, já que outra marca de uma sociedade próspera é a existência de uma margem de erro considerável em tais matérias. O desequilíbrio atual é evidente, assim como as forças e ideias que dão prioridade aos bens privados em relação aos bens públicos. Sendo assim, a direção em que nos movemos para corrigir as questões é absolutamente clara. Podemos também deduzir, dado o poder das forças que operaram para dar prioridade aos bens privados, que a distância a ser percorrida é considerável. Quando lá chegarmos, a opulência do nosso consumo privado já não estará em contraste com a pobreza das nossas escolas, a precariedade e o congestionamento das nossas cidades, a nossa incapacidade de chegar ao trabalho sem dificuldades e a desordem social que está associada ao desequilíbrio. Mas o ponto preciso de equilíbrio nunca será definido. Isto será apenas reconfortante para aqueles que acreditam que qualquer falha de definição pode somar pontos decisivos contra uma ideia maior.

22.

A posição da pobreza

«O estudo das causas da pobreza», disse Alfred Marshall na viragem do século, «é o estudo das causas da degradação de uma grande parte da humanidade». Marshall referia-se tanto à Inglaterra contemporânea como ao mundo exterior. Um grande número de pessoas, quer na cidade quer no campo, constatou, não tinham comida, vestuário e abrigo suficientes; tinham: «excesso de trabalho e défice de educação, cansaço e desgaste, ausência de tranquilidade e de lazer». A oportunidade de as socorrer, concluiu, deu aos estudos económicos «o seu principal e maior interesse».([140])

É improvável que algum economista contemporâneo fizesse uma tal observação sobre os Estados Unidos. O discurso económico convencional faz reverência à existência continuada de alguma pobreza. «Devemos recordar que ainda temos um grande número de pessoas pobres». Na década de 1960, durante algum tempo, a pobreza prometia tornar-se um tema de séria preocupação política. Depois veio a Guerra do Vietname e a preocupação evaporou-se ou foi transferida. Para os economistas de

([140]) *Principles of Economics*, 8.ª ed. (Londres: Macmillan, 1927), pp. 2–4.

temperamento convencional, as advertências de que os pobres ainda existem são uma forma útil de aliviar o mal-estar sobre a relevância dos objetivos económicos convencionais. Para algumas pessoas, os desejos devem ser sintetizados. Por conseguinte, a importância dos bens para elas não é, por si só, muito elevada. Tal facto pode ser concedido. Mas outros estão muito mais próximos das necessidades físicas. E, por isso, não devemos ser vacilantes quanto à urgência de lhes proporcionar o máximo pelo mínimo. O imposto sobre as vendas pode ter mérito para os opulentos, mas continua a pesar muito sobre os pobres. Os pobres conseguem mais facilmente emprego quando a economia está em expansão. Assim, a pobreza sobrevive no discurso económico, em parte como uma fortaleza para a sabedoria económica convencional.

A privação de que Marshall falava era, até há um século, o destino comum, pelo menos de todos os que trabalhavam sem habilidades especiais. Enquanto problema generalizado, terminou com o aumento da produção que, por mais imperfeita que possa ter sido a sua distribuição, não obstante, foi acumulada em quantidade substancial por aqueles que trabalhavam para ganhar a vida. O resultado foi a redução da pobreza como um problema da maioria para o de uma minoria. Deixou de ser um caso geral e passou a ser um caso especial. Foi isto que colocou o problema da pobreza na sua forma moderna peculiar.

II

A pobreza, de facto, subsiste. Em parte, é uma questão física; os carenciados têm comida tão limitada e insuficiente, roupa tão pobre, abrigos tão cheios, frios e sujos que a vida é dolorosa, bem como comparativamente breve. Mas tal como é demasiado tentador dizer que, em matéria de padrões de vida, tudo é relativo, também é errado basear tudo em absolutos. As pessoas são atingidas pela pobreza quando o seu rendimento, mesmo que adequado para a sobrevivência, fica radicalmente atrás do da comunidade. Assim, não podem ter o que a comunidade alargada considera como o mínimo necessário para a decência; e não podem, portanto, escapar totalmente ao julgamento da comunidade alargada de que são indecentes. São degradados porque, no sentido literal, vivem fora do nível ou das categorias que a comunidade considera aceitáveis.

Desde que surgiu a primeira edição deste livro, e espera-se que, ainda que ligeiramente, em consequência disso, o carácter e a dimensão desta degradação tornaram-se mais bem compreendidos. Também houve muitas promessas de que a pobreza seria eliminada. O desempenho destas promessas tem sido menos eloquente.

O grau de privação depende do tamanho das famílias, do local de residência — será menor com determinado rendimento nas zonas rurais do que nas cidades — e será, evidentemente, afetado pelas alterações no custo de vida. Pode ser útil pensar que a privação se enquadra em duas grandes categorias. Primeiro, há o que se pode chamar de pobreza caso a caso. Esta encontra-se em todas as comunidades, rurais ou urbanas, por mais próspera que seja essa comunidade ou os tempos. A pobreza caso a caso é a da família agrícola pobre com o quintal cheio de lixo e as crianças sujas a brincar na terra batida. Ou da barraca cinzenta à beira dos carris do caminho-de-ferro. Ou da pequena casa na cave de um beco.

A pobreza caso a caso está geralmente e adequadamente relacionada com algumas características dos indivíduos por ela assolados. Quase todas as outras pessoas dominaram o seu ambiente, o que prova que este não é incomportável. Mas alguma qualidade peculiar ao indivíduo ou família envolvida — deficiência mental, saúde precária, incapacidade de adaptação à disciplina da vida industrial, procriação não controlada, álcool, discriminação envolvendo uma minoria muito limitada, alguma deficiência educacional não relacionada com uma carência comunitária, ou talvez uma combinação de várias destas deficiências — impede que estes indivíduos participem no bem-estar geral.

Em segundo lugar, existe aquilo a que se pode chamar pobreza insular — que se manifesta como uma «ilha» de pobreza. Na ilha, todos ou quase todos são pobres. Nestes casos, evidentemente, não é fácil explicar a situação através de uma inadequação individual. Podemos apontar indivíduos como sendo intrinsecamente deficientes no seu desempenho social; não é adequado, ou mesmo sensato, fazê-lo para caracterizar uma comunidade inteira. O povo da ilha tem sido prejudicado por algum fator comum ao seu ambiente.

A pobreza caso a caso existe. Também tem sido útil para aqueles que têm precisado de uma fórmula para evitar que o sofrimento alheio lhes cause sofrimento a si próprios. Uma vez que esta pobreza é o resultado das deficiências, incluindo as deficiências morais, das pessoas em causa, é possível transferir a responsabilidade para elas. São inúteis e, como uma simples manifestação de justiça social, sofrem por isso. Ou, a um nível mais elevado de perceção social e de compaixão, significa que o problema da pobreza é resolvido de forma satisfatória pela caridade privada e pública. Isto resgata os afligidos das piores consequências da sua inadequação ou infortúnio; não se sugere qualquer mudança ou reorganização social maior. A não ser que seja por ser insuficiente na sua generosidade, a sociedade não tem qualquer outra culpa.

A pobreza insular não cede a tais fórmulas. Nos tempos idos, quando a agricultura e as indústrias extrativas eram as fontes dominantes de subsistência, conseguia-se alguma coisa transferindo a responsabilidade pelos baixos rendimentos para os recursos naturais pobres e, assim, de facto, para Deus. O solo era escasso e pedregoso, outros recursos naturais não existiam e, por conseguinte, as pessoas eram pobres. E, uma vez que é a preferência inquestionável de muitos permanecer nas proximidades do local do seu nascimento, um instinto de acolhimento que funciona tanto para as pessoas como para os pombos, as pessoas permaneciam na pobreza que os céus lhes tinham decretado. Trata-se de uma explicação quase desprovida de aplicação empírica. O Connecticut é muito estéril e pedregoso e os rendimentos são muito elevados. O mesmo se passa no Wyoming. A Virgínia Ocidental tem uma boa irrigação, tem minas e florestas ricas e as pessoas são muito pobres. O Sul é muito favorecido em termos de solo e clima e é igualmente pobre e as partes mais ricas do Sul, como o delta do Mississippi-Yazoo, há muito que têm uma reputação bem merecida de grande privação. No entanto, a tendência para associar a pobreza a causas naturais é tão forte que mesmo indivíduos de alguma inteligência modesta continuarão a ser ouvidos, em explicação da pobreza insular, dizendo: «É basicamente um país pobre». «É uma região bastante árida».

A maioria da pobreza moderna é de carácter insular e as ilhas são os bairros de lata rurais e urbanos. Dos primeiros, principalmente no Sul, os Apalaches do Sul e Porto Rico, tem havido até há pouco tempo um fluxo constante de migrantes, alguns brancos, mas mais negros, para os segundos. Por mais sombria que seja a vida no gueto urbano, ainda oferece mais esperança, rendimento e interesse do que nos bairros de lata rurais.

A característica mais importante da pobreza insular são as forças, comuns a todos os membros da comunidade, que restringem ou impedem a participação na vida económica às taxas de retorno atuais. Estas restrições são várias. A raça, que opera para localizar as pessoas pela sua cor e não pela proximidade do emprego, é obviamente uma delas. O mesmo acontece com as fracas infraestruturas educativas. (E este efeito é ainda mais exagerado quando os menos instruídos, endemicamente uma droga no mercado de trabalho, se reúnem em grupos densos pela insuficiência comum das escolas disponíveis para negros e pobres). O mesmo acontece com a desintegração da vida familiar nos bairros de lata, que deixa as famílias nas mãos das mulheres. A própria vida familiar é, em certa medida, uma manifestação de abundância. E ainda, sem dúvida, o sentimento partilhado de impotência e rejeição e a desmoralização resultante que é o produto do infortúnio comum.

A coisa mais certa sobre esta pobreza é que não é remediada por um aumento geral dos rendimentos. A pobreza caso a caso não é remediada porque a inadequação específica do indivíduo impede o emprego e a participação no avanço geral. A pobreza insular não é diretamente aliviada porque o avanço não elimina as frustrações específicas do ambiente a que as pessoas destas áreas estão sujeitas. Isto não quer dizer que não tenha nenhum efeito. Se houver empregos fora do gueto ou fora do bairro de lata rural, aqueles que são qualificados, e não limitados de outra forma, podem ocupá-los e escapar. Se não houver tais empregos, ninguém pode escapar. Mas mantém-se que o avanço não pode melhorar a posição daqueles que, em virtude de si próprios ou do ambiente, não podem participar.

III

Com a transição dos muito pobres de uma posição maioritária para uma posição comparativa minoritária, houve uma mudança na sua posição política. A tendência de qualquer político para se identificar com os mais desfavorecidos, geralmente, provocava as censuras dos mais abastados. Suspeitava-se, naturalmente, de conivências e demagogias políticas. Mas, para o homem que assim fosse censurado, havia a vantagem compensatória de estar em consonância com uma grande maioria. Agora, qualquer político que defenda os muito pobres refere-se a uma pequena e geralmente inarticulada minoria. Por conseguinte, os políticos liberais modernos sintonizam-se regularmente não com os membros pobres da comunidade, mas sim com o número muito maior de pessoas que usufruem do rendimento mais abundante como (digamos) o membro sindical moderno ou o intelectual. Ambrose Bierce, no *The Devil's Dictionary*, chamou à pobreza «uma lima destinada aos dentes das ratazanas da reforma». Já não é assim. A reforma preocupa-se agora com as necessidades das pessoas relativamente abastadas — quer a comparação seja com o seu próprio passado ou com aqueles que estão realmente no fundo da hierarquia dos rendimentos.

Em consequência, uma característica notável dos esforços para ajudar os muito pobres é a sua ausência de qualquer apelo político digno de nota.([141]) Os políticos descobriram que é possível ficarem indiferentes nos casos em que não podem mostrar-se derisórios. E muito poucos se sentem fortemente compelidos a apoiar estes esforços.

A preocupação com a desigualdade e a privação só foi vigorosa enquanto muitos sofriam e muito poucos eram abastados. Não sobreviveu como uma questão política decisiva numa época em que muitos eram abastados, embora outros o fossem muito mais. Infelizmente, quando a desigualdade diminuiu enquanto assunto problemático, a tábua não foi deixada rasa. Subsistiu um problema residual e, de certa forma, bastante mais irremediável.

IV

Uma sociedade próspera que fosse ao mesmo tempo compassiva e racional garantiria, sem dúvida, a todos os que dele necessitassem, o rendimento mínimo essencial para

([141]) Foi o que aconteceu com o Office of Economic Opportunity — o chamado programa de pobreza — e foi, em última análise, a razão para o seu desaparecimento efetivo.

a decência e o conforto. O efeito nefasto sobre o espírito humano das receitas não auferidas através de trabalho tem sido inquestionavelmente exagerado, tal como, de facto, tem sido o valor da fome e das privações enquanto gerador de carácter. Garantir a cada família um rendimento mínimo, como função normal da sociedade, ajudaria a garantir que as desgraças dos pais, merecidas ou não, não recaíssem sobre os seus filhos. Ajudaria a assegurar que a pobreza não se perpetuasse a si própria. A maior parte das reações, que sem dúvida seriam adversas, baseia-se em atitudes obsoletas. Quando a pobreza era um fenómeno maioritário, tal ação não podia ser permitida. Uma sociedade pobre, como este ensaio já demonstrou anteriormente, tinha de impor a regra de que a pessoa que não trabalhasse não teria o que comer. E possivelmente justificava-se na crueldade acrescida de aplicar a regra àqueles que não podiam trabalhar ou cuja eficiência era muito inferior à dos seus pares. Uma sociedade próspera não tem desculpa semelhante para tal rigor. Pode recorrer ao remédio decisivo de proporcionar rendimentos aos que não o podem fazer. Nada exige que uma sociedade deste tipo seja compassiva. Mas já não tem uma elevada justificação filosófica para a insensibilidade.

A noção de que o rendimento é um remédio para a indigência tem um certo apelo direto.([142]) Também aliviaria os problemas de gestão económica, reduzindo a dependência da produção como fonte de rendimento. A provisão de uma fonte de rendimento tão básica deve

([142]) Como já foi referido, na primeira edição foi discutida a provisão de um rendimento garantido, mas foi rejeitada como «ultrapassando a esperança razoável».

ser doravante o primeiro e o passo estratégico no ataque à pobreza.

Mas é apenas um passo. No passado, pensámos que o único remédio para a pobreza residia em remédios que permitissem às pessoas cuidarem de si próprias — participar na economia. Nada serviu melhor a consciência das pessoas que desejavam evitar ações inconvenientes ou dispendiosas do que um apelo, sobre esta questão, ao preceito calvinista — «A única forma sólida de resolver o problema da pobreza é ajudar as pessoas a ajudarem-se a si próprias». Mas isto não significa que os passos para permitir a participação e para evitar que a pobreza se perpetue não sejam importantes. Pelo contrário. Requer que o investimento em crianças de famílias atualmente afetadas seja o menos abaixo do normal possível. Se as crianças de famílias pobres tiverem escolas de primeira classe e a frequência escolar for devidamente aplicada; se as crianças, embora mal alimentadas em casa, estiverem bem alimentadas na escola; se a comunidade tiver serviços de saúde sólidos, e o bem-estar físico das crianças for vigiado com diligência; se houver oportunidades de educação avançada para aqueles que se qualificam independentemente dos meios; e se, especialmente no caso das comunidades urbanas, houver habitação e os padrões de habitação forem aplicados, as ruas estiverem limpas, as leis forem mantidas, e a recreação for adequada — então há uma hipótese de as crianças dos mais pobres chegarem à maturidade sem serem prejudicados pela desvantagem. No caso da pobreza insular, este remédio exige que os serviços da comunidade sejam assistidos a partir do exterior. A pobreza perpetua-se em parte porque as comunidades mais pobres são as mais pobres nos serviços que a eliminariam. Para eliminar a pobreza de forma eficiente, devemos, de facto, investir em maior proporção nas crianças das comunidades pobres. É aí que escolas de alta qualidade, serviços de saúde fortes, provisões especiais para nutrição e recreação são mais necessárias para compensar o investimento muito baixo que as famílias têm capacidade de fazer na sua própria descendência.

O efeito da educação e do investimento correspondente nos indivíduos é ajudá-los a ultrapassar as restrições impostas pelo seu ambiente. Estas precisam também de ser atacadas ainda mais diretamente, proporcionando a mobilidade associada a um alojamento abundante, bom e prontamente disponível, proporcionando transportes coletivos confortáveis, eficientes e económicos, tornando o ambiente agradável e seguro, e eliminando as desvantagens especiais de saúde que afligem os pobres.

A pobreza caso a caso também não é totalmente resistente a tais remédios. Muito pode ser feito para tratar as características que levam as pessoas a rejeitar ou a ser rejeitadas pela sociedade industrial moderna. As deficiências educacionais podem ser superadas. As deficiências mentais podem ser tratadas. As deficiências físicas podem ser remediadas. O fator limitativo não é a falta de conhecimento do que pode ser feito. Esmagadoramente, é falta de dinheiro.

V

Ficará claro que, em grande medida, o remédio para a pobreza conduz aos mesmos requisitos que os do equilíbrio social. As restrições que limitam as pessoas ao gueto são as que resultam de um investimento insuficiente no sector público. E os meios acabados de mencionar para escapar a estes constrangimentos e quebrar o seu jugo sobre as gerações seguintes — melhor nutrição e saúde, melhor educação, mais e melhor habitação, melhores transportes coletivos, um ambiente mais propício à participação social efetiva — todos eles, com raras exceções, exigem um investimento muito mais avultado no sector público. Nos últimos anos, os problemas dos guetos urbanos têm sido muito discutidos, mas com poucos resultados. Em certa medida, a procura de explicações sociais mais profundas dos seus problemas tem sido motivada pela esperança de que estas (juntamente com mais policiamento) possam conduzir a soluções que de alguma forma escapariam ao problema dos custos. É uma esperança vã. O lar urbano moderno é algo de extremamente dispendioso. Ainda não avaliámos os recursos que devem ser atribuídos às suas tarefas públicas para que estes lares sejam agradáveis ou mesmo toleráveis. E o primeiro entre os sintomas de uma afetação insuficiente é o descontentamento fervilhante dos guetos modernos.

Uma outra característica destes remédios deve ser observada. A sua consequência é permitir a participação na vida económica da comunidade em geral — para tornar as pessoas e os filhos de pessoas que estão agora ociosas produtivas. Isto significa que eles irão aumentar a produção total de bens e serviços. Vemos, mais uma vez, que mesmo pelos seus próprios termos a atual preocupação com o sector privado da economia, em comparação com todo o espectro das necessidades humanas, é ineficiente.

O paralelo com o investimento no fornecimento de mão--de-obra qualificada e instruída, discutido acima([143]) será visível.

Mas o aumento da produção de bens não é o ponto principal. Mesmo para o leitor mais intelectualmente relutante, será agora evidente que o aumento da eficiência produtiva não é o motivo deste volume. O próprio facto de o aumento da produção se oferecer como um subproduto do esforço para eliminar a pobreza é um dos motivos. Ninguém se sentiria compelido a escrever tão longamente sobre um problema tão fácil de resolver como o do aumento da produção. A questão principal é outra. A pobreza — sombria, degradante e inelutável — não é excecional na Índia. Para relativamente poucos, o destino é o contrário. Mas, nos Estados Unidos, é notável que a pobreza subsista. Ignoramo-la porque partilhamos com todas as sociedades em todas as épocas a capacidade de não ver o que não desejamos ver. Antigamente, tal permitia aos nobres apreciar o seu jantar enquanto permaneciam alheios aos mendigos à sua porta. Nos nossos próprios dias, permite-nos atravessar com conforto o Bronx do Sul e entrar no exuberante recinto de Manhattan, no centro da cidade. Mas embora a nossa incapacidade de observar possa ser explicada, não pode ser desculpada. «A pobreza», exclamou Pitt, «não é uma vergonha, mas é muito incómoda». Nos Estados Unidos contemporâneos, não é incómoda, mas é uma vergonha.

([143]) Capítulo 18.

23.

Trabalho, lazer e a Nova Classe

Numa sociedade de elevada e crescente abundância, há três tendências plausíveis no que diz respeito ao trabalho. Como a produção de bens parece menos urgente, e como os indivíduos têm menos necessidade urgente de rendimentos para a compra de bens, trabalhar-se-á menos horas ou dias na semana. Ou trabalhar-se-á menos arduamente. Ou, como possibilidade final, pode ser que menos pessoas trabalhem o tempo todo.

Desde o século passado, tem ocorrido um declínio drástico na semana de trabalho. Em 1850, estima-se que seria em média pouco menos de 70 horas, o equivalente a sete dias de dez horas por semana ou cerca de seis dias a partir das seis da manhã até às dezoito.([144]) Um século e um quarto mais tarde, a semana normal de trabalho era de 40,0 horas ou cinco dias de oito horas.([145])

([144]) J. Frederic Dewhurst and Associates, *America's Needs and Resources, A New Survey* (Nova Iorque: Twentieth Century Fund, 1955), p. 1053. Estes números são a média ponderada dos trabalhadores agrícolas e não agrícolas. A semana média de trabalho na empresa não agrícola, em 1950, foi estimada em 38,8 horas.

([145]) U.S. Department of Labor, *Monthly Labor Review,* Vol. 98, N.º 4 (abril de 1975), p. 30.

Este declínio reflete uma aceitação tácita, mas inequívoca da diminuição da urgência marginal dos bens. Não há outra explicação. No entanto, tal é o peso da produção na nossa mente que esta explicação raramente é oferecida. A importância e as recompensas do lazer são exortadas, quase nunca a falta de importância dos bens. Ou, uma vez que a produção por hora tem vindo a aumentar à medida que a semana de trabalho tem diminuído, diz-se que somos capazes de reduzir o trabalho porque mais é produzido em menos tempo. Não se faz menção ao facto de que ainda mais seria produzido em mais tempo. Ou, finalmente, o declínio está relacionado com a sensação de que devem ser tomadas medidas para partilhar o trabalho disponível à medida que a produtividade por trabalhador aumenta. Isto também implica que a urgência marginal da produção é baixa ou insignificante, mas mais uma vez o ponto permanece por esclarecer.

Uma redução na semana de trabalho é uma reação extremamente plausível à diminuição da urgência marginal do produto. Ao longo da história do homem, embora uma quantidade fenomenal de educação, persuasão, doutrinação e encantamento tenha sido dedicada a esse esforço, as pessoas comuns nunca ficaram totalmente convencidas de que o trabalho seja tão agradável como as suas alternativas. Assim, o aumento do bem-estar, em parte sob a forma de mais bens, e em parte sob a forma de mais lazer, é inquestionavelmente racional. Além disso, a instituição das horas extraordinárias permite ao trabalhador adequar o trabalho e os rendimentos ao seu próprio gosto e às suas exigências. Rompe com a uniformidade bárbara do salário semanal com o seu pressuposto de que todas as famílias têm os mesmos gostos, necessidades e exigências. Poucas coisas aumentam a liberdade do indivíduo mais substancialmente do que aquilo que lhe confere uma medida de controlo sobre o montante dos seus rendimentos.

Infelizmente, na sabedoria convencional, a redução de horas surgiu como a única resposta legítima ao aumento da abundância. Isto deve-se, pelo menos em parte, ao facto de a questão nunca ter sido enfrentada em termos do aumento da falta de importância dos bens. Consequentemente, embora tenhamos atribuído valor ao lazer, o embargo continua a residir noutros cursos que parecem estar mais diretamente em conflito com as atitudes estabelecidas em matéria de eficiência produtiva. Numa sociedade racionalmente preocupada com a sua própria felicidade, estas alternativas merecem fortemente ser tidas em consideração.

II

A primeira delas é a de que o trabalho pode ser facilitado e tornado mais prazeroso.

O atual meio industrial encontra-se a milhas do século passado ou mesmo do de há 50 anos. Esta melhoria tem sido o resultado de uma variedade de forças — normas governamentais e inspeção de fábricas; avanço tecnológico e arquitetónico em geral; o facto de a produtividade poder frequentemente ser aumentada através da substituição do trabalho manual pesado ou repetitivo por maquinaria; a necessidade de competir por uma força de trabalho; e a intervenção sindical para melhorar as condições de trabalho além dos salários e horas de trabalho.

No entanto, exceto quando a melhoria contribuía para o aumento da produtividade, o esforço para tornar o trabalho mais agradável teve de suportar o grande ónus da prova. Era admissível procurar a eliminação de condições de trabalho perigosas, insalubres, nocivas para a saúde ou de alguma forma censuráveis. A aceleração poderia ser resistida — até certo ponto. O teste não incidia sobre o que era agradável, mas sim sobre o que era insalubre ou, no mínimo, excessivamente fatigante. A tendência para o aumento do lazer não é repreensível, mas resistimos vigorosamente à noção de que alguém deveria trabalhar com menos esforço durante a sua atividade profissional. Aqui estão envolvidas atitudes mais antigas. Suspeitamos seriamente de qualquer tendência para despender menos do que o máximo esforço, dado que esta tem sido, desde há muito, uma virtude económica primordial.

Numa lógica estrita, há tanto a favor de tornar o trabalho prazeroso e agradável como de encurtar as horas. Em geral, é ostensivamente tão importante para um assalariado ter condições de trabalho agradáveis como ter uma casa agradável. Até certo ponto, pode escapar à última, mas não às primeiras — embora, sem dúvida, a linha entre um ritmo agradável e o que é flagrante preguiça seja difícil de traçar. Além disso, é um lugar-comum na cena industrial as tarefas mais duras e pesadas, que exigem reflexão e habilidade mínimas, terem muitas vezes o maior número de trabalhadores. A solução para este problema reside, como veremos atualmente, na diminuição do fornecimento de mão-de-obra bruta na base da hierarquia. No entanto, o ponto básico permanece: o argumento a favor de mais lazer não é mais forte, em termos puramente *prima facie*, do que o argumento a favor de tornar o próprio tempo de trabalho mais agradável. O teste, vale a pena repeti-lo, não é o efeito sobre a produtividade. Não se argumenta seriamente que uma semana de trabalho mais curta aumente a produtividade — que os homens produzam mais em menos horas do que produziriam em mais. Em vez disso, considera-se se será sempre preferível menos horas a mais horas mais agradáveis.

III

Outra das possibilidades óbvias com o aumento da abundância é que haja menos pessoas a trabalhar. Esta tendência também tem vindo a existir desde há muitos anos, embora de uma forma extraordinariamente diversificada. Desde 1890, altura em que um rapaz em cada quatro e uma rapariga em cada dez com idades compreendidas entre os 10 e os 15 anos de idade estavam empregados de forma lucrativa, um grande número de jovens tem sido retirado da força de trabalho e o seu número é agora insignificante. Ao mesmo tempo, foi acrescentado um grande número de mulheres. Em 1890, 19,5% da população feminina com 10 anos ou mais pertencia à força de trabalho([146]) e em 1974, esta proporção tinha subido para 46%([147]). Desde então, subiu ainda mais. Contudo, esta mudança reflete em medida considerável a deslocação de certas

([146]) Dewhurst, pp. 726–727.

([147]) U.S. Department of Labor, *Monthly Labor Review,* Vol. 98, N.º 3 (março de 1975), p. 88.

tarefas — preparação de alimentos, fabrico de vestuário, até mesmo a educação das crianças — para fora do lar. As mulheres que anteriormente as desempenhavam passaram a fazer outros trabalhos. A mulher que se encarregava de um infantário juntou-se à força de trabalho, tal como as mulheres de cujos filhos ela cuidava. Podemos depreender, a partir das pressões atuais para alargar o papel económico das mulheres, que estas mudanças continuarão.([148])

Durante mais de um século, a proporção da população masculina na força de trabalho tem sido constante em cerca de 75% entre os que têm mais de 10 anos de idade. Há uma percentagem menor dos muito jovens e dos com mais de 65 anos de idade, mas isto foi compensado pelo aumento da população entre os 20 e 65 anos, onde a proporção de trabalhadores em relação ao total é muito elevada.([149])

Com a diminuição da urgência marginal dos bens, é lógico que os primeiros a serem poupados devam ser os mais velhos e os mais novos. Contudo, temos ainda de encarar esta tendência de forma consistente e abrangente. Somos capazes de dispensar o trabalho daqueles que atingiram a idade da reforma, porque os bens que acrescentam estão numa ordem de baixa urgência, enquanto uma sociedade pobre tem de extrair a última grama de esforço de trabalho de todos. Mas temos normalmente submetido aqueles que se reformam a uma redução drástica do rendimento e do nível de vida. Obviamente, se

([148]) Um assunto que abordei com mais pormenor em *Economics and the Public Purpose* (Boston: Houghton Mifflin, 1973).

([149]) Dewhurst, pp. 725–726.

a reforma pode ser concedida porque o produto já não é urgente, um nível de vida satisfatório — o que significa, para a maioria dos fins, o habitual — pode ser concedido ao empregado reformado pela mesma razão. Da mesma forma, excluímos os jovens do mercado de trabalho, em parte porque o trabalho em idade demasiado precoce é indevidamente doloroso e prejudicial para a saúde, e em parte para dar lugar a oportunidades educacionais. Mas embora tenhamos considerado possível dispensar os bens que os jovens produzem, ainda temos de lhes proporcionar, pelo menos na medida plena e satisfatória, a educação pela qual foi concebida a sua isenção de trabalho. Se somos suficientemente abastados para dispensar o produto do trabalho juvenil, mais uma vez se conclui que somos suficientemente abastados para proporcionar a educação que toma o seu lugar.

Além de libertar os mais velhos e os mais novos, pode ser que não precisemos de utilizar constantemente toda a força de trabalho. Esta possibilidade foi explorada no Capítulo 20. Se a urgência marginal dos bens é baixa, então também o é a urgência de empregar o último homem ou o último milhão de homens na força de trabalho. Ao permitir-nos tal margem, por sua vez, reduzimos os padrões de desempenho económico para um nível mais próximo dos controlos disponíveis para a sua gestão.

Tal passo exige que haja um substituto para a produção como fonte de rendimento — e que seja amplo. Mas isto está inteiramente de acordo com a lógica da situação. É também um ponto que até os conservadores, na realidade, aceitam. Estão sempre abertos à sugestão de que o desemprego é melhor do que a inflação. Isto significa que não se preocupam com a produção assim perdida. Por isso, não deverão ficar demasiado perturbados por proporcionar rendimentos às pessoas que não produzem. Se não sentimos falta do que estes não-produtores não produzem quando estão desempregados, não sentiremos falta do que comem e vestem e do que mais necessitem para manter o seu nível de vida.

IV

No entanto, a maior perspetiva que enfrentamos — na realidade, o que agora deve ser considerado um dos objetivos económicos centrais da nossa sociedade — é eliminar o trabalho como uma instituição económica necessária. Esta não é uma visão utópica. Já estamos no bom caminho. Apenas um exercício extraordinariamente elaborado de camuflagem social nos tem impedido de ver o que tem acontecido.

Quase todas as sociedades tiveram em quase todos os momentos uma classe de lazer — uma classe de pessoas que estavam isentas de trabalhar. Nos tempos modernos e especialmente nos Estados Unidos, a classe de lazer, pelo menos como um fenómeno facilmente identificável, desapareceu. Ser ocioso já não é considerado gratificante ou mesmo inteiramente respeitável.

Mas mal notámos que a classe de lazer foi substituída por outra classe muito maior, para a qual o trabalho não tem nenhuma das conotações mais antigas de dor, fadiga ou outro desconforto mental ou físico. E a contínua revolução na qualidade do trabalho que os computadores estão a promover está a acelerar o seu crescimento. Não conseguimos apreciar a emergência desta Nova Classe, como pode ser chamada, em grande parte devido a uma das mais antigas e mais eficazes ofuscações no campo das ciências sociais. Este é o esforço para afirmar que todo o trabalho — físico, mental, artístico ou de gestão — é essencialmente o mesmo.

Este esforço para proclamar a grande homogeneidade do trabalho mereceu, por diferentes razões, o apoio de grupos notavelmente numerosos e diversificados. Para os economistas, parece ser uma simplificação inofensiva e, de facto, indispensável. Permitiu-lhes lidar homogeneamente com todos os diferentes tipos de esforço produtivo e elaborar uma teoria geral de salários aplicável a todos os que recebem um rendimento por serviços. De tempos a tempos têm surgido dúvidas, mas estas têm sido suprimidas ou consideradas como dizendo respeito a casos especiais.([150]) A identidade de todas as classes de trabalho é uma coisa com a qual as doutrinas capitalista e comunista concordam inteiramente. O presidente de uma grande empresa tem o prazer de pensar que o seu belo e confortável gabinete é o cenário do mesmo tipo de trabalho que acontece na linha de montagem e que apenas as maiores exigências em

---

([150]) Alfred Marshall definiu o trabalho como «qualquer esforço da mente ou do corpo submetido parcial ou totalmente, com vista a algum outro bem que não o prazer derivado diretamente do trabalho». *Principles of Economics*, 8.ª ed. (Londres: Macmillan, 1927), p. 65. Esta definição reconhece obviamente uma categoria de indivíduos para os quais o trabalho é uma recompensa em si mesmo. No entanto, este grupo, tendo sido introduzido, desempenhou pouco ou nenhum outro papel na análise de Marshall. Desde então, não desempenhou quase nenhum papel formal na teoria económica.

talento e intensidade justificam o seu diferencial salarial. O comunista no seu escritório não podia dar-se ao luxo de fazer supor que o seu trabalho diferia em qualquer aspeto significativo do do camarada a trabalhar no torno ou na quinta cooperativa com quem ele era ideologicamente um só. Em ambas as sociedades, serviu a consciência democrática dos grupos mais favorecidos identificarem--se com aqueles que fazem trabalho físico árduo. Um sub-reptício sentimento de culpa por ter uma vida mais agradável, prazerosa e remuneradora pode muitas vezes ser atenuado pela observação «Eu também sou um trabalhador», ou, mais audaciosamente, pela afirmação de que «o trabalho mental é muito mais esgotante do que o trabalho físico». Uma vez que o homem que faz trabalho físico é intelectualmente desqualificado para comparar o seu trabalho com o do trabalhador intelectual, a proposta, embora ultrajante, é unicamente inatacável.

Pois, de facto, as diferenças no que significa trabalho para diferentes pessoas não poderiam ser maiores. Para alguns, provavelmente a maioria, continua a ser uma tarefa a ser executada. Pode ser preferível, especialmente no contexto das atitudes sociais em relação à produção, a não fazer nada. No entanto, é fatigante ou monótono ou, no mínimo, não é uma fonte especial de prazer. A recompensa não se encontra na tarefa, mas na remuneração.

Para outros, o trabalho, como continua a ser chamado, é uma questão completamente diferente. Considera-se como garantido que será agradável. Se não for, é uma fonte legítima de insatisfação, até mesmo de frustração. Ninguém considera estranho que o publicitário, magnata, poeta ou professor universitário que, de repente, considera o seu trabalho pouco gratificante, procure o conselho de um psiquiatra. Insulta-se o empresário ou o cientista, sugerindo que a sua principal motivação na vida é a remuneração que recebe. A remuneração não é desprovida de importância. Entre outras coisas, é um índice de prestígio. Prestígio — respeito, consideração e estima alheios — é, por sua vez, uma das mais importantes fontes de satisfação associadas a este tipo de trabalho. Mas, em geral, aqueles que fazem este tipo de trabalho esperam contribuir com o seu melhor, independentemente da compensação.([151]) Ficariam incomodados com qualquer sugestão em contrário.

Assim é o trabalho da Nova Classe. Nenhum aristocrata jamais contemplou a perda de privilégios feudais com mais tristeza do que um membro desta classe consideraria a sua descida ao trabalho ordinário, onde a recompensa fosse apenas o salário. De tempos a tempos, os professores do ensino obrigatório deixam os seus postos por trabalho fabril substancialmente mais bem pago. A ação faz manchetes porque representa uma deserção sem precedentes de uma

([151]) Temos aqui uma razão importante para que o imposto sobre o rendimento, apesar dos frequentes avisos de danos ao incentivo, não tenha tido até agora nenhum efeito visivelmente prejudicial. A sobretaxa recai quase inteiramente sobre os membros da Nova Classe. Trata-se de pessoas que, segundo as suas próprias reivindicações, exceto quando falam do efeito do imposto sobre o rendimento, não são motivadas predominantemente pelo dinheiro. Assim, o imposto, que também não perturba a estrutura de prestígio — as pessoas são avaliadas pelos rendimentos brutos — não toca em nenhum incentivo vital. Se fossem colocadas taxas marginais elevadas sobre, digamos, os rendimentos de horas extraordinárias dos trabalhadores do sector automóvel, seria de esperar uma retirada substancial de esforço. Aqui o salário, como incentivo, continua a ser importante.

ocupação que se assume conferir a dignidade da Nova Classe.([152]) O professor universitário, que é mais seguramente um membro da Nova Classe do que o professor primário ou secundário, nunca contemplaria tal mudança nem mesmo como um exercício de excentricidade e por mais inadequado que fosse o seu rendimento.([153])

Em consonância com os comportamentos de todas as classes do passado, a Nova Classe procura energicamente perpetuar-se a si própria. Não se espera que os descendentes planeiem as suas vidas de modo a ganharem uma grande quantia de dinheiro. (Aqueles que entram no mundo dos negócios são uma exceção, pelo menos em parte porque o rendimento, nos negócios, é um índice de prestígio único). Desde tenra idade, as crianças da Nova Classe são cuidadosamente doutrinadas na importância de encontrar uma ocupação da qual derivarão satisfação — uma ocupação que não envolverá labuta, mas sim gozo. Uma das principais fontes de tristeza e frustração na Nova Classe é o filho que não consegue atingir esse nível — que se reduz a uma ocupação entediante e sem gratificação. O indivíduo que se depara com esta desgraça — o filho do cirurgião que se torna um ajudante de mecânico — é

([152]) Igualmente dramática foi a reação americana à Revolução Cultural chinesa. Quase nenhum porta-voz de renome defendeu o seu princípio central, que era o de que todos deveriam obrigatoriamente fazer um trabalho comum. No entanto, se todos os trabalhos fossem idênticos, tal movimento deveria ter um grande apelo. O argumento de que era ineficiente foi considerado suficiente para acabar com todo o debate.

([153]) Desde as primeiras edições deste livro, um presidente universitário do Haverford College tirou uma licença de vários meses para experimentar o trabalho braçal. A sua deserção temporária da Nova Classe atraiu muita atenção.

visto pela comunidade com pena misturada com uma dose de horror. Mas a Nova Classe tem poderes de proteção consideráveis. O filho do cirurgião raramente se torna um ajudante de mecânico. Por muito inadequado que seja, consegue geralmente sobreviver, talvez de forma algo exígua, no limite da sua casta. E mesmo que, na qualidade de vendedor ou de consultor de investimentos, obtenha pouco prazer no seu trabalho, espera-se que afirme o contrário, a fim de afirmar a sua pertença à Nova Classe.

V

A Nova Classe não é exclusiva. Enquanto praticamente ninguém a deixa, milhares juntam-se a ela todos os anos. De forma esmagadora, a qualificação é educação.([154]) Qualquer indivíduo cuja situação enquanto adolescente seja tal que se invista tempo e dinheiro suficientes na

([154]) A capacidade política é outra qualificação, e é de especial importância para aqueles que procuram fazer a sua fuga depois de atingirem a idade adulta. A intensidade das campanhas para os gabinetes políticos locais — conselheiros municipais, comités escolares e supervisores municipais — deve ser explicada por este facto, assim como o interesse permanente em nomear um gabinete político. Aqueles que já são membros da Nova Classe não conseguem, muitas vezes, ver como tais cargos são valorizados como uma entrada. Olham com apreensão para o concurso de tais cargos entre os membros menos instruídos da comunidade. Não se apercebem de que tais cargos constituem a maior oportunidade para tais indivíduos e de que é de tais pessoas que dependemos para muito do bom (bem como de algum mau) empreendimento cívico. O sindicato é outra importante oportunidade para o indivíduo de capacidade política. Cf. os interessantes esboços de Harvey Swados em *On the Line* (Boston: Atlantic-Little, Brown, 1957).

sua preparação, e que tenha pelo menos os talentos para atravessar a rotina académica formal, pode ser dos seus membros. Existe uma hierarquia dentro da classe. O filho do operário fabril que se torna engenheiro eletrotécnico está no limite inferior; o seu filho que se gradua e se torna um físico universitário passa para os escalões superiores; mas a oportunidade de educação é, em qualquer dos casos, a porta aberta.

Não se pode questionar que nos últimos 150 anos, e mesmo nas últimas décadas, a Nova Classe tenha aumentado enormemente de tamanho. No início do século XIX na Inglaterra ou nos Estados Unidos, excluindo a classe de lazer e considerando a Nova Classe como um grupo que vivia daquilo a que chamou cuidadosamente de rendimento auferido, consistia apenas num punhado de educadores e clérigos, além de um número insignificante de escritores, jornalistas e artistas. Nos Estados Unidos da América da década de 1850, não poderia ter contado com mais de alguns milhares de indivíduos. Agora o número de pessoas cuja identificação primária é com o seu trabalho, e não com o rendimento que este proporciona, está na ordem dos milhões.

Parte da atracão de pertencer à Nova Classe, certamente, deriva de um sentimento indireto de superioridade — uma outra manifestação de atitude de classe. No entanto, a filiação na classe tem inquestionavelmente outras e mais importantes recompensas. A isenção do trabalho braçal; a fuga do tédio e da rotina confinante e severa; a oportunidade de passar a vida num ambiente limpo e fisicamente confortável; e alguma oportunidade de aplicar os seus pensamentos ao trabalho quotidiano são considerados como sem importância apenas por aqueles que os tomam completamente como garantidos. Por estas razões, tem sido possível expandir grandemente a Nova Classe sem reduzir visivelmente a sua atratividade.

Sendo assim, há todos os motivos para concluir que a continuação da rápida expansão desta classe deveria ser um grande e, talvez, juntamente com a própria sobrevivência pacífica, *o* grande objetivo social da sociedade. Uma vez que a educação é o fator operativo na expansão da classe, o investimento na educação, avaliado qualitativa e quantitativamente, torna-se muito próximo de ser o índice básico do progresso social. Permite que as pessoas realizem uma aspiração dominante. É uma via de desenvolvimento internamente consistente.

Sendo assim, há todos os motivos para concluir que a continuação da rápida expansão desta classe deveria ser um grande, e talvez juntamente com a própria sobrevivência pacífica, o grande objetivo social da sociedade. Uma vez que a educação é o fator operativo na expansão da classe, o investimento na educação, avaliado qualitativa e quantitativamente, torna-se muito próximo de ser o índice básico do progresso social. Permite que as pessoas realizem uma aspiração dominante. É uma via de desenvolvimento internamente consistente.

A experiência recente demonstrou que a procura de indivíduos nas profissões geralmente identificadas com a Nova Classe aumenta muito mais do que proporcionalmente com o aumento do rendimento e do bem-estar. Se a expansão da Nova Classe fosse um objetivo deliberado da sociedade, isto, com a sua ênfase na educação e o seu efeito final nas exigências intelectuais, literárias, culturais e artísticas, alargaria grandemente as oportunidades de adesão. Ao mesmo tempo, a diminuição do número daqueles que se dedicam ao trabalho braçal é algo a ser considerado não só com equanimidade, mas com aprovação positiva. Uma das saídas inevitáveis para as energias intelectuais e inventividade da Nova Classe é, de facto, a procura de substitutos para o trabalho manual rotineiro e repetitivo. Na medida em que esse trabalho se torna escasso e mais caro, esta tendência será, evidentemente, acelerada. Este é um objetivo social altamente plausível.

É uma medida de quão pouco precisamos de nos preocupar com os perigos de reduzir o número de pessoas envolvidas em trabalho manual que, no estado atual das coisas, a nossa preocupação não é que tenhamos muito poucos disponíveis para trabalhar, mas sim demasiados. Preocupa-nos que avanços técnicos como a automatização, um dividendo já concretizado da expansão da Nova Classe, não se processem com a rapidez necessária para evitar um excedente daqueles que fazem estes tipos de trabalho. Este, de facto, é provavelmente o maior perigo.

V

Atrevo-me a sugerir que o leitor não profissional achará bastante razoáveis e racionais as ideias aqui oferecidas. Porque é que os homens devem lutar para maximizar o rendimento quando o preço se traduz em muitas horas de trabalho monótono e sombrio? Porque é que o deveriam fazer, especialmente quando os bens se tornam mais abundantes e menos urgentes? Por que não deveriam antes procurar maximizar as recompensas de todas as horas dos seus dias? E uma vez que esta é a aspiração clara e óbvia de um grande e crescente número das pessoas mais perspicazes, por que não deveria ser o objetivo central da sociedade? E agora, para completar o argumento, temos um projeto de progresso. É a educação ou, mais amplamente, o investimento no ser humano, por oposição ao capital material.

Mas nos níveis mais sofisticados da sabedoria convencional, incluindo, lamentavelmente, os mais rígidos e respeitáveis dos economistas profissionais, qualquer objetivo deste tipo parecerá extremamente indesejável. A produção de bens materiais, urgentes ou não, é a medida reconhecida do nosso progresso. O investimento em capital material é o motor básico de tal progresso. Tanto o produto como os meios para aumentar a sua produção são mensuráveis e tangíveis. O que é mensurável é melhor. Tem menos precisão quantitativa falar da transferência de um número crescente de pessoas de vidas passadas na sua maior parte em trabalhos clássicos para vidas que, na sua maior parte, são passadas de forma agradável. Uma vez que o investimento em indivíduos, ao contrário do investimento em altos-fornos, disponibiliza um produto que não pode ser visto nem valorizado, é inferior. E aqui a sabedoria convencional desencadeia o seu epíteto de último recurso. Uma vez que estas conquistas não são facilmente medidas como um objetivo, são «difusas». O que a economia considera inconveniente, é invariavelmente, como tal, atacado e geralmente considerado uma condenação fatal. O mais exato, sem dúvida, é geralmente o antigo e familiar. Por ser antigo e familiar, foi definido e mensurado. Assim, a insistência na precisão torna-se outro dos dispositivos tautológicos através dos quais a sabedoria convencional se protege. Também não se deve duvidar do seu poder.

No entanto, qualquer pessoa que considere esta análise e estas propostas sensatas não deve ser totalmente desencorajada. Estamos aqui num dos contextos em que as circunstâncias avançaram muito para lá da sabedoria convencional. Vimos como são gerais os esforços para aderir à Nova Classe e como é rápida a sua expansão. Não estamos aqui a estabelecer um novo objetivo económico e social, mas a identificar um que já é amplamente aceite, ainda que de forma tácita. Nesta situação, a sabedoria convencional não pode resistir indefinidamente. O economista de credenciais impecáveis segundo a sabedoria convencional, que acredita que não existe na vida um objetivo de urgência comparável com a maximização dos rendimentos totais e individuais, nunca pensaria em aplicar tal padrão a si próprio. Na sua própria vida, o economista é um expoente de todas as aspirações da Nova Classe. Educa e doutrina os seus próprios filhos com apenas uma coisa em mente. Não é que os filhos devam maximizar os seus rendimentos. Isto seria abominável. O economista quer, acima de tudo, que os filhos tenham uma ocupação que seja interessante e gratificante. Sobre isto, espera, de facto, que os filhos tomem os seus pais instruídos como modelo.

24.

Segurança e sobrevivência

Na nossa sociedade, o aumento da produção de bens — bens produzidos por privados — é, como vimos, uma medida básica de realização social. Isto é, em parte, o resultado da grande continuidade de ideias que liga o presente a um mundo no qual a produção realmente era sinónimo de vida. Em parte, trata-se de uma questão de interesses adquiridos. Por outro lado, é um produto do obscurantismo elaborado da teoria moderna das necessidades dos consumidores. E também, em parte, já vimos, a preocupação com a produção é-nos imposta de forma bastante genuína pelo estreito nexo entre a produção e a segurança económica. No entanto, é um pressuposto razoável que a maioria das pessoas pressionadas a explicar a nossa preocupação com a produção — uma pressão que não é frequentemente exercida — contentar-se-ia em sugerir que serve a felicidade da maioria dos homens e mulheres. Isto é suficiente.

A busca da felicidade é admirável enquanto objetivo social. Mas a noção de felicidade carece de exatidão filosófica. Não há acordo nem relativamente à sua substância nem à sua procedência. Sabemos que é «uma profunda união instintiva com a corrente da vida»([155]), mas não sabemos o que é que está unido. Como acaba de ser referido, a precisão no discurso erudito não só serve como uma ajuda na comunicação de ideias, mas também contribui para eliminar correntes de pensamento indesejáveis, tendo em conta que estas podem quase invariavelmente ser descartadas como imprecisas. Ter simplesmente argumentado que a nossa atual preocupação com a produção de bens não contribui em nada para a busca da felicidade não teria levado a lado nenhum. Os conceitos na base deste argumento teriam sido demasiado vagos.

Qualquer ataque direto à identificação dos bens com a felicidade teria tido outro inconveniente. O discurso académico, tal como as touradas ou o balé clássico, tem as suas regras profundas e estas devem ser respeitadas. Nesta arena, nada pesa tanto contra um homem quanto ser detetado a atacar os valores do público em geral, enquanto procura substituí-los pelos seus. Tecnicamente, o seu crime é a arrogância. Na verdade, é o desconhecimento das regras. Em todo o caso, é automaticamente posto de parte. No passado, este tem sido um erro comum daqueles que têm especulado sobre a santidade dos objetivos económicos atuais — aqueles que têm procurado fazer frente ao materialismo e ao filisteísmo. Apresentaram a sua própria visão sobre o que contribui para a felicidade humana. Por isto, poderiam facilmente ser acusados de tentar substituir os objetivos económicos primitivos das pessoas em geral pelos seus próprios objetivos mais sensíveis e refinados, mas irrelevantes. A acusação é fatal.

([155]) Bertrand Russell, *The Conquest of Happiness* (Londres: Allen & Unwin, 1930), p. 248.

O leitor poderá agora apreciar o cuidado com que foram preparadas as defesas contra um tal ataque. A questão da felicidade e do que a aumenta foi evitada, porque, de facto, só os matemáticos e poucos outros são necessários para resolver problemas que podem ser tão sensatamente evitados. Em vez disso, o presente argumento foi direcionado para perceber até que ponto é que as nossas preocupações atuais, sobretudo as que se prendem com a produção de bens, são compelidas pela tradição e pelo mito. Libertos destas compulsões, ficamos livres, pela primeira vez, de examinar as nossas restantes oportunidades. Estas têm, pelo menos, uma relação plausível com a felicidade. Mas ficará à responsabilidade do leitor, e (uma vez que muitas das oportunidades só podem ser supridas pela ação do Estado) espera-se do processo democrático, reconciliar estas oportunidades com o seu próprio sentido do que torna a vida melhor.

II

Uma sociedade tem uma tarefa mais elevada do que considerar os seus objetivos, refletir sobre a sua busca por felicidade e harmonia ou sobre o seu sucesso em expelir a dor, tensão, tristeza e a omnipresente maldição da ignorância. Deve também, na medida do possível, assegurar a sua própria sobrevivência.

Outrora, num passado não muito distante, havia uma associação simplista da segurança com uma economia em expansão — com um aumento «saudável» na produção de bens de consumo privados. Já não se acredita nisto. Como foi referido, as ideias, juntamente com a capacidade da ex-União Soviética de extrair grandes conquistas espaciais de uma economia muito menos produtiva, uniram-se para derrotar este erro e agora é difícil recordar que em tempos acreditámos em tais disparates. Mas ainda existe uma associação perigosa, na verdade infinitamente mais perigosa, da produção à política militar. O aparelho básico de estabilização da economia moderna consiste num grande sector público sustentado por um grande volume de impostos, que, sendo progressivo, aumenta numa proporção superior à do aumento da produção e dos rendimentos, e liberta rendimentos para uso privado quando a taxa de expansão é mais lenta. As grandes despesas que justificam esta tributação e assim justificam este processo de regulamentação destinam-se a fins militares ou afins. Os economistas têm sido rápidos a argumentar que outras despesas públicas seriam necessárias. Mas o facto não pode ser eludido; na situação atual, a estabilidade da produção depende de um grande volume de despesas militares, bastantes delas para armas engenhosamente concebidas para destruir todas as formas de vida.

Além disso, a cultura de armamento subjacente à estabilização macroeconómica da economia desempenha também um papel profundamente funcional na sustentação da tecnologia. A noção de que a segurança depende de ganhar a corrida contra a União Soviética pelo aumento da produção militar foi abandonada; o mesmo não se pode dizer da crença de que a segurança depende de ganhar a competição pela inovação tecnológica. Ou melhor, embora se reconheça que a competição não tem uma relação racional com a segurança, o compromisso com ela não tem vindo a diminuir. E uma razão é que a corrida tem, de facto, uma relação profundamente orgânica com o desempenho económico. Uma economia de bens de consumo é limitada nos recursos que pode afetar à investigação e desenvolvimento. A indústria de armamento sustenta tal esforço a uma escala muito maior. Isto é interessante para os produtores participantes para o seu próprio bem. Também financia o desenvolvimento com aplicação ao sector dos bens de consumo — o desenvolvimento dos transportes aéreos e da tecnologia informática. É também uma cobertura através da qual o custo da investigação e desenvolvimento para fins civis, demasiado caro ou demasiado arriscado para ser suportado por empresas privadas, pode, por vezes, ser realizado a expensas públicas. Se nos preocupássemos profundamente com a sobrevivência, questionaríamos a sensatez destes acordos e trabalharíamos incansavelmente na persuasão do seu perigo. Mas se o desempenho económico é a nossa principal preocupação — se a produção pela produção é o que conta — então a sobrevivência ocupa naturalmente o segundo lugar. E assim é. Só à medida que colocamos os assuntos em melhor perspetiva é que as nossas prioridades se tornarão mais consistentes com a própria vida.([156])

Existem outros problemas, ainda que menores, que a nossa preocupação atual com a produção deixa por resolver. Ainda existem vastos milhões de pessoas famintas e

([156]) Estes são assuntos que discuto longamente, e penso que com maior precisão, em *The New Industrial State* (Boston: Houghton Mifflin, 1967) e em *Economics and the Public Purpose* (Boston: Houghton Mifflin, 1973). De facto, a sensação de que esta questão sombria e transcendente precisava de mais atenção foi um dos incentivos para estes novos livros.

descontentes no mundo. Sem a promessa de alívio dessa fome e privação, a desordem é inevitável. A promessa de alívio exige que tenhamos recursos disponíveis ou utilizáveis. Se a natureza do nosso sistema é tal que só temos produção porque primeiro criamos os desejos que a exigem, teremos poucos recursos a disponibilizar. Seremos ricos, mas nunca suficientemente ricos para dispensar muito aos pobres — inclusivamente aos nossos próprios pobres. Não apresentaremos um panorama muito atraente para o mundo ou mesmo para nós próprios. Se entendermos que a nossa sociedade cria os desejos que satisfaz, podemos fazer melhor.

Mesmo quando a extravagância armamentista acabar, como deve ser levada a acabar, a fronteira científica permanecerá. Quer como um aspeto da competição internacional, quer em busca da estima e da satisfação que acompanham a descoberta, procuraremos atravessá-la e situarmo-nos na travessia. No domínio da satisfação do consumidor, como já deveríamos concordar, há pouco em que se possa acusar o desempenho americano de ter falhado. Mas isto não é tudo e, como se espera que também agora devamos estar de acordo, uma economia que está preocupada, ainda que de forma brilhante, com a produção de produtos de consumo privado está extremamente mal preparada para muitas destas tarefas fronteiriças. Na melhor das circunstâncias, a sua investigação estará mais relacionada com estes produtos do que com o conhecimento. A sabedoria convencional fornecerá argumentos impressionantes em sentido contrário. Ninguém se deve deixar enganar.

E não só uma grande parte do trabalho científico moderno está fora do âmbito do mercado e da iniciativa privada, como também o está uma grande área de aplicação e desenvolvimento. As empresas privadas não nos trouxeram a energia atómica. Embora ninguém duvide do vigor com que a General Motors se dedica às viagens nas autoestradas dentro dos Estados Unidos, a empresa tem pouco interesse em viagens espaciais.

No estado atual das coisas, temos poucos dispositivos civis que sejam por conceção e propósito fulcrais dirigidos à participação em larga escala no progresso científico e tecnológico moderno e à sua aplicação em larga escala, antes de se concluir que estes serão comercialmente viáveis. Muito tem sido conseguido pela investigação e desenvolvimento não imediatamente sujeito a critérios comerciais, mas sim motivados por uma necessidade militar. Isto tem feito mais do que imaginamos para nos salvar da estagnação tecnológica parcial que é inerente a uma economia de bens de consumo. Mas esta é uma forma hediondamente ineficiente de subsidiar o desenvolvimento científico e técnico em geral, como quase todos os cientistas concordam. E tem o efeito adicional de associar grandes e empolgantes avanços científicos a uma atmosfera de medo e até de terror.

III

E isto também não é tudo. Não está para breve o dia em que os problemas, quer do mundo, quer da nossa própria política, fiquem resolvidos. Como não conhecemos a forma dos problemas, não conhecemos os requisitos para a sua solução. Mas uma coisa é razoavelmente certa. Quer o problema seja o de uma população crescente e de espaço para viver com paz e graça, quer seja o do esgotamento dos materiais que a natureza tem em reserva na crosta terrestre e que têm sido extraídos com mais intensidade neste século do que em todos os tempos anteriores juntos, quer seja o de ocupar mentes que já não estão comprometidas com o acumular de bens de consumo, a procura básica na América será pelos seus recursos de inteligência e educação. O teste residirá menos na eficácia do nosso investimento material do que na eficácia do nosso investimento nas pessoas. Vivemos numa época de grandiosa generalização. Esta pode ser feita com confiança.

A educação, não menos do que a defesa nacional ou a assistência internacional, é do domínio público. Está sujeita aos impedimentos à atribuição de recursos entre uso privado e público. Assim, mais uma vez, a nossa esperança de sobrevivência, segurança e contentamento remete-nos para o problema de orientar os recursos para os fins mais urgentes.

Mobilar um quarto estéril é uma coisa. Continuar a amontoar mobiliário até as fundações do quarto ruírem é outra coisa bem diferente. Não ter conseguido resolver o problema da produção de bens teria representado a permanência do homem no seu infortúnio mais antigo e mais grave. Mas não ver que o resolvemos, e não avançar a partir daí para as tarefas seguintes, seria igualmente trágico.

Posfácio

Rever o que escrevemos passado muito tempo é um exercício gratificante. Somos críticos compreensivos do nosso próprio trabalho; há sempre mais prazer proveniente do que se revelou estar certo do que arrependimento em relação ao que se provou estar errado. Continuo convicto de que, tal como os capítulos anteriores sustentaram, a abundância tem um efeito profundo, mesmo decisivo, no comportamento económico e, portanto, na forma como devemos encarar a economia. Nascida num mundo de pobreza e privação, a economia enquanto disciplina tem sido lenta a reconhecer a diferença que a riqueza faz. Contemplando este livro neste contexto, estou tão persuadido agora como nos dias da sua primeira redação da importância da tarefa que empreende e também, no campo das ideias, da magnitude dessa tarefa. A falha básica da economia não se deve a um erro original ou de fundamentos, mas sim a uma obsolescência tradicional injustificada. Nada, talvez à exceção do crescimento das grandes empresas modernas, contribuiu tanto para a obsolescência daquilo a que se tem chamado a economia aceite como a difusão da abundância. Isto é fortemente argumentado nas páginas precedentes; isto, penso eu, é atestado pela experiência subsequente.

O efeito da abundância vai além da economia, influenciando a política e o comportamento político e mais além ainda, influenciando a nossa visão — ou a falta dela — do mundo em geral. Nem tudo isto eu previ, mas mais uma vez o ponto básico permanece: a abundância crescente e mais generalizada mudou atitudes e comportamentos políticos e sociais; isto é algo que tanto os que se debruçam sobre a teoria política como os que se dedicam à política prática ignorarão talvez a seu custo pessoal e, certamente, a custo da perda da sua capacidade de fazer progredir o bem comum. Existe na economia, tal como na teoria política, uma marcada tendência para a indignação quando alguém sugere que as mudanças alteraram a substância da nossa vida económica e política. O académico de bem permanece com aquilo que é aceite e conhecido; apenas o indivíduo um tanto ou pouco frívolo, a pessoa que escapa aos rigores e dificuldades do pensamento convencional, avança para o novo e não experimentado. Mas que ninguém tenha dúvidas: no que diz respeito ao mundo da abundância, a realidade e a verdade não residem no que se acreditava no passado, mas sim no que é compelido pelo presente.

Existem, creio eu, dois efeitos principais da abundância que agora gostaria especialmente de enfatizar. Existe primeiro o perigo de, com a abundância, nos acomodarmos a uma confortável indiferença para com os excluídos dos seus benefícios e da sua cultura. E há a probabilidade, como tantas vezes no passado, de desenvolvermos uma doutrina para justificar esse descuido. De facto, já estamos bem encaminhados para o fazer. Não subscrevo a formulação frequentemente mencionada de que os ricos não trabalham por render muito pouco e que os pobres vivem inativos por receberem demasiado. Esta é uma perceção e justificação social a um nível excessivamente primitivo. Mais influente é o argumento que sublinha a ineficiência do governo e encara as suas despesas e impostos (excluindo os destinados à defesa) como uma ameaça à liberdade. Daqui deriva a base filosófica da resistência à ajuda governamental aos pobres, pois é apenas do Estado que deve advir uma ação eficaz contra a pobreza. Tal doutrina, mais uma vez, permite que os ricos relaxem não com a ostensiva crueldade do darwinismo social, mas, ainda assim, com a crença sustentada de que nenhuma ação de melhoria é possível ou socialmente sensata.

O segundo efeito da abundância é que do grande bem-estar advêm os recursos para a produção de armas de perigo cada vez maior, com uma capacidade de devastação cada vez maior. E enquanto isto, espera-se, suscita uma reflexão por parte de alguns dos afortunados — daqueles que veem que na democracia da destruição nuclear, também eles morrerão como os restantes — também suscita atitudes que levam outros a aceitar esta ameaça. Quando o presente é bom, o pensamento é desviado do futuro. O nosso bem-estar, pensa-se, é objeto de inveja por parte dos menos afortunados e sobretudo por aqueles cujo sistema económico nega a posse da propriedade e dos rendimentos dela resultantes, que tanto apreciamos. Por isso, armamo-nos a partir da nossa riqueza para proteger a nossa boa fortuna. Os capítulos anteriores não são indiferentes à nuvem negra lançada pelo nosso compromisso promíscuo com as armas e a corrida ao armamento. Mas estou disso muito mais persuadido agora do que quando escrevi pela primeira vez sobre a profundidade do perigo e a urgência de uma solução.

Assim, deixo o leitor com dois apelos. Um é para que resista à tendência dos tempos recentes, que é, como tantas vezes no passado, a de encontrar uma doutrina social que limite ou rejeite as reivindicações sociais dos pobres. Em vez disso, vamos, com força, colocar a eliminação da pobreza na sociedade da abundância, até mesmo de forma central, na agenda social e política. E protejamos a nossa riqueza daqueles que, em nome da sua defesa, se preparam para deixar o planeta reduzido a cinzas. A sociedade da abundância não é isenta de falhas. Mas é bem digna de ser salva das suas próprias tendências adversas ou destrutivas.

Índice Remissivo